职业教育新形态
财会精品系列教材

会计信息化管理

微课版

曹海萍 ◆ 主编

王晓辉 ◆ 副主编

**Accounting
Information Management**

人民邮电出版社

北　京

图书在版编目（CIP）数据

会计信息化管理：微课版 / 曹海萍主编. -- 北京：
人民邮电出版社，2021.7
职业教育新形态财会精品系列教材
ISBN 978-7-115-56597-6

Ⅰ. ①会… Ⅱ. ①曹… Ⅲ. ①会计信息-财务管理系
统-职业教育-教材 Ⅳ. ①F232

中国版本图书馆CIP数据核字(2021)第105218号

内 容 提 要

本书对应企业电算化会计岗位工作内容，以培养学生全盘掌握会计电算化业务技能为核心，以工作过程为导向，内容侧重于用友 U8 财务链，详细介绍了 8 个电算化会计岗位的操作流程及操作技巧，具体包括系统管理员岗位操作、账套主管岗位操作、总账管理岗位操作、薪资管理岗位操作、固定资产管理岗位操作、采购管理岗位操作、销售管理岗位操作、UFO 报表管理岗位操作，并介绍了部分供应链管理的业务处理方法。本书内容翔实、图文并茂，具有很强的操作性和实用性，易学、易用。

本书可作为中、高等职业院校财经类专业教学使用，也可供有关人员自学使用。

◆ 主　编　曹海萍
　　副 主 编　王晓辉
　　责任编辑　刘　尉
　　责任印制　王　郁　焦志炜
◆ 人民邮电出版社出版发行　　北京市丰台区成寿寺路 11 号
　　邮编　100164　电子邮件　315@ptpress.com.cn
　　网址　https://www.ptpress.com.cn
　　北京天宇星印刷厂印刷
◆ 开本：787×1092　1/16
　　印张：17　　　　　　　　　　　2021 年 7 月第 1 版
　　字数：473 千字　　　　　　　　2024 年 8 月北京第 5 次印刷
定价：54.00 元
读者服务热线：(010)81055256　印装质量热线：(010)81055316
反盗版热线：(010)81055315
广告经营许可证：京东市监广登字 20170147 号

FOREWORD

前　　言

本书依托用友 ERP-U8 V10.1 软件，以虚拟的江苏万兴发商贸有限公司 2020 年 1 月的经济业务为背景，全面介绍了总账、薪资管理、固定资产管理、应收款管理、应付款管理、UFO 报表管理 6 个子系统的基本操作方法，并拓展了供应链普通采购业务和普通销售业务的处理方法。

与同类书相比，本书具有以下特点。

1. 按电算化会计工作岗位组织编写教学内容

本书基于会计工作过程划分学习领域，采用以任务为驱动、"教—学—做"一体化的教学模式，根据会计工作的实际工作步骤、工作内容，以及完成该工作需具备的技能和知识来组织编写教学内容，设计了 8 个工作岗位实训项目，包括系统管理员岗位操作、账套主管岗位操作、总账管理岗位操作、薪资管理岗位操作、固定资产管理岗位操作、采购管理岗位操作、销售管理岗位操作、UFO 报表管理岗位操作，并在项目十介绍了部分供应链管理业务处理内容。每个项目以"学习目标"引出学习内容，以"岗位简介"介绍岗位的基本职责，书中应用大量图表和案例来阐述会计软件的操作方法，易学、易用。

2. 工作过程导向，案例丰富

党的二十大报告指出，教育是国之大计、党之大计。中、高职院校培养的是应用型技术人才，更加重视学生在学习过程中动手能力的培养。本书以江苏万兴发商贸有限公司的账证资料为案例，让学生完成"建账→初始化→日常业务→审核→过账→期末处理→会计报表→报表分析"业务的全部工作过程，从实际应用的角度出发，以"理论够用"为原则，通过"必备知识""任务描述""任务处理"3 个栏目将理论知识、工作任务、实际操作联系起来，对学生进行理论联系实际的训练，从而使其掌握电算化会计工作各岗位所必备的基本操作技能。

3. 内容与时俱进，紧跟新版财税政策

本书根据新版财税政策及会计准则（增值税与个人所得税调整）编写实训资料，并将会计技能大赛的内容融入其中，达到"以赛促教，以教促学"的目的，内容翔实、形式新颖、图文并茂，具有很强的操作性和实用性。

4. 配套教学资源丰富

本书为立体化教材，配套资源有课件、每个实训项目的操作视频、初始账套与结果账套、综合练习题。

本书由无锡商业职业技术学院曹海萍任主编，无锡商业职业技术学院王晓辉任副主编，江苏中企华中天资产评估有限公司无锡分公司周卓豪、新道科技股份有限公司邹卓、无锡商业职业技

术学院刘芳、无锡商业职业技术学院常志坚和无锡商业职业技术学院朱亚娟参与编写。在本书的编写过程中，湖北大学知行学院肖青玲老师给予了很多支持，在此表示感谢！

　　由于编写水平有限，书中难免存在不足之处，敬请读者批评指正。

编者

2023 年 7 月

CONTENTS

目 录

项目一

系统管理员岗位操作

学习目标 ↓

了解系统管理员岗位的基本职责和工作内容。

了解账套的基本原理及参数的含义。

理解操作员及权限管理的基本原理。

能够根据企业实际情况建立账套，进行操作员管理，并对账套进行备份及恢复。

岗位简介 ↓

系统管理是会计信息系统在财务业务一体化管理应用模式下，为各个功能模块运行提供的一个公共管理平台。系统管理员（用户名为"admin"）是指负责对整个账套进行管理和维护的专业人员。

系统管理员岗位主要负责建账、操作员管理和账套的备份与恢复工作。

任务一 了解企业概况

一、企业基本情况

江苏万兴发商贸有限公司（简称"万兴发"）是专门从事洗发水、沐浴露、洁面乳、润肤霜等家化用品批发的商贸企业，公司法人代表为朱琴。

该公司开户银行有两个。基本存款户：中国工商银行无锡滨湖支行；账号：622278956116。一般存款户：中国银行无锡滨湖支行（美元户）；账号：622788459687。公司统一社会信用代码：123200004660040850。公司地址：江苏省无锡市滨湖区文良路 118 号。联系电话/传真：0510-82683613。电子邮箱：wanxingfa@163.com。

二、会计核算要求

（1）科目设置要求：应付账款科目下设暂估应付账款和一般应付账款两个二级科目，其中一般应付账款设置为受控于应付款系统，暂估应付账款设置为不受控于应付款系统。

（2）辅助核算要求：

日记账：库存现金、银行存款及其明细账。

银行账：银行存款及其明细账。

客户往来：应收票据/银行承兑汇票、应收票据/商业承兑汇票、应收账款、预收账款。

供应商往来：应付票据/商业承兑汇票、应付票据/银行承兑汇票、应付账款/一般应付账款、应付账款/暂估应付账款、预付账款。

个人往来：其他应收款/其他个人往来。

（3）会计凭证的基本规定：录入或生成"记账凭证"均由指定的会计人员操作，含有库存现金和银行存款科目的记账凭证均需出纳签字。凭证采用收款、付款、转账三种专用凭证格式。对已记账凭证的修改，只采用红字冲销法。为保证财务与业务数据的一致性，能在业务系统生成的记账凭证不得在总账系统中直接录入。根据原始单据生成记账凭证时，除特殊规定外不采用合并制单。

（4）货币资金业务的处理：公司采用的结算方式包括现金、支票、银行汇票、商业汇票、汇兑等。收、付款业务由财务部门根据有关凭证进行处理，在系统中没有对应结算方式时，其结算方式为"其他"。

（5）薪酬业务的处理：公司按有关规定计算缴纳社会保险费和住房公积金。"五险一金"计提比例见表1-1。

表 1-1　　　　　　　　　　　　　　"五险一金"计提比例

项目	企业承担（%）	个人承担（%）	小计（%）
养老保险	16	8	24
医疗保险	7.6（其中补充医疗为0.6）	2	9.6
失业保险	0.5	0.5	1
工伤保险	0.15		0.15
生育保险	0.8		0.8
住房公积金	10	10	20
合计	35.05	20.5	55.55

按工资总额的 2%计提工会经费，公司职工福利费和职工教育经费不预提，按实际发生金额列支；各类社会保险费当月计提，次月缴纳。

按照国家有关规定，公司代扣代缴个人所得税，其费用扣除标准为每月 5 000 元，附加费用为每月 1 300 元；个人所得税由公司代扣代缴，通过"应交税费"账户进行核算。工资分摊制单时，合并科目相同、辅助项相同的分录。

（6）固定资产业务的处理：公司固定资产包括房屋及建筑物、办公设备和运输工具，均为"在用"状态；采用"平均年限法（一）"按月计提折旧；同期增加多个固定资产时，不采用合并制单。

（7）存货业务的处理：各类存货按照实际成本核算，采用永续盘存制；对库存商品采用"数量进价金额核算法"，对发出存货成本采用"先进先出法"进行核算，采购入库存货对方科目使用"在途物资"科目，采购运费业务使用"采购专用发票"进行核算，费用分摊按"数量"方式进行核算。

（8）税费的处理：公司为增值税一般纳税人，增值税税率为13%，按月缴纳，按当期应交增值税的7%计算城市维护建设税，按当期应交增值税的3%计算教育费附加；企业所得税采用资产负债表债务法进行核算，假设资产、负债的账面价值与其计税基础一致，未产生暂时性差异，企业所得税的计税依据为应纳税所得额，税率为25%，按月预计，按季预缴，全年汇算清缴。缴纳税费按银行开具的原始凭证编制记账凭证。

（9）财产清查的处理：公司每年年末对存货及固定资产进行清查，根据盘点结果编制盘点表，并与账面数据进行比较，由库存管理员审核后进行处理。

01

（10）坏账损失的处理：公司除应收账款外，其他预付及应收款项不计提坏账准备。期末，按应收账款余额百分比法计提坏账准备，提取比例为 0.5%。

（11）利润分配：根据公司章程，公司税后利润按以下顺序及规定分配：弥补亏损、按 10% 提取法定盈余公积、按 30%向投资者分配利润。

（12）损益类账户的结转：每月末将各损益类账户余额转入"本年利润"账户，结转时按收入和支出分别生成记账凭证。

任务二　登录系统管理

 必备知识

用友 U8 V10.1（以下简称"用友 U8"）只允许以两种身份注册进入系统管理：一是以系统管理员身份；二是以账套主管身份。二者注册的效果是不同的，系统管理员的操作是系统级的，能对各个账套进行统一的管理和维护；而账套主管的操作是账套级的，即只能对某个账套进行管理。系统管理员和账套主管各自拥有的权限见表 1-2。

表 1-2　　　　　　　　　　系统管理员和账套主管各自拥有的权限

项目	系统管理员	账套主管
操作员及权限	设置账套主管，增加或注销操作员，修改操作员权限	改变操作员权限
账套	建立、备份、引入和删除账套，不能修改账套信息	拥有所管辖账套的所有模块操作权限
年度账	无	清空、引入和输出年度账

系统管理员的名称为"admin"，用户要进行系统管理的操作，必须以系统管理员的身份登录系统管理模块。

 任务描述

以系统管理员身份注册系统管理。

 任务处理

（1）执行【开始】—【程序】—【用友 U8 V10.1】—【系统服务】—【系统管理】命令（如果桌面上有系统管理的快捷图标，可以双击该图标），系统打开"新道教育-用友 U8[系统管理]"窗口，如图 1-1 所示。

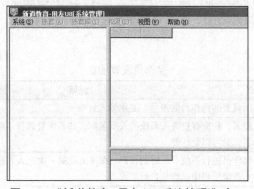

图 1-1　"新道教育-用友 U8[系统管理]"窗口

（2）执行【系统】菜单下的【注册】命令，打开"登录"对话框，在【操作员】栏中输入"admin"，密码为空，如图 1-2 所示。单击【登录】按钮，打开"系统管理"窗口。

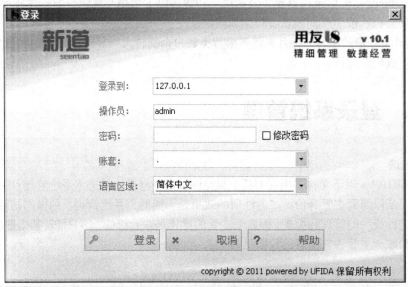

图 1-2　"登录"对话框

> **注意**
>
> 系统允许用户以系统管理员的身份注册进入系统管理，也允许其以账套主管的身份注册进入系统管理。如果用户是初次使用本系统，则第一次必须以系统管理员的身份注册进入系统管理。用户建立账套和指定相应的账套主管后，才能以账套主管的身份注册进入系统管理。

任务三　增加操作员

 必备知识

操作员是指有权登录并使用用友 U8 进行操作的人员。

操作员只能由系统管理员添加；操作员编号一旦设置，就不能修改。

操作员设置包括操作员的增加、修改和删除。进行操作员设置时，需要输入的项目如表 1-3 所示。

表 1-3　　　　　　　　　　　　　　操作员设置项目

项目	说明
编号	用来标识所设置的操作员的编号，必须输入且唯一
姓名	也称为注册名，是指有权进入系统的人员名称，如系统管理员、账套主管、系统操作员等。可以是真实姓名，也可以是代号
口令	是指设置操作员进行系统登录时的密码。操作员在第一次进入系统前，可由系统管理员代为设置密码，进入系统后再由操作员自行修改
所属部门	可以为空，但不能输入非法字符

任务描述

根据表 1-4，为万兴发设置以下操作员。

表 1-4　　　　　　　　　　　　　万兴发操作员/用户

编号	姓名	用户类型	认证方式	口令	所属部门	角色	职务
A01	王江	普通用户	用户+口令（传统）	1	总经理办公室	账套主管	总经理
W01	张婷	普通用户	用户+口令（传统）	2	财务部	普通员工	财务经理
W02	李冬	普通用户	用户+口令（传统）	3	财务部	普通员工	会计
W03	刘笑	普通用户	用户+口令（传统）	4	财务部	普通员工	出纳
G01	陈伟真	普通用户	用户+口令（传统）	5	采购部	普通员工	采购员
X01	赵一山	普通用户	用户+口令（传统）	6	销售部	普通员工	销售员
C01	梁亚东	普通用户	用户+口令（传统）	7	仓管部	普通员工	仓管员

任务处理

（1）以系统管理员的身份登录系统管理。

（2）执行【权限】菜单下的【用户】命令，系统打开"用户管理"窗口。

（3）单击【增加】按钮，打开"操作员详细情况"对话框，根据实训资料输入王江的相关信息，如图 1-3 所示。

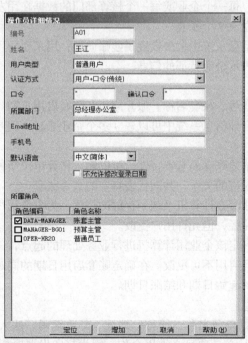

图 1-3　"操作员详细情况"对话框

（4）单击【增加】按钮，系统自动保存该操作员。

（5）重复上述操作继续增加其他操作员。

（6）单击【退出】按钮，返回"用户管理"窗口。所有用户在"用户管理"窗口以列表方式显示，如图 1-4 所示。

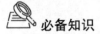

用户编码	用户全名	部门	Email地址	手机号	用户类型	认证方式	状态
A01	王江	总经理办公室			普通用户	用户+口令(传统)	启用
admin	admin				管理员用户	用户+口令(传统)	启用
C01	梁亚东	仓管部			普通用户	用户+口令(传统)	启用
demo	demo				普通用户	用户+口令(传统)	启用
G01	陈伟真	采购部			普通用户	用户+口令(传统)	启用
SYSTEM	SYSTEM				普通用户	用户+口令(传统)	启用
UFSOFT	UFSOFT				普通用户	用户+口令(传统)	启用
W01	张婷	财务部			普通用户	用户+口令(传统)	启用
W02	李冬	财务部			普通用户	用户+口令(传统)	启用
W03	刘笑	财务部			普通用户	用户+口令(传统)	启用
X01	赵一山	销售部			普通用户	用户+口令(传统)	启用

图1-4　"用户管理"窗口

任务四　建立账套

建立账套

必备知识

在使用用友 U8 之前首先需要建立账套，只有系统管理员可以建立企业账套。

账套就是为每个独立核算单位准备一套数据库文件。建立账套之后才可启用各个功能模块，进行该账套相关业务处理。每一个企业或每一个核算部门的数据在用友 U8 系统内部都体现为一个账套。系统最多允许建立 999 个账套。

为了方便操作，会计信息系统中大多设置了建账向导，用来引导用户建账。在建立企业账套时，需要向系统提供以下表示企业特征的信息。

（1）账套基本信息。

账套基本信息包括账套号、账套名称、账套路径及账套启用日期。

账套号：由于在一个会计信息系统中可以建立多个企业账套，因此必须设置账套号作为区分不同账套数据的唯一标志。

账套名称：一般用来描述账套的基本特性，可以输入核算单位简称或以该账套的用途命名。账套号与账套名称是一一对应的关系，共同代表特定的核算账套。

账套路径：用来指明账套在计算机系统中存放的位置。为方便用户，应用系统一般会预设一个存储位置，称其为默认路径，但允许用户更改。

账套启用日期：用于规定该企业用计算机进行业务处理的起点，一般要指定年、月。启用日期在初始设置时设定，一旦启用不可更改。在确定账套启用日期的同时，一般还要设置企业的会计期间，即确认会计期间的起始日期和结账日期。

（2）核算单位基本信息。

核算单位基本信息包括单元名称、简称、地址、邮政编码、法人代表、通信方式等。在以上各项信息中，单位名称是必录项且必须用全称，因为打印发票时要使用单位全称，其余情况全部使用单位的简称。

（3）账套核算信息。

账套核算信息包括记账本币、企业类型、行业性质、账套主管、编码方案、数据精度等。

记账本币：企业必须明确指定，通常系统默认为人民币，系统也提供以某种外币作为记账本币的功能。

企业类型：是区分不同企业业务类型的必要信息，选择不同的企业类型，系统在业务处理范围上有所不同。

行业性质：表明企业所执行的会计制度。

编码方案：是对企业关键核算对象进行分类级次及各级编码长度的指定，以便用户进行分级核算、统计和管理。

数据精度：是指定义数据的保留小数位数。

以上账套参数确定后，应用系统会自动建立一套符合用户特征要求的账套体系。

 任务描述

根据以下资料建立万兴发的账套及相关信息。

【账套信息】账套号：123。账套名称：万兴发商贸有限公司。

启用会计期：2020 年 1 月。

【单位信息】单位名称：江苏万兴发商贸有限公司。

单位简称：江苏万兴发。

单位地址：江苏省无锡市滨湖区文良路 118 号。

法人代表：朱琴。

邮政编码：214000。联系电话/传真：0510-82683613。

电子邮件：wanxingfa@163.com。税号：123200004660040850。

【核算信息】本币名称：人民币。

企业类型：商业。

行业性质：2007 年新会计制度科目。

账套主管：[A01]王江。

【基础信息】对存货、客户、供应商进行分类。

【编码方案】科目编码级次：4-2-2-2。

客户分类编码级次：1-2-2。

部门编码级次：1-2。

存货分类编码级次：2-2-2-2。

供应商分类编码级次：1-2-2。

结算方式编码级次：1-2。

收发类别编码级次：1-2。

【数据精度】对数量、单价核算时，小数位为 2。

任务处理

（1）以系统管理员的身份登录系统管理，执行【账套】菜单下的【建立】命令，系统打开"创建账套"对话框。

（2）选择"新建空白账套"选项，并单击【下一步】按钮，打开"创建账套—账套信息"对话框。依次输入账套号、账套名称及启用会计期，账套路径为默认路径，如图 1-5 所示。

（3）单击【下一步】按钮，打开"创建账套—单位信息"对话框。依次输入单位名称、单位简称、单位地址等相关信息，如图 1-6 所示。

图 1-5 "创建账套—账套信息"对话框

图 1-6 "创建账套—单位信息"对话框

（4）单击【下一步】按钮，打开"创建账套—核算类型"对话框。采用系统默认的本币代码"RMB"、本币名称"人民币"，分别选择企业类型、行业性质及账套主管，勾选"按行业性质预置科目"复选框，如图 1-7 所示。

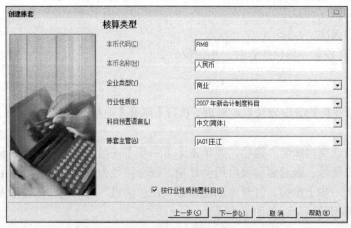

图 1-7 "创建账套—核算类型"对话框

01

注意

　　如果在建立账套之前没有增加账套主管，在【账套主管】下拉列表中可以选择系统中其他用户。

　　勾选"按行业性质预置科目"复选框后，会计科目由系统自动设置行业的标准一级科目；如不勾选，则所有科目需由用户自己设置。

　　（5）单击【下一步】按钮，打开"创建账套—基础信息"对话框。勾选"存货是否分类""客户是否分类""供应商是否分类"复选框，如图 1-8 所示。

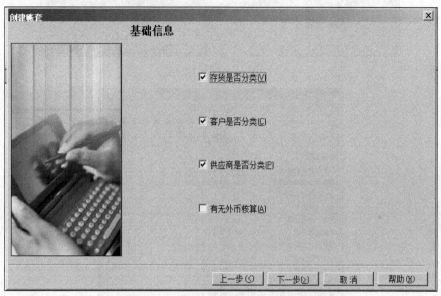

图 1-8　"创建账套—基础信息"对话框

 注意

　　如果核算单位存货种类繁多且数量较多，可勾选"存货是否分类"复选框，表明要对存货进行分类管理。如不打算启用采购、销售及库存管理系统，则不需考虑存货是否分类。

　　如果核算单位的客户、供应商较多，并且希望进行分类管理，则勾选"客户是否分类""供应商是否分类"复选框；若不勾选，则表示无须对客户、供应商进行分类。

　　勾选"有无外币核算"复选框，表示核算单位有外币业务。

　　（6）单击【下一步】按钮，打开"创建账套—开始"对话框，单击【完成】按钮，系统询问"可以创建账套了么？"，如图 1-9 所示。

　　（7）单击【是】按钮，打开"编码方案"对话框。按要求进行修改，如图 1-10 所示。

　　（8）单击【确定】按钮，关闭"编码方案"对话框，打开"数据精度"对话框，如图 1-11 所示。

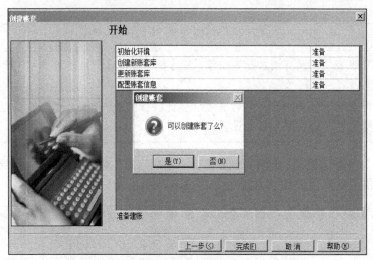

图1-9　建账确认

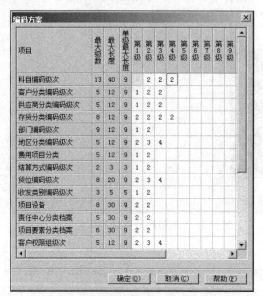

项目	最大级数	最大长度	单级最大长度	第1级	第2级	第3级	第4级	第5级	第6级	第7级	第8级	第9级
科目编码级次	13	40	9		2	2	2					
客户分类编码级次	5	12	9	1	2	2						
供应商分类编码级次	5	12	9	1	2	2						
存货分类编码级次	8	12	9	2	2	2	2					
部门编码级次	9	12	9	1	2							
地区分类编码级次	5	12	9	2	3	4						
费用项目分类	5	12	9	1	2							
结算方式编码级次	2	3	3	1	2							
货位编码级次	8	20	9	2	3	4						
收发类别编码级次	3	5	5	1	2							
项目设备	8	30	9	2	2							
责任中心分类档案	5	30	9	2	2							
项目要素分类档案	6	30	9	2	2							
客户权限组级次	5	12	9	2	3	4						

图1-10　"编码方案"对话框

图1-11　"数据精度"对话框

（9）根据要求，确定所有小数位。单击【确定】按钮，系统提示"万兴发商贸有限公司：[123]建账成功"，如图 1-12 所示。

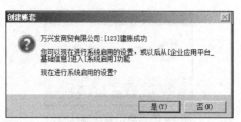

图 1-12　建账成功

（10）单击【是】按钮，打开"系统启用"对话框，如图 1-13 所示。（如果单击【否】按钮，则表示暂不启用任何系统。）

图 1-13　"系统启用"对话框

> **注意**
>
> 各个子系统可以根据企业业务需要分期启用。在建账时，如果没有启用各个子系统，也可以由账套主管在以后各期分别启用，其启用效果是相同的。

（11）勾选"总账"复选框，系统打开"日历"对话框，如图 1-14 所示。选择启用日期，单击【确定】按钮，即可启用该子系统。

图 1-14　"日历"对话框

01

（12）单击【确定】按钮后，系统询问"确实要启用当前系统吗？"，如图1-15所示。单击【是】按钮，表示启用当前系统；单击【否】按钮，则表示暂不启用当前系统。

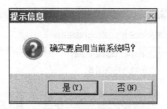

图1-15 启用系统确认提示

任务五 设置操作员权限

 必备知识

为了避免无关人员非法进入会计信息系统，也为了避免相关人员越权进行非法操作，会计信息系统的每一个子系统在进入之前都要对操作员进行权限检查。因此在会计信息系统使用前，系统管理员或账套主管需要明确规定每一个操作员的岗位分工和操作权限。

账套主管是系统所有操作员中功能权限最大的操作员。一个账套可以设置多个账套主管。

系统管理员和账套主管在登录系统管理后，可以对操作员权限进行查看、添加、删除、修改等操作。

 任务描述

根据表1-5，设置万兴发账套操作员的权限。

操作员权限管理

表1-5 　　　　　　　　　万兴发账套操作员权限分工

编码	姓名	权限分工
A01	王江	账套主管
W01	张婷	记账凭证的审核、查询，账表、总账的对账与结账，编制UFO报表
W02	李冬	基本信息的全部权限，总账权限管理中凭证处理、凭证查询、账表、期末处理、记账、常用凭证的权限，应收款管理和应付款管理（不含收、付款单处理）、固定资产管理、薪资管理、存货核算的所有权限
W03	刘笑	总账凭证中出纳签字、查询凭证权限、总账中出纳权限，应收款管理中收款单据处理、票据管理，应付款管理中付款单据处理、票据管理
G01	陈伟真	公用目录设置、公共单据处理，采购管理，应付款管理中除付款单处理之外的所有权限
X01	赵一山	公用目录设置、公共单据处理，销售管理，应收款管理中除收款单处理之外的所有权限
C01	梁亚东	公用目录设置、公共单据处理，库存管理的所有权限

 任务处理

（1）以系统管理员的身份登录系统管理，执行【权限】菜单下的【权限】命令，如图1-16所示。

（2）系统打开"操作员权限"窗口。先单击【账套主管】下拉按钮，选择"[123]万兴发商贸有限公司"账套，然后在操作员列表中选中操作员"A01"，再勾选"账套主管"复选框，如图1-17所示。（如果"账套主管"颜色为灰色，则表示已授权为账套主管。）

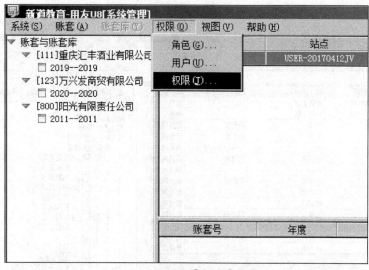

图 1-16　执行【权限】命令

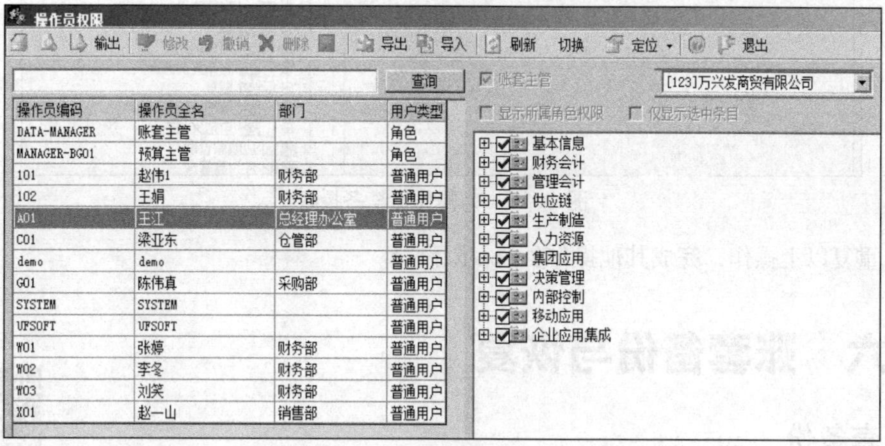

图 1-17　"操作员权限"窗口

（3）在操作员列表中选中操作员"W02"，再单击【修改】按钮，如图 1-18 所示。

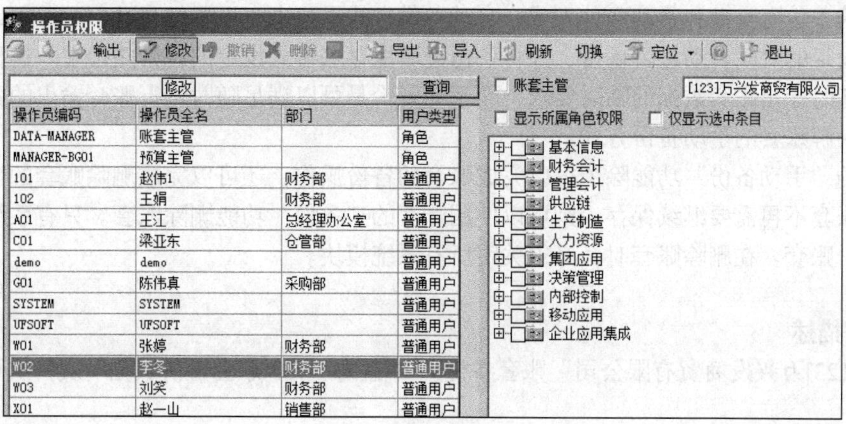

图 1-18　修改权限

（4）在"操作员权限"窗口右侧授权区域中，依据"W02 李冬"的权限依次勾选相应权限复选框，如图 1-19 所示。

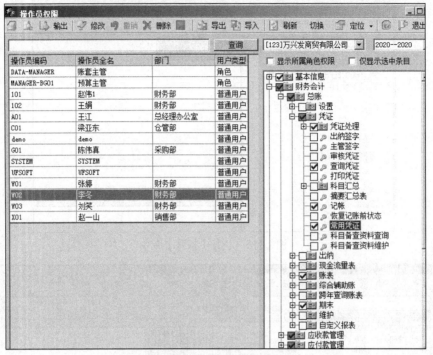

图 1-19　为操作员李冬授权

（5）重复以上操作，完成其他操作员的权限设置。

任务六　账套备份与恢复

一、账套备份

 必备知识

账套的备份有自动和手动两种方式。自动备份方式需要事先设置好自动备份计划，系统会在备份计划设定的时间自动进行备份，并将备份账套保存在事先设定的备份路径中。这种备份方式不能满足随时导出账套数据的临时要求，而手动备份是可以满足随时进行账套输出的备份方式。本任务只讲解账套的手动备份方式。

账套的"手动备份"功能除了可以完成账套的备份操作，还可以完成删除账套的操作。如果系统内的账套不再需要继续保存，则可以使用账套的"备份"功能删除账套。只有系统管理员才有权限备份账套。在删除账套时，必须关闭所有系统模块。

 任务描述

将"[123]万兴发商贸有限公司"账套备份到 D 盘的"123 账套备份数据"文件夹中。

 任务处理

（1）首先在 D 盘上建立名为"123 账套备份数据"的文件夹。

账套备份

（2）以系统管理员的身份登录系统管理，执行【账套】菜单下的【输出】命令，打开"账套输出"对话框，单击【账套号】下拉按钮，选择"[123]万兴发商贸有限公司"账套，【输出文件位置】选择"D：\123 账套备份数据\"，如图 1-20 所示。

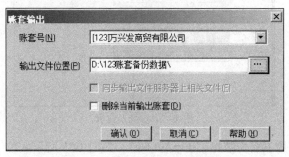

图 1-20　"账套输出"对话框

 注意

> 如果用户希望备份完成后删除账套数据，则需勾选"删除当前输出账套"复选框。

（3）单击【确认】按钮，系统进行账套数据输出。完成后，系统提示"输出成功"，如图 1-21 所示，单击【确定】按钮。

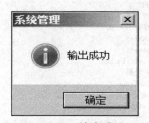

图 1-21　输出成功

二、账套恢复

 必备知识

　　账套恢复也叫作引入账套，是指将硬盘或者光盘上的备份文件引入系统。备份的账套数据不能直接运行，只有在系统管理中进行引入才能运行。引入的情况包括两方面：一是当系统数据受到破坏时，可以进行账套引入；二是当需要查询某个公司的账套数据或者本公司历史数据时，可以进行账套引入。

　　引入账套只能由系统管理员来执行。需要注意的是，执行账套引入后会覆盖系统原有的数据，因此，账套引入时需要谨慎操作。

 任务描述

　　将已经备份好的"123 账套备份数据"重新引入用友 U8 系统。

 任务处理

（1）以系统管理员的身份登录系统管理，执行【账套】菜单下的【引入】命令，如图 1-22 所示。

账套恢复

01

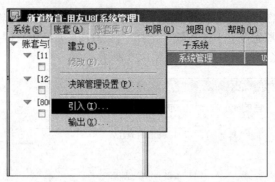

图 1-22　引入账套

（2）选择"D:\123 账套备份数据\UfErpAct.Lst"，如图 1-23 所示。

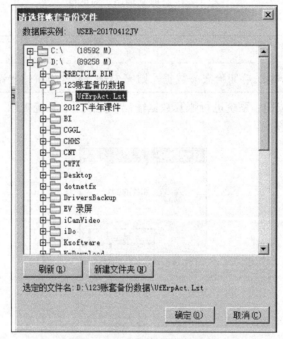

图 1-23　选择备份文件路径

（3）单击【确定】按钮，系统打开对话框，如图 1-24 所示。单击【确定】按钮，再次选择备份文件路径"D:\123 账套备份数据"文件夹。单击【确定】按钮，完成数据的覆盖恢复。

图 1-24　选择路径提示

项目二

账套主管岗位操作

了解账套主管岗位的工作内容。

能根据企业业务需要修改和启用账套。

能够根据企业业务需要设置基础档案，并对各子系统进行初始化设置。

账套主管是账套的管理员，主要针对其负责的账套进行管理和维护，并参与某些具体业务处理，包括账套基础环境的建立、基础档案的设置、账套参数的设置、各子系统初始化等工作。

任务一　修改账套信息

修改账套信息

必备知识

当建账完成后，在未使用相关信息的基础上，可以对某些信息进行适当的修改，但不是所有的账套参数都可以被修改，如账套号、启用年份等参数（灰色的部分）不能修改。

"编码方案""数据精度"可通过执行企业应用平台的【基础设置】→【基本信息】命令进行修改，"单位信息"可通过执行【基础设置】→【基础档案】→【机构人员】命令进行修改。

任务描述

2020 年 1 月 1 日，修改账套信息，给"[123]万兴发商贸有限公司"账套增加外币核算功能。

任务处理

（1）执行【开始】—【程序】—【用友 U8 V10.1】—【系统服务】—【系统管理】命令，打开"用友 U8【系统管理】"窗口。

（2）执行【系统】—【注册】命令，打开"登录"对话框，在【操作员】栏中输入"A01"，在【密码】栏中输入"1"（此处不显示），选择"[123]万兴发商贸有限公司"账套，将操作日期改为"2020-01-01"，如图 2-1 所示。单击【登录】按钮，打开"用友 U8[系统管理]"窗口。

（3）执行【账套】—【修改】命令，打开"修改账套"对话框。根据向导找到"修改账套—基础信息"对话框，勾选"有无外币核算"复选框，单击【完成】按钮，系统询问"确认修改账套了么？"，如图 2-2 所示。

02

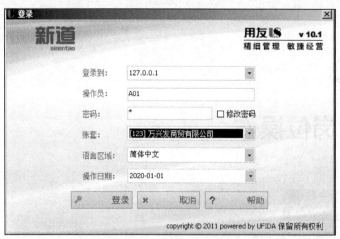

图 2-1 "登录"对话框

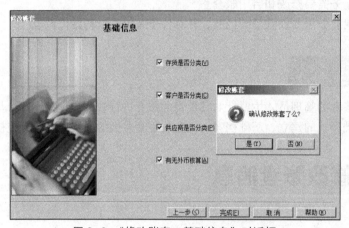

图 2-2 "修改账套—基础信息"对话框

（4）单击【是】按钮，打开"编码方案"对话框。单击【取消】按钮，打开"数据精度"对话框。单击【取消】按钮，系统提示"修改账套成功"。单击【确定】按钮，完成账套信息修改。

任务二　系统启用

 必备知识

只有启用的子系统才能投入使用。

系统启用有两种途径：一是由系统管理员在建账的时候确定启用子系统；二是由账套主管利用账套启用功能在需要启用的时候随时进行启用。

系统启用后可以立即注销，但是如果已经使用该系统，则不能注销该系统。

各子系统的启用日期不能早于整个系统的启用会计期，即建账日期，只能在建账日期的当月或之后某个月份启用。

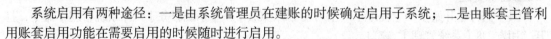 系统启用

 任务描述

请依次启用以下各子系统：总账系统、应收款管理系统、应付款管理系统、固定资产管理系

统、薪资管理系统。启用日期均为 2020 年 1 月 1 日。

任务处理

（1）执行【开始】—【程序】—【用友 U8 V10.1】—【企业应用平台】命令，以账套主管 "A01" 的身份登录企业应用平台，如图 2-3 所示。（如果计算机桌面上有 "企业应用平台" 快捷图标 ，则双击该图标也可登录该平台。）

图 2-3 "登录" 对话框

（2）执行【基础设置】—【基本信息】—【系统启用】命令，如图 2-4 所示。打开 "系统启用" 对话框。

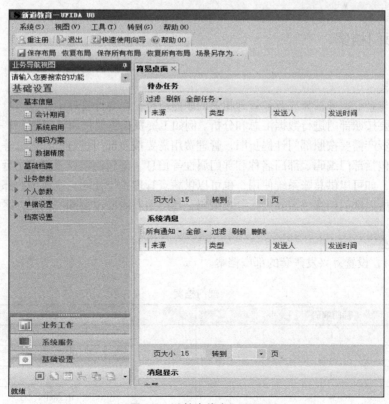

图 2-4 "基本信息" 界面

02

（3）勾选"固定资产"复选框，打开"日历"对话框，在其中可以对系统的启用日期进行选择，如图2-5所示。

图2-5 "日历"对话框

（4）在选择好日期之后，单击【确定】按钮，系统打开"提示信息"对话框，询问"确实要启用当前系统吗？"，单击【是】按钮，即可完成系统的启用，系统将自动记录启用日期和启用人。

（5）使用此方法启用其他子系统。

任务三 基础档案设置

用友 U8 V10.1 安装完成之后，其中是不包括任何数据的。但系统处理企业日常业务需要用到大量的基础信息，如部门档案、人员档案、会计科目、结算方式等。这些基础信息是每一个账套所有子系统共用的基础信息，因此，在启用新账套之后，应根据企业的实际情况设置基础档案。

一、设置部门档案

必备知识

设置部门档案

部门是指与企业财务核算或业务管理相关的职能单位。在会计管理中，会计信息往往需要按照部门进行数据汇总和分析。例如工资费用需要按照部门进行分配，固定资产需要按照部门计提折旧，管理费用需要按照部门进行统计汇总等。

部门档案包括部门编码、部门名称和部门属性等信息。部门档案设置完成之后可以供各个子系统共同使用，如可以供总账系统使用，也可以供薪资管理系统使用。企业中的部门一般需要进行分级管理，所以部门档案也需要进行分级编码，部门编码需要遵循部门编码方案的规定。

任务描述

根据表2-1，设置万兴发账套的部门档案。

表2-1　　　　　　　　　　　　　　　部门档案

部门编码	部门名称
1	总经理办公室
2	财务部
3	人力资源部
4	销售部

续表

部门编码	部门名称
401	销售一部
402	销售二部
5	采购部
501	采购一部
502	采购二部
6	仓管部
7	离退办

任务处理

（1）以账套主管"A01 王江"的身份登录企业应用平台。

（2）在企业应用平台中，执行【基础设置】—【基础档案】—【机构人员】—【部门档案】命令，打开"部门档案"界面，如图 2-6 所示。

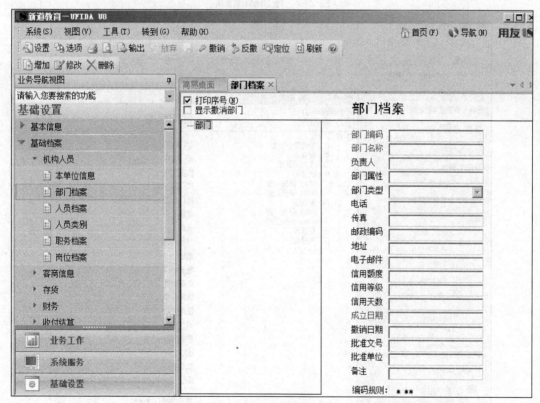

图 2-6 "部门档案"界面

（3）单击【增加】按钮，在界面右侧的【部门编码】栏中输入"1"，在【部门名称】栏中输入"总经理办公室"，单击【保存】按钮，如图 2-7 所示。

（4）按以上步骤录入其他部门数据，结果如图 2-8 所示。部门档案设置完毕，关闭"部门档案"界面。

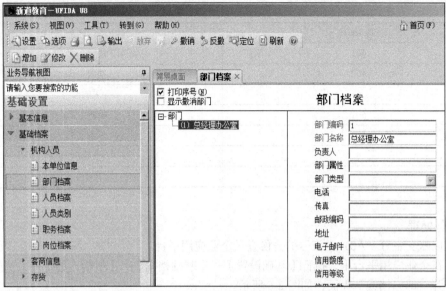

图 2-7　增加部门档案

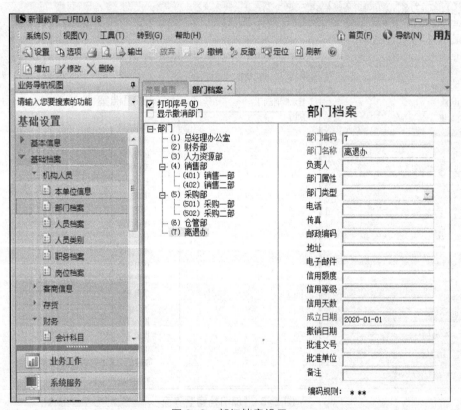

图 2-8　部门档案设置

 注意

部门档案的编码原则在建立账套时已设置为"1-2"，表示一级部门的编码为 1 位数字，二级部门的编码为 2 位数字；部门档案一旦被使用将不能被修改或删除。

二、设置人员类别

 必备知识

人员类别在薪资管理系统工资分摊中具有非常重要的作用。人员类别的设置为工资费用分摊方案与生成凭证设置相应的入账科目做准备。

人员类别要在人员档案建立之前设置完毕。未使用的人员类别名称可以修改，一旦使用则不可以修改。

 任务描述

根据表 2-2，设置万兴发账套的人员类别。

表 2-2 人员类别

人员类别编码	人员类别名称
1011	管理人员
1012	采购人员
1013	销售人员
1014	退休人员

任务处理

（1）在企业应用平台中，执行【基础设置】—【基础档案】—【机构人员】—【人员类别】命令，打开"人员类别"窗口。

（2）选中窗口左上角的"正式工"后，单击【增加】按钮，打开"增加档案项"对话框。在【档案编码】栏中录入"1011"，在【档案名称】栏中录入"管理人员"，如图 2-9 所示。

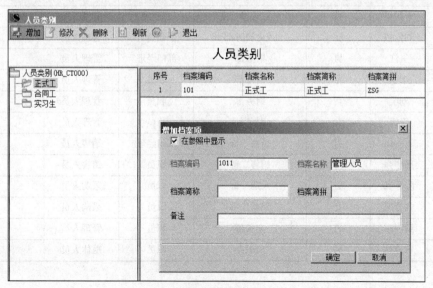

图 2-9 增加人员类别

（3）单击【确定】按钮，管理人员分类即显示在"人员类别"窗口右侧的人员类别显示框内。同理，录入其他人员类别。结果如图 2-10 所示。

图 2-10　人员类别设置

三、设置人员档案

 必备知识

设置人员档案

人员是指企业的各个职能部门中，参与企业业务活动且需要对其进行核算和管理的人员，如经理、采购员、销售员等。人员信息是很重要的会计资料，如工资的计算、个人往来数据的统计汇总、个人绩效考核等。人员信息一般不需要进行分级管理，因此，只需要直接输入人员编码，无须进行编码方案的设置。

人员档案主要用于记录本单位人员个人的信息资料，包括人员编码、人员姓名、行政部门及人员属性等。设置人员档案可以方便地进行个人往来核算和管理等操作。

任务描述

根据表 2-3，设置万兴发账套的人员档案。

表 2-3　　　　　　　　　　　　　　　　人员档案

人员编码	人员姓名	性别	行政部门	人员属性	人员类别	是否业务员
001	李树根	男	总经理办公室	总经理	管理人员	是
002	刘依依	女	人力资源部	职员	管理人员	是
003	王江	男	财务部	部门经理	管理人员	是
004	李冬	男	财务部	职员	管理人员	是
005	刘笑	女	财务部	职员	管理人员	是
006	张婷	女	财务部	职员	管理人员	是
007	赵一山	男	销售一部	部门经理	销售人员	是
008	周华强	男	销售二部	职员	销售人员	是
009	陈伟真	男	采购一部	职员	采购人员	是
010	刘芳菲	女	采购二部	职员	采购人员	是
011	梁亚东	男	仓管部	职员	管理人员	是
012	黄健林	男	离退办	职员	退休人员	

 任务处理

（1）在企业应用平台中，执行【基础设置】—【基础档案】—【机构人员】—【人员档案】命令，打开"人员档案"界面，如图 2-11 所示。

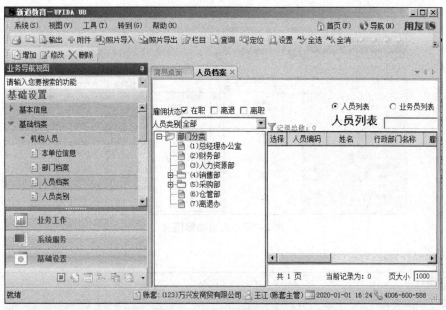

图 2-11 "人员档案"界面

（2）单击【增加】按钮，打开"人员档案"窗口。输入人员相关信息，如图 2-12 所示。

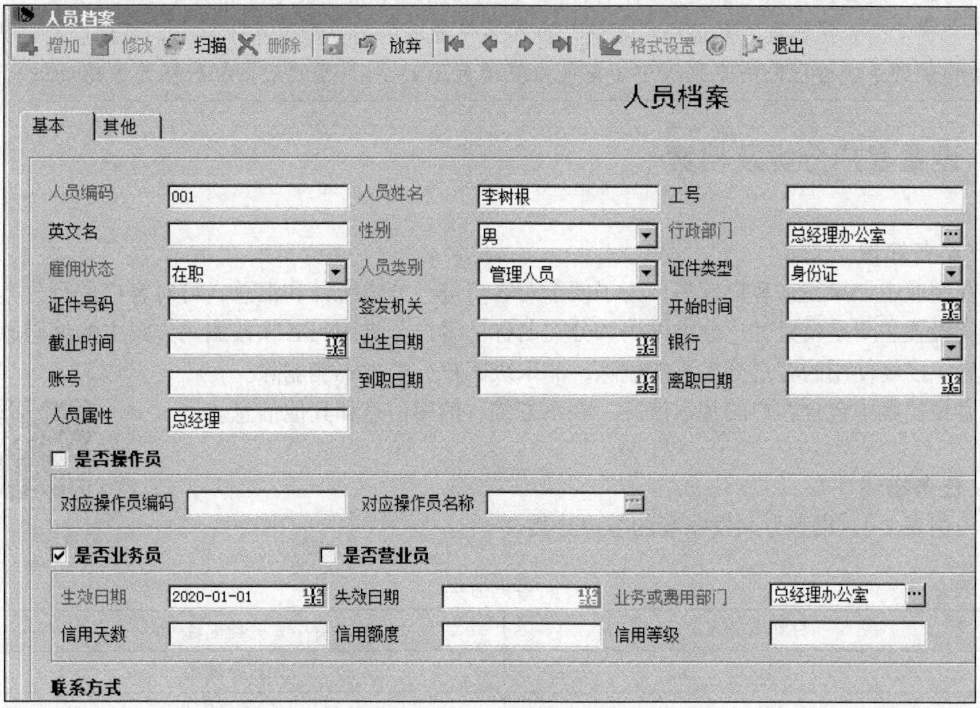

图 2-12 "人员档案"窗口

（3）单击【保存】按钮。（若该人员已在系统管理中设置为操作员，则系统弹出对话框询问"人员信息已改，是否同步修改操作员的相关信息？"，单击【是】按钮，系统保存该人员信息。）

（4）依照上述方式，录入其他人员档案。录入完成后，单击【退出】按钮。在"人员档案"界面的"人员列表"中显示企业全部人员信息，如图 2-13 所示。

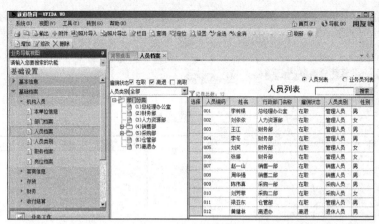

图 2-13 人员档案信息

注意

在"人员档案"窗口中，"人员编码""人员姓名""性别"和"行政部门"选项必须输入，其中"人员编码"必须唯一，保存后不能修改，"人员姓名"可以重复，能随时修改。

勾选"是否业务员"复选框的人员可在其他档案或单据中的【业务员】栏被参照。

勾选"是否操作员"复选框，若该人员在系统管理的用户列表中不存在，系统会将该人员自动追加到系统管理的用户列表中（角色为普通员工），则此处的人员编码即为操作员的密码。

四、设置客户分类及档案

必备知识

在企业中如果往来客户较多，为了便于对客户进行分类统计和汇总，可对客户进行分类。客户分类设置主要是设置客户分类编码和分类名称。客户分类编码必须按编码方案中的编码原则进行设置。已经使用的客户分类不能删除，非末级客户分类也不能删除。

客户档案中包含客户的基本信息、联系方式、信用信息和其他信息。

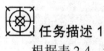

任务描述 1

根据表 2-4，设置万兴发账套的客户分类。

设置客户分类

表 2-4　　　　　　　　　　　　客户分类

分类编码	分类名称
1	广州地区
101	越秀区客户
102	天河区客户
2	无锡地区
201	滨湖区客户
202	锡山区客户

02

任务处理

（1）执行【基础设置】—【基础档案】—【客商信息】—【客户分类】命令，打开"客户分类"界面，如图 2-14 所示。

（2）单击【增加】按钮，在【分类编码】栏中输入"1"，在【分类名称】栏中输入"广州地区"，如图 2-15 所示。单击【保存】按钮，保存设置。

（3）按以上步骤，输入其他客户分类，如图 2-16 所示。完成后单击【退出】按钮。

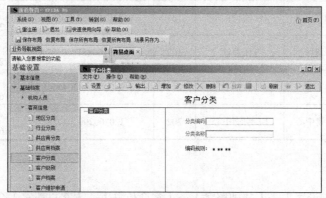

图 2-14 "客户分类"界面

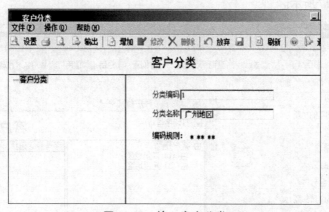

图 2-15 输入客户分类

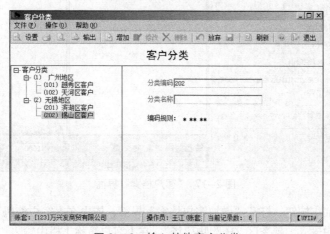

图 2-16 输入其他客户分类

设置客户档案

任务描述 2

根据表 2-5，设置万兴发账套的客户档案。

表 2-5   客户档案

客户编码	客户名称	客户简称	所属分类	税号	开户银行、银行账号
001	越秀区 ZH 购物广场	ZH 购物广场	101	91440100561110567A	工行广州分行 2692533088674500444
002	天河区 TH 商城	TH 商城	102	91440100881220589A	工行广州分行 2692533088674500444
003	滨湖区 WD 百货	WD 百货	201	320200198504066	建行无锡滨湖支行 6227001244556630555
004	锡山区 LF 购物中心	LF 购物中心	202	320200200204088	建行无锡锡山支行 6227001288307299666

任务处理

（1）执行【基础设置】—【基础档案】—【客商信息】—【客户档案】命令，打开"客户档案"界面，如图 2-17 所示。

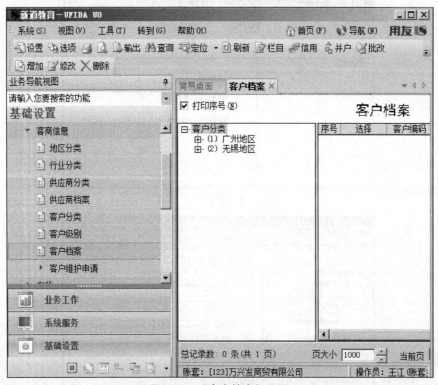

图 2-17 "客户档案"界面

（2）单击【增加】按钮，打开"增加客户档案"界面，依次在【客户编码】栏中输入"001"，在【客户名称】栏中输入"越秀区 ZH 购物广场"，在【客户简称】栏中输入"ZH 购物广场"，在

【税号】栏中输入"9144O100561110567A"，如图2-18所示。

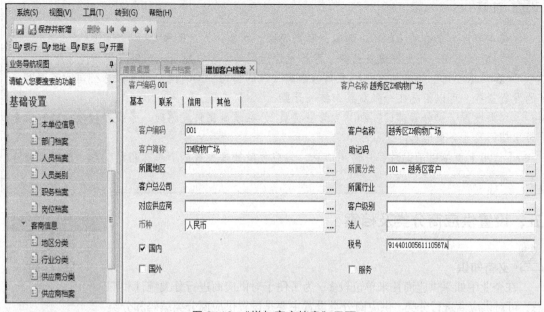

图2-18　"增加客户档案"界面

（3）单击左上角的【银行】按钮，打开"客户银行档案"窗口，单击【增加】按钮，在新增行内，依次录入客户开户行信息，默认值选择"是"，如图2-19所示。

图2-19　"客户银行档案"窗口

（4）单击【保存】按钮，保存设置。单击【退出】按钮，返回"增加客户档案"界面。

（5）单击界面左上角的【保存并新增】按钮，按照上述方式录入其他客户档案并保存。录入完成后，可查看客户档案列表，如图2-20所示。

图2-20　客户档案列表

>
>
> **注意**
>
> 蓝字项目为必输项（如客户编码、客户简称、所属分类、币种）。
>
> "对应供应商"不允许重复选择，即不允许出现多个客户对应一个供应商的情况。
>
> "客户总公司"指当前客户所隶属的最高一级的公司。具有同一个客户总公司的不同客户的发货业务，可以汇总在一张发票中统一开票。
>
> 如果设置了"分管部门"和"专管业务员"，在填制销售发票时，系统自动根据客户信息带出部门及业务员信息。
>
> 【信用】页签用于记录客户信用信息，与应收款管理系统的"单据报警"和"信用额度控制"有关联关系。

五、设置供应商分类及档案

设置供应商分类及档案

必备知识

在企业中如果供应商往来单位较多，为了便于对供应商进行分类统计和汇总，可对供应商进行分类。供应商分类设置主要是设置供应商分类编码和分类名称。供应商分类编码必须按编码方案中的编码原则进行设置。已经使用的供应商分类不能删除，非末级供应商分类也不能删除。

供应商档案中包含了供应商的基本信息、联系方式、信用状况等。

任务描述 1

根据表2-6，设置万兴发账套的供应商分类。

表2-6 供应商分类

分类编码	分类名称
1	采购一部供应商
2	采购二部供应商

任务处理

（1）执行【基础设置】—【基础档案】—【客商信息】—【供应商分类】命令，打开"供应商分类"窗口，如图2-21所示。

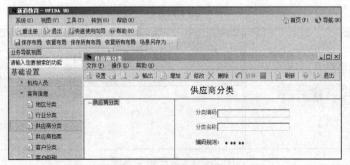

图2-21 "供应商分类"窗口

（2）单击【增加】按钮，在【分类编码】栏中输入"1"，在【分类名称】栏中输入"采购一部供应商"，单击【保存】按钮，保存设置，如图2-22所示。

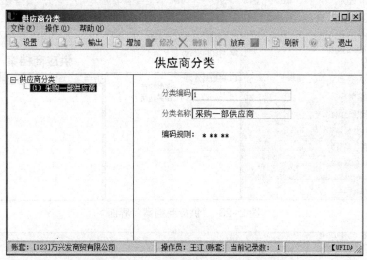

图2-22　增加供应商分类

（3）按以上步骤输入其他供应商分类，完成后单击【退出】按钮。

 任务描述 2

根据表2-7，设置万兴发账套的供应商档案。

表2-7　　　　　　　　　　　　　供应商档案

供应商编码	供应商名称	供应商简称	所属分类	税号	开户银行、银行账号
001	广东GS集团	GS集团	1	91440100561112687A	工行广州分行 2692533088674500444
002	湖南TK集团	TK集团	1	91430100538220589A	农行长沙分行 1012093088674500444
003	无锡NH集团	NH集团	2	320200198504066	建行无锡梁溪支行 6227001244555890543
004	上海FY集团	FY集团	2	913100200204088	中行上海建安支行 9517201288307299666

任务处理

（1）执行【基础设置】—【基础档案】—【客商信息】—【供应商档案】命令，打开"供应商档案"界面，如图2-23所示。

（2）单击【增加】按钮，打开"增加供应商档案"界面，依次在【供应商编码】栏中输入"001"，在【供应商名称】栏中输入"广东GS集团"，在【供应商简称】栏中输入"GS集团"等信息，如图2-24所示。

（3）单击界面左上角的【银行】按钮，打开"供应商银行档案"窗口，单击【增加】按钮，在新增行内依次录入供应商开户行信息，默认值选择"是"，单击【保存】按钮，保存设置。单击【退出】按钮返回。

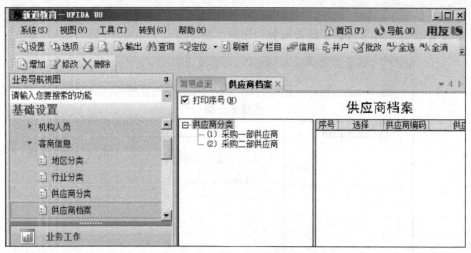

图 2-23 "供应商档案"界面

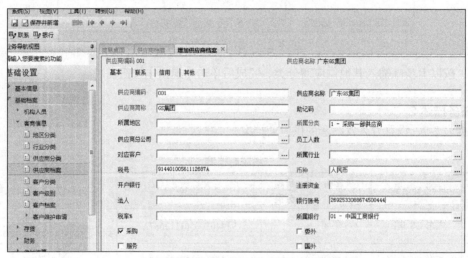

图 2-24 "增加供应商档案"界面

（4）单击【保存并新增】按钮，按照上述方式录入其他供应商档案并保存。录入完成后，可查看供应商档案列表，如图 2-25 所示。

图 2-25 供应商档案列表

02

 注意

在"增加供应商档案"界面中，蓝字项目为必输项（如供应商编码、供应商简称、所属分类、币种）。

"对应客户"不允许重复选择，即不允许出现多个供应商对应一个客户的情况。

"供应商总公司"指当前供应商所隶属的最高一级的公司。

如果设置了"分管部门"和"专管业务员"，在填制采购发票时，系统自动根据供应商信息带出部门及业务员信息。

【信用】页签用于记录供应商信用信息，与应付款管理系统的"单据报警"和"信用额度控制"有关联关系。

六、设置存货分类及档案

 必备知识

为了便于对存货进行分类统计和汇总，可对存货进行分类。存货分类设置主要是设置存货分类编码和分类名称。存货分类编码必须按编码方案中的编码原则进行设置。存货档案的基本信息包括存货名称、规格型号、计量单位和存货属性等内容。

保存后的存货分类只允许修改分类名称，不能修改分类编码。

已经使用的存货分类不能删除，非末级存货分类不能删除。

设置存货分类

任务描述 1

根据表 2-8，设置万兴发账套的存货分类。

表 2-8 存货分类

分类编码	分类名称
01	洗漱类
0101	洗发类
0102	沐浴类
02	护肤类
0201	霜类
0202	乳液类
03	应税劳务

任务处理

（1）执行【基础设置】—【基础档案】—【存货】—【存货分类】命令，打开"存货分类"窗口，如图 2-26 所示。

（2）单击【增加】按钮，在【分类编码】栏中输入"01"，在【分类名称】栏中输入"洗漱类"，如图 2-27 所示。单击【保存】按钮，保存设置。

（3）按以上步骤继续输入其他存货分类信息，结果如图 2-28 所示。

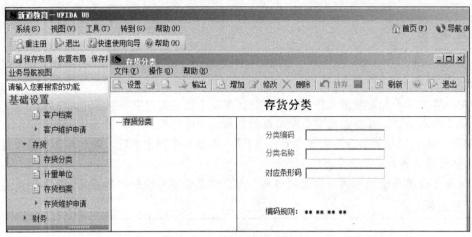

图 2-26　"存货分类"窗口

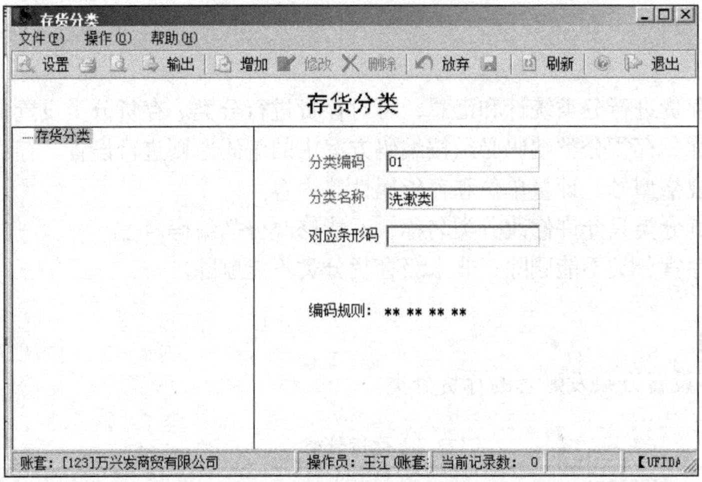

图 2-27　录入存货分类

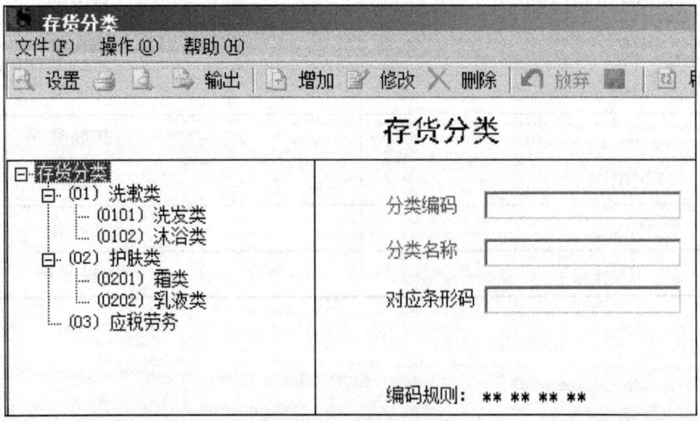

图 2-28　存货分类列表

任务描述 2

根据表 2-9，设置万兴发账套的计量单位。

设置计量单位

表2-9　　　　　　　　　　　　　计量单位组及计量单位

计量单位组			计量单位	
编码	名称	类别	编码	名称
01	基本计量单位组	无换算率	1	瓶
			2	公里

任务处理

（1）执行【基础设置】—【基础档案】—【存货】—【计量单位】命令，打开"计量单位-计量单位组"窗口，如图2-29所示。

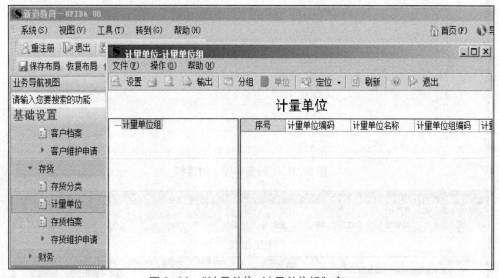

图2-29　"计量单位-计量单位组"窗口

（2）单击【分组】按钮，打开"计量单位组"对话框。单击【增加】按钮，录入计量单位组编码"01"，录入计量单位组名称"基本计量单位组"，单击【计量单位组类别】下拉按钮，打开下拉列表，选择"无换算率"，如图2-30所示。

图2-30　计量单位组设置

（3）单击【保存】按钮，保存该计量单位组。单击【退出】按钮，返回"计量单位-（01）基本计量单位组<无换算率>"窗口。单击【单位】按钮，打开"计量单位"对话框，如图2-31所示。单击【增加】按钮，录入计量单位编码"1"、计量单位名称"瓶"。单击【保存】按钮，退出并返回，结果如图2-32所示。

02

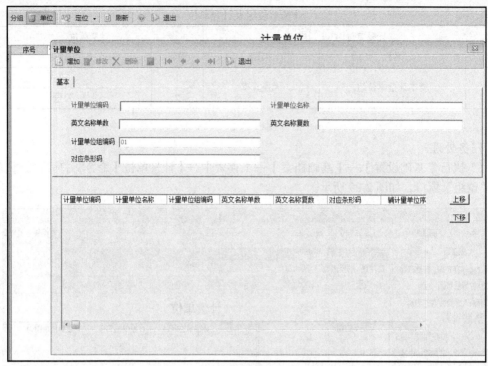

图 2-31 "计量单位"对话框

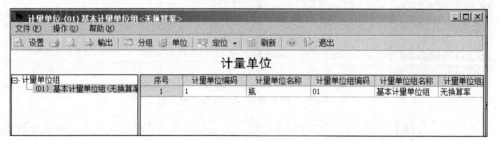

图 2-32 计量单位设置

（4）使用同样的方法录入其他计量单位。

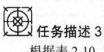 **任务描述 3**

根据表 2-10，设置万兴发账套的存货档案。

设置存货档案

表 2-10 存货档案

存货编码	存货名称	规格型号	计量单位	税率	存货属性
1001	洗发水	XY-01	瓶	13%	内销、外购
1002	沐浴露	XY-02	瓶	13%	内销、外购
2001	润肤霜	HF-01	瓶	13%	内销、外购
2002	洁面乳	HF-02	瓶	13%	内销、外购
3001	运输费		公里	9%	内销、外购、应税劳务

任务处理

（1）执行【基础设置】—【基础档案】—【存货】—【存货档案】命令，打开"存货档案"窗口。

（2）单击【增加】按钮，打开"增加存货档案"窗口，输入【存货编码】为"1001"、【存货名称】为"洗发水"、【规格型号】为"XY-01"，单击【计量单位组】栏的参照按钮，选择"01-基本计量单位组"，单击【主计量单位】栏的参照按钮，选择"1-瓶"，在【存货属性】栏中勾选"内销""外购"复选框，如图2-33所示。

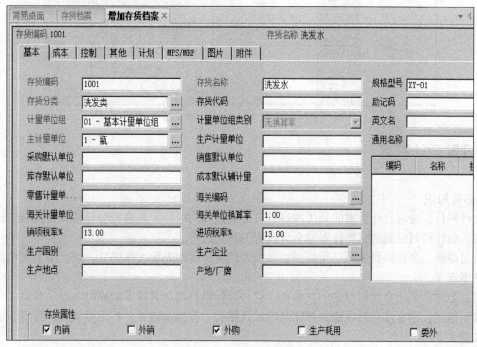

图2-33　存货档案设置

（3）单击【保存】按钮，保存设置。

（4）按以上步骤，输入其他存货档案，完成后退出。

七、设置外币

 任务描述

定义外币，币符为USD，币名为美元，浮动汇率为2020年1月1日记账汇率6.85，其他默认。

 任务处理

（1）执行【基础设置】—【基础档案】—【财务】—【外币设置】命令，打开"外币设置"对话框。根据资料，选中"浮动汇率"单选按钮，在【币符】栏中输入"USD"，在【币名】栏中输入"美元"，单击【确认】按钮，在1月1日【记账汇率】栏中输入"6.85000"，如图2-34所示。

（2）单击【退出】按钮退出该对话框。

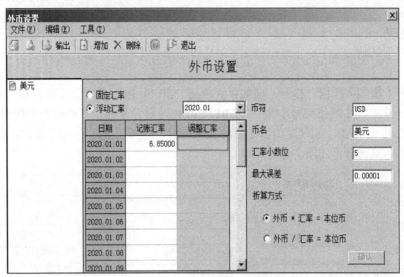

图 2-34 "外币设置"对话框

八、设置会计科目

 必备知识

会计科目，是对会计要素的具体内容进行分类核算的项目，是进行会计核算和提供会计信息的基础。会计科目设置的完整性影响会计过程的顺利进行。

科目编码：会计科目编码必须唯一，必须按预设级次的先后次序建立，级次由系统根据科目编码方案定义。

科目名称：是指会计科目的中文名称，它与会计科目英文名称不能同时为空。

账页格式：定义该科目在账簿打印时的默认格式，包括金额式、外币金额式、数量金额式、外币数量式。

外币核算：有外币核算要求的科目必须选定外币名称，一个科目只能核算一种外币。

数量核算：如果只启用总账系统，则原材料等存货科目应勾选此项并输入计量单位，以进行数量核算。

科目性质：一般情况下，资产类科目的科目性质默认为借方，负债类科目的科目性质默认为贷方；只能在一级科目中设置科目性质，下级科目的科目性质与其一级科目的科目性质相同。已有数据的科目不能再修改科目性质。

辅助核算：也称辅助类账，用于说明本科目除了完成一般的总账、明细账核算外，是否有其他核算要求。系统提供 5 种辅助核算功能，即部门核算、个人往来核算、客户核算、供应商往来核算、项目核算。

其他核算：科目是否有银行账、日记账的核算要求。

受控系统：若某科目的"受控系统"不为空，则该科目为受控科目，与该受控科目相关的制单业务应在相应的"受控系统"中完成。

 任务描述 1

指定会计科目：指定"1001 库存现金"为现金科目、"1002 银行存款"为银行科目。

指定会计科目

任务处理

（1）执行【基础设置】—【基础档案】—【财务】—【会计科目】命令，打开"会计科目"窗口。

（2）执行【编辑】菜单下的【指定科目】命令，打开"指定科目"对话框，单击 > 按钮将【待选科目】列表中的"1001 库存现金"添加到【已选科目】列表，如图 2-35 所示。

02

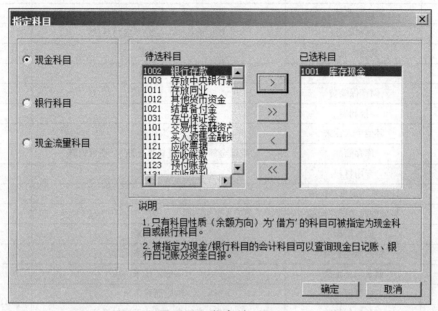

图 2-35　指定科目设置

（3）选中该对话框左侧的"银行科目"单选按钮，再选择【待选科目】列表中的"1002 银行存款"科目，单击 > 按钮将其添加到【已选科目】列表，单击【确定】按钮完成指定科目并返回"会计科目"窗口。

> **注意**
>
> 　只有指定现金科目、银行科目，才能在总账系统的"出纳"菜单下查询现金日记账、银行存款日记账。
> 　只有指定现金科目、银行科目，才能进行出纳签字的操作。

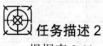　**任务描述 2**

根据表 2-11，设置万兴发账套的会计科目。

表 2-11　　　　　　　　　　　　　　　　　会计科目

科目编码	科目名称	辅助核算类型	备注
1001	库存现金	日记账	修改
100201	工行存款	日记账、银行账	增加
100202	中行存款	美元（期末调汇）、日记账、银行账	增加

续表

科目编码	科目名称	辅助核算类型	备注
101201	外埠存款		增加
1121	应收票据	客户往来、受控于应收系统	修改
112101	银行承兑汇票	客户往来、受控于应收系统	增加
112102	商业承兑汇票	客户往来、受控于应收系统	增加
1122	应收账款	客户往来、受控于应收系统	修改
1123	预付账款	供应商往来、受控于应付系统	修改
1221	其他应收款	个人往来	修改
122101	应收职工借款	个人往来	增加
122102	财产保险费		增加
122103	报刊费		增加
122104	其他个人往来	个人往来	增加
1405	库存商品	数量金额式、数量核算（瓶）、项目核算	修改
160501	专用材料		增加
190101	待处理固定资产损溢		增加
190102	待处理流动资产损溢		增加
2201	应付票据	供应商往来	修改
220101	银行承兑汇票	供应商往来	增加
220102	商业承兑汇票	供应商往来	增加
2202	应付账款	供应商往来	修改
220201	一般应付账款	供应商往来、受控于应付系统	增加
220202	暂估应付账款	供应商往来、不受控于应付系统	增加
2203	预收账款	客户往来、受控于应收系统	修改
221101	工资		增加
221102	职工福利费		增加
221103	社会保险费		增加
22110301	基本医疗保险		增加
22110302	基本养老保险		增加
22110303	失业保险		增加
22110304	工伤保险		增加
22110305	生育保险		增加
221104	工会经费		增加
221105	职工教育经费		增加
221106	住房公积金		增加
221107	设定提存计划		增加
222101	应交增值税		增加
22210101	进项税额		增加
22210102	已交税金		增加
22210103	转出未交增值税		增加
22210106	销项税额		增加

续表

科目编码	科目名称	辅助核算类型	备注
22210108	进项税额转出		增加
22210109	转出多交增值税		增加
222102	未交增值税		增加
222103	应交所得税		增加
222104	应交个人所得税		增加
222105	应交城建税		增加
222106	应交教育费附加		增加
224101	代扣医疗保险		增加
224102	代扣养老保险		增加
224103	代扣失业保险		增加
224104	代扣住房公积金		增加
400201	股本溢价		增加
400202	其他资本公积		增加
410101	法定盈余公积		增加
410102	任意盈余公积		增加
410401	未分配利润		增加
410402	提取法定盈余公积		增加
410403	提取任意盈余公积		增加
6001	主营业务收入	部门核算	修改
6112	资产处置损益		增加
6113	其他收益		增加
6401	主营业务成本	部门核算	修改
6403	税金及附加		修改
6601	销售费用	部门核算	修改
660101	运输费		增加
660102	职工薪酬		增加
660103	折旧费		增加
660104	广告费		增加
660105	福利费		增加
660106	工会经费		增加
660107	其他费用		增加
660201	职工薪酬		增加
660202	福利费		增加
660203	办公费		增加
660204	差旅费		增加
660205	折旧费		增加
660206	修理费		增加
660207	业务招待费		增加

续表

科目编码	科目名称	辅助核算类型	备注
660208	保险费		增加
660209	工会经费		增加
660210	职工教育经费		增加
660301	利息支出		增加
660302	汇兑损益		增加
660303	手续费		增加
660304	利息收入		增加
660305	其他费用		增加
6702	信用减值损失		增加
671101	固定资产盘亏		增加
671103	罚款支出		增加
671104	捐赠支出		增加
671105	非常损失		增加
671106	其他支出		增加

 任务处理

1. 增加会计科目

（1）执行【基础设置】—【基础档案】—【财务】—【会计科目】命令，打开"会计科目"窗口。

增加会计科目

（2）单击【增加】按钮，打开"新增会计科目"对话框，输入科目编码"100201"、科目名称"工行存款"，账页格式选择"金额式"，勾选"日记账""银行账"复选框，如图 2-36 所示。

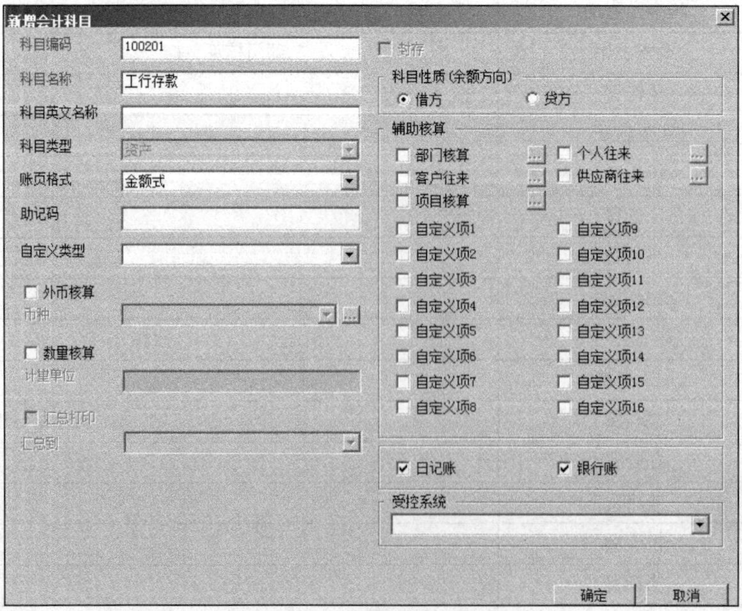

图 2-36 新增会计科目设置

（3）单击【确定】按钮，该科目添加成功。

（4）单击【增加】按钮，继续添加剩余会计科目，全部添加完毕退出"新增会计科目"对话框。

2. 修改会计科目

（1）执行【基础设置】—【基础档案】—【财务】—【会计科目】命令，打开"会计科目"窗口。

（2）选中需要修改的"应收票据"科目，单击工具栏中的【修改】按钮，打开"会计科目_修改"对话框（也可以直接双击待修改科目）。单击【修改】按钮，"辅助核算"等部分变为可选状态，【修改】按钮变为【确定】按钮，勾选"客户往来"复选框，如图 2-37 所示。

修改会计科目

（a）

（b）

图 2-37　修改会计科目

（3）单击【确定】按钮，该科目修改成功。继续修改其他会计科目。

> **注意**
>
> 　　如果科目已被制单或已录入期初余额，则不能删除、修改。如果要修改该科目，必须先删除有该科目的凭证，并将该科目及其下级科目余额清零，再进行修改，修改完毕后要将余额及凭证补上。
>
> 　　非末级科目及已使用的末级科目不能再修改科目编码。

九、设置凭证类别

必备知识

设置凭证类别

设置凭证类别是指通过对记账凭证的分类编制，以便将凭证按类别分别编制、管理、记账和汇总。系统提供了常用的凭证分类方式：记账凭证，收款、付款、转账凭证，现金、银行、转账凭证，现金收款、现金付款、银行收款、银行付款、转账凭证，自定义凭证类别。

已使用的凭证类别不能删除，也不能修改类别字。

02

任务描述

根据表2-12，设置万兴发账套的凭证类别。

表 2-12   凭证类别

类别名称	限制类型	限制科目
收款凭证	借方必有	1001，1002
付款凭证	贷方必有	1001，1002
转账凭证	凭证必无	1001，1002

任务处理

（1）执行【基础设置】—【基础档案】—【财务】—【凭证类别】命令，打开"凭证类别预置"对话框，选中"收款凭证 付款凭证 转账凭证"单选按钮，如图2-38所示。

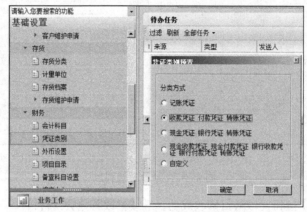

图 2-38 "凭证类别预置"对话框

（2）单击【确定】按钮。打开"凭证类别"窗口，单击【修改】按钮，双击【类别字】为"收"的【限制类型】单元格，出现下拉按钮并单击，在下拉列表中选择"借方必有"，双击【类别字】为"收"的【限制科目】单元格，直接输入或单击参照按钮，分别选择"1001，1002"。同理，完成付款凭证、转账凭证的设置，如图2-39所示。完成后单击【退出】按钮。

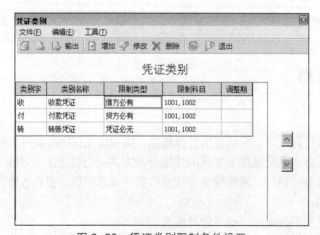

图 2-39 凭证类别限制条件设置

十、设置项目目录

 必备知识

"项目档案"对话框的【增加】【修改】【删除】按钮是针对项目大类的操作。

只有设置"项目核算"辅助核算的会计科目才能显示在待选科目区。

一个项目大类可以指定多个科目，一个科目只能属于一个项目大类。

任务描述

根据表2-13，设置万兴发账套的项目目录。

表2-13　　　　　　　　　　　　　项目目录

项目大类	库存商品	
核算科目	1405 库存商品	
项目分类	1 洗漱类	2 护肤类
项目目录	1 洗发水	3 润肤霜
	2 沐浴露	4 洁面乳

 任务处理

（1）执行【基础设置】—【基础档案】—【财务】—【项目目录】命令，打开"项目档案"对话框。

（2）单击【增加】按钮，打开"项目大类定义_增加"窗口，在【新项目大类名称】栏中输入"库存商品"，如图2-40所示。单击【下一步】按钮，打开"定义项目级次"界面（取系统默认值），再单击【下一步】按钮，打开"定义项目栏目"界面（取系统默认值），单击【完成】按钮，项目大类添加完毕。

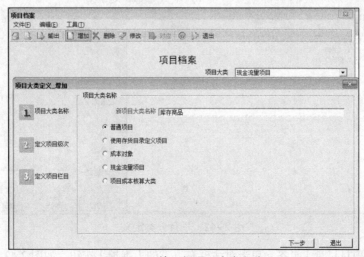

图2-40　输入新项目大类名称

（3）返回"项目档案"对话框，在【项目大类】下拉列表中选择"库存商品"大类，单击按钮将【待选科目】列表中的"1405 库存商品"移动到【已选科目】列表，如图 2-41 所示，单击【确定】按钮。

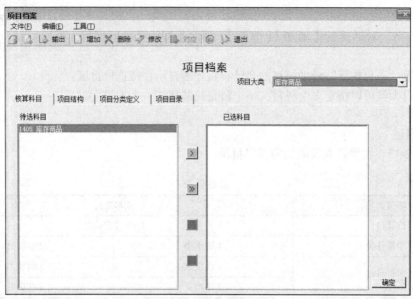

图 2-41　核算科目选择

（4）单击【项目分类定义】页签，单击对话框右下方的【增加】按钮，根据资料在【分类编码】栏中输入"1"，在【分类名称】栏中输入"洗漱类"，单击【确定】按钮。再增加第二个项目分类，结果如图 2-42 所示。

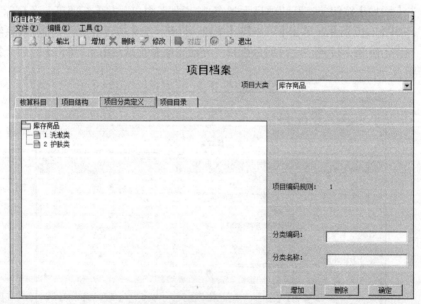

图 2-42　项目分类定义

（5）单击【项目目录】页签，单击对话框右下方的【维护】按钮，如图 2-43 所示，打开"项目目录维护"窗口，单击【增加】按钮，根据资料输入项目编号、项目名称和所属分类码，结果如图 2-44 所示。

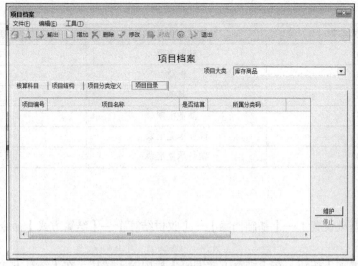

图 2-43 单击【项目目录】页签

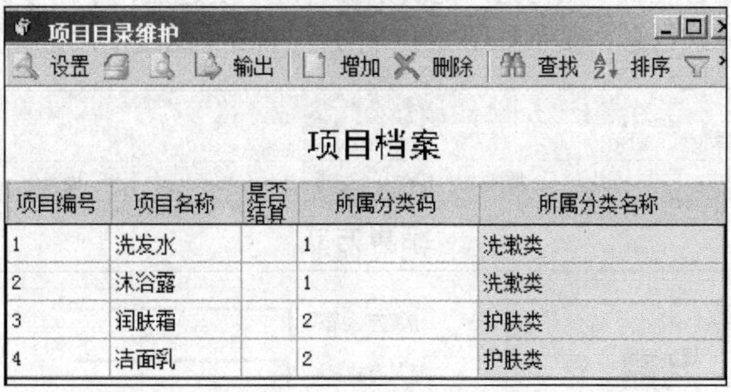

图 2-44 项目目录维护

十一、设置结算方式

 必备知识

结算方式设置功能用来建立和管理用户在经营活动中所涉及的货币结算方式。它与财务结算方式一致，如现金结算、支票结算等。结算方式的编码规则已经在创建账套时设定，如果要修改，可以在【基础设置】—【基本信息】—【编码方案】中进行设置。

勾选"是否票据管理"复选框，该项的结算方式将进行支票登记簿管理。例如，在应收应付系统中，勾选票据管理的结算方式的收付款单可登记到总账系统的支票登记簿中。

设置结算方式

任务描述

根据表 2-14，设置万兴发账套的结算方式。

表 2-14 结算方式

结算方式编码	结算方式名称	是否票据管理
1	现金	否
2	支票	否
201	现金支票	是

续表

结算方式编码	结算方式名称	是否票据管理
202	转账支票	是
3	汇兑	否
4	其他	否
5	商业汇票	否
501	商业承兑汇票	否
502	银行承兑汇票	否

 任务处理

（1）执行【基础设置】—【基础档案】—【收付结算】—【结算方式】命令，打开"结算方式"窗口。

（2）单击【增加】按钮，在【结算方式编码】栏中输入"1"，在【结算方式名称】栏中输入"现金"，不用进行票据管理就不用勾选"是否票据管理"复选框，单击【保存】按钮。重复以上步骤，录入其他结算方式信息，结果如图 2-45 所示。单击【退出】按钮，完成设置。

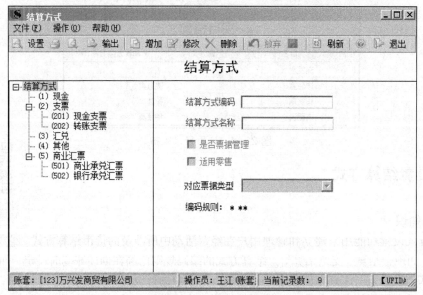

图 2-45　结算方式设置

十二、设置银行账户

必备知识

开户银行用于设置企业在收付结算中对应的开户银行信息。开户银行信息主要包括编码、开户行名称、银行账号等。用友 U8 财务软件支持企业具有多个开户行与账号，开户行一旦被引用，则不能修改或删除。

进行此项设置前，需确认应收款管理系统和应付款管理系统已经开启，否则在【收付结算】菜单下没有【本单位开户银行】选项卡。

设置银行账户

如果用户需要在销售管理系统中开具增值税专用发票，则需要设置开户银行信息，否则不能开具增值税专用发票。

 任务描述

根据表 2-15，设置万兴发账套的开户银行。

表 2-15 开户银行

编码	账户名称	银行账号	开户银行	币种
1	江苏万兴发商贸有限公司	622278956116	中国工商银行无锡滨湖支行	人民币
2	江苏万兴发商贸有限公司	622788459687	中国银行无锡滨湖支行（机构号 10423，联行号 6002）	美元

任务处理

（1）执行【基础设置】—【基础档案】—【收付结算】—【本单位开户银行】命令，打开"本单位开户银行"窗口。单击【增加】按钮，打开"增加本单位开户银行"对话框，根据资料依次录入相关信息，如图 2-46 所示，单击【保存】按钮。

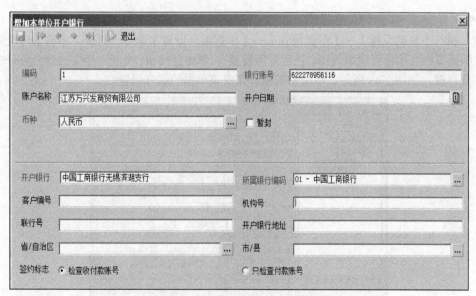

图 2-46 本单位开户银行设置

（2）继续添加其他开户银行信息，完成后结果如图 2-47 所示。

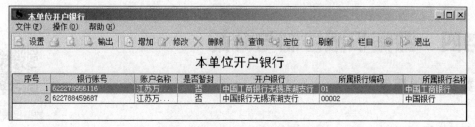

图 2-47 本单位开户行列表

十三、设置单据编号

 必备知识

在用友 U8 系统中，为描述和处理各种现实业务而设置的如采购发票、销售订单、收付款单、出入库单等，称为单据。单据设置主要包括单据格式设置和单据编号设置。

设置单据编号

"完全手工编号"是指新增单据时，单据号为空，直接输入单据号即可。

"手工改动，重号时自动重取"是指如果批量生单或自动生单不能显示生成的单据并填入单据号，则无法保存单据，那么该种单据应采用此种编号方式。

"按收发标志流水"，一般入库单、出库单采用这种编号方式。

 任务描述

设置万兴发账套销售专用发票的编号方式为"手工改动，重号时自动重取"。

设置万兴发账套采购专用发票的编号方式为"完全手工编号"。

设置万兴发账套其他应收单的编号方式为"手工改动，重号时自动重取"。

任务处理

（1）执行【基础设置】—【单据设置】—【单据编号设置】命令，打开"单据编号设置"对话框，根据资料在销售管理中找到"销售专用发票"，单击 ■ 按钮，勾选"手工改动，重号时自动重取"复选框，如图 2-48 所示，单击 ■ 按钮，完成该单据的编号设置。

图 2-48　单据编号设置

（2）按以上方法继续设置其他单据编号。

任务四　数据权限控制与分配

一、数据权限控制

 必备知识

数据权限控制

数据权限的控制分为记录级和字段级两个层次，对应【记录级】和【字段级】两个页签。"是否控制"列被勾选的业务对象将显示在"数据权限控制设置"的"业务对象"列中。

对业务对象启用"记录级"权限控制后，默认所有操作员对此业务对象没有任何权限。

对业务对象启用"字段级"权限控制后，默认所有操作员对此业务对象有读写权限，可以按业务对象设置默认"有权"或"无权"。

 任务描述

取消对"仓库""科目"这两个业务对象的"记录级"权限控制。

任务处理

执行【系统服务】—【权限】—【数据权限控制设置】命令，打开"数据权限控制设置"窗口，取消勾选"仓库""科目"这两个业务对象的"是否控制"复选框，如图 2-49 所示，单击【确定】按钮，完成设置。

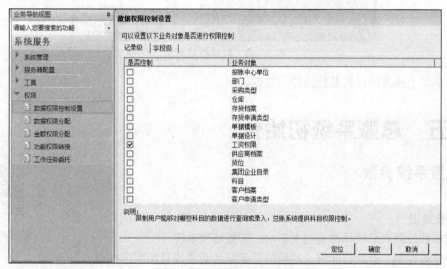

图 2-49　数据权限控制设置

二、数据权限分配

 必备知识

如果用户角色为账套主管，则其拥有所有"记录级"权限控制，不参加数据权限分配。

只有在"数据权限控制设置"中至少选择控制一个记录级业务对象，才能进行数据权限分配；只有在系统管理中定义角色或用户并分配功能权限后，才能进行数据权限分配。

数据权限分配

 任务描述

（1）设置操作员李冬有权对自己及其他用户所填制单据进行查询、删改、审核、弃审及撤销。

（2）设置操作员陈伟真有权对自己及刘笑所填制单据进行查询、删改、审核、弃审及撤销。

（3）设置操作员赵一山有权对自己及刘笑所填制单据进行查询、删改、审核、弃审及撤销。

（4）设置操作员刘笑有权对自己所填制单据进行查询、删改、审核、弃审及撤销。

任务处理

（1）执行【系统服务】—【权限】—【数据权限分配】命令，打开"权限浏览"对话框。

（2）在用户中选择"李冬"，单击工具栏上的【授权】按钮，打开"记录权限设置"对话框，单击【业务对象】下拉按钮，在下拉列表中选择"用户"，单击 >> 按钮，将所有用户从【禁用】列表中移到【可用】列表，如图2-50所示，单击【保存】按钮，完成设置。

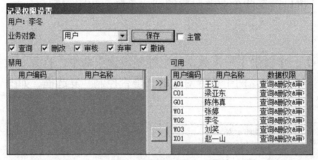

图 2-50　数据权限分配

（3）参照上述方法设置其他操作员数据权限。

任务五　总账系统初始化

一、设置系统参数

设置系统参数

 必备知识

系统参数设置对后续操作有很大影响，需要特别重视。

制单序时控制：若勾选此项，制单时凭证编号必须按日期顺序排列。

同步删除业务系统凭证：若勾选此项，业务系统（如固定资产管理系统、薪资管理系统等）删除凭证时会相应将原该系统已传递至总账系统的记账凭证同步删除。否则，该凭证在总账系统中显示"作废"字样，不予删除。

控制到操作员：如果需要勾选此项，则先要在"权限设置"中设置操作员权限，再勾选此项，权限设置才有效；勾选此项，操作员只能对相应人员的凭证进行修改或作废。

 任务描述

根据表2-16，设置万兴发账套的总账系统参数。

表 2-16　　　　　　　　　　　　　　总账系统参数

编号	选项
1	取消勾选"制单序时控制"复选框
2	勾选"同步删除业务系统凭证"复选框
3	不允许修改、作废他人填制的凭证
4	出纳凭证必须经由出纳签字
5	汇率方式：浮动汇率

任务处理

（1）以账套主管"A01 王江"的身份登录企业应用平台。

（2）在企业应用平台中，执行【业务工作】—【财务会计】—【总账】—【设置】—【选项】命令，打开"选项"对话框，单击【编辑】按钮，在【凭证】选项卡中取消勾选"制单序时控制"复选框，勾选"同步删除业务系统凭证"复选框，如图 2-51 所示。

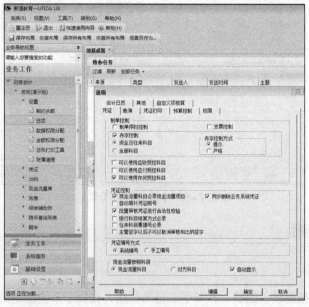

图 2-51 "选项"对话框

（3）切换到【权限】选项卡，取消勾选"允许修改、作废他人填制的凭证"复选框，勾选"出纳凭证必须经由出纳签字"复选框，如图 2-52 所示。

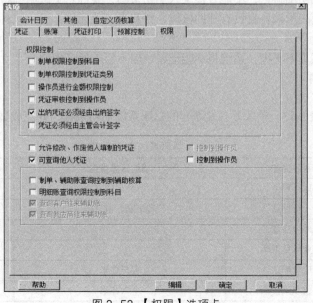

图 2-52 【权限】选项卡

（4）切换到【其他】选项卡，在"汇率方式"区中选中"浮动汇率"单选按钮，如图 2-53 所示。单击【确定】按钮，保存并返回。

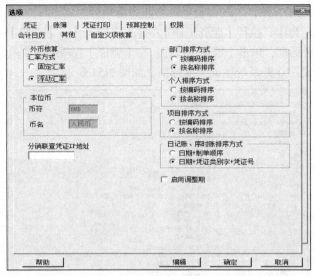

图 2-53 【其他】选项卡

录入期初余额

二、录入期初余额

 必备知识

为了保证会计数据连续、完整，并与手工记录衔接，在使用系统前还需要将各账户的余额数据录入。余额数据主要录入最低一级明细科目的期初余额和系统启用前各月的发生额，其上级科目的余额和发生额由系统自动进行汇总。

"期初余额"列的单元格有三种颜色：白色表示该科目为末级科目，直接录入数据即可；灰色表示该科目设有下级明细科目，不能直接录入期初余额，要等它下级明细科目录入完成后由系统自动汇总生成；黄色表示该科目设有辅助核算，要双击该单元格，进入该科目的辅助核算窗口录入相应内容。

如果期初余额试算不平衡，系统将不能记账，但不影响凭证填制。

任务描述

根据表 2-17～表 2-23，录入万兴发账套的总账系统期初余额，并完成试算平衡与对账。

表 2-17   总账系统期初余额   金额单位：元

科目编码	科目名称	辅助核算类型	方向	期初余额
1001	库存现金	日记账	借	1 700.00
100201	工行存款	日记账、银行账	借	1 284 718.18
101201	外埠存款		借	239 326.00
112102	商业承兑汇票		借	58 760.00
1122	应收账款	客户往来	借	116 051.00
122101	应收职工借款	个人往来	借	14 500.00

续表

科目编码	科目名称	辅助核算类型	方向	期初余额
122102	财产保险费		借	1 200.00
122103	报刊费		借	250.00
1402	在途物资		借	59 432.00
1405	库存商品	数量核算、项目核算	借	288 500.00
1471	存货跌价准备		贷	7 425.08
1601	固定资产		借	2 285 500.00
1602	累计折旧		贷	694 820.00
1604	在建工程		借	44 177.00
160501	专用材料		借	2 876.00
2001	短期借款		贷	250 000.00
220101	银行承兑汇票		贷	17 289.00
220201	一般应付账款	供应商往来	贷	40 680.00
221101	工资		贷	59 670.00
221102	职工福利费		贷	23 786.00
222102	未交增值税		贷	83 374.10
222103	应交所得税		贷	7 653.00
222105	应交城建税		贷	11 987.00
222106	应交教育费附加		贷	3 386.00
4001	实收资本		贷	2 380 000.00
400201	股本溢价		贷	25 000.00
400202	其他资本公积		贷	2 265.00
410101	法定盈余公积		贷	15 000.00
410401	未分配利润		贷	774 655.00

表2-18　　　　　　　　　　　　　应收票据/商业承兑汇票明细账期初余额　　　　　　　　　　金额单位：元

日期	客户	摘要	票号	方向	期初余额	业务员
2019-12-20	TH商城	期初余额	21356602	借	58 760.00	赵一山

表2-19　　　　　　　　　　　　　　　应收账款明细账期初余额　　　　　　　　　　　　金额单位：元

日期	客户	摘要	方向	期初余额	业务员
2019-12-16	ZH购物广场	期初余额	借	56 500.00	赵一山
2019-12-25	LF购物中心	期初余额	借	59 551.00	周华强

表2-20　　　　　　　　　　　　　　　　库存商品明细账期初余额

项目	方向	金额（元）	数量（瓶）
洗发水	借	84 000.00	2 100
沐浴露	借	80 000.00	1 600
润肤霜	借	75 000.00	1 250
洁面乳	借	49 500.00	1 650

表 2-21　应付票据/银行承兑汇票明细账期初余额　　　　金额单位：元

日期	供应商	摘要	票号	方向	期初余额	业务员
2019-12-25	FY 集团	期初余额	63286657	贷	17 289.00	刘芳菲

表 2-22　应付账款/一般应付账款明细账期初余额　　　　金额单位：元

日期	供应商	摘要	方向	期初余额	业务员
2019-12-10	NH 集团	期初余额	贷	40 680.00	刘芳菲

表 2-23　其他应收款/应收职工借款明细账期初余额　　　　金额单位：元

日期	部门	摘要	方向	期初余额	个人
2019-12-10	采购一部	期初余额	借	14 500.00	陈伟真

任务处理

（1）在企业应用平台中，执行【业务工作】—【财务会计】—【总账】—【设置】命令，双击【期初余额】，打开"期初余额录入"窗口，将光标移到"应收账款"科目所在行"期初余额"处，双击打开"辅助期初余额"窗口，如图 2-54 所示。

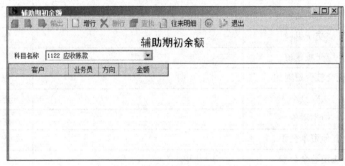

图 2-54　"辅助期初余额"窗口

（2）单击【往来明细】按钮，打开"期初往来明细"窗口，单击【增行】按钮，录入【日期】为"2019-12-16"，双击【客户】栏，出现参照按钮，从参照列表中选择"ZH 购物广场"，录入【摘要】为"期初余额"，录入【金额】为"56 500.00"，录入【业务员】为"赵一山"。接着单击【增行】按钮，录入其他数据，将辅助项资料录入完毕，单击【汇总】按钮，打开"总账"提示对话框，如图 2-55 所示。

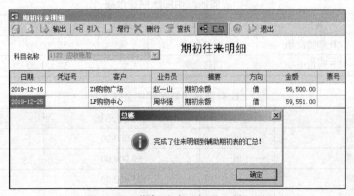

图 2-55　期初往来明细录入并汇总

（3）单击【确定】按钮，单击【退出】按钮，返回"辅助期初余额"窗口，系统自动完成"应收账款"期初余额汇总，单击【退出】按钮，结果如图 2-56 所示。

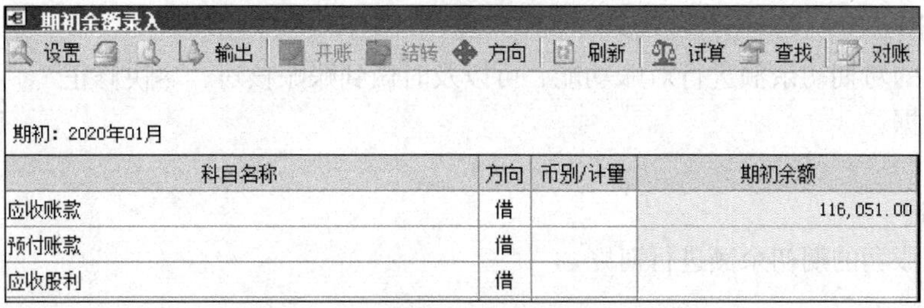

期初：2020年01月

科目名称	方向	币别/计量	期初余额
应收账款	借		116,051.00
预付账款	借		
应收股利	借		

图 2-56 应收账款余额录入结果

> **注意**
>
> 在录入期初往来明细时，如果发现某项输入错误，想放弃整行数据时，可在取消当前输入后，按"Esc"键。
>
> 期初往来明细账也可以引入，前提是已经启用应收/应付系统且期初余额已经录入，这时可将应收/应付系统的期初余额引入总账对应科目期初往来明细。

（4）按照以上方法继续录入其他科目的期初余额。

三、试算平衡

 必备知识

试算平衡是指对录入的期初余额，按照"资产 = 负债 + 所有者权益"恒等式进行平衡校验的过程。如果期初试算不平衡，需要仔细检查并修改错误，直至平衡为止，否则将影响后续的凭证记账。

 任务描述

万兴发账套的期初余额录入完毕后，进行试算平衡。

任务处理

打开【期初余额录入】窗口，单击工具栏中的【试算】按钮，系统进行试算平衡，结果如图 2-57 所示。

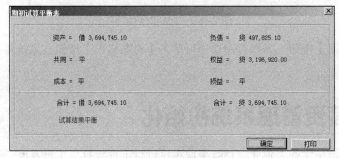

图 2-57 试算平衡

四、对账

必备知识

系统提供的对期初余额进行对账功能，可以及时做到账账核对，尽快修正错误的账务数据。

试算平衡与对账

任务描述

对万兴发账套的期初余额进行对账。

任务处理

（1）打开【期初余额录入】窗口，单击【对账】按钮，打开【期初对账】对话框，如图2-58所示。单击【开始】按钮，对当前期初余额进行对账。

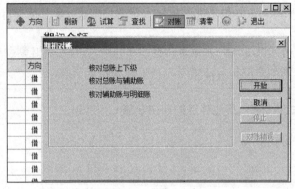

图2-58 期初对账

（2）如果没有错误，系统将给出对账成功信息，如图2-59所示。

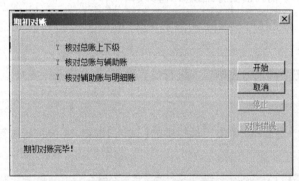

图2-59 期初对账结果

（3）单击【关闭】按钮。如果有错误，可单击【对账错误】按钮，系统将把对账中发现的问题列出来。

任务六　薪资管理系统初始化

薪资管理系统适用于各类企业、行政事业单位进行工资核算、工资发放、工资费用分摊、工资统计分析和个人所得税核算等操作。薪资管理系统初始化工作包括建立工资账套、工资类别，设置银行档案、人员附加信息、人员档案、工资项目、工资项目计算公式等。

一、建立工资账套

 必备知识

建立工资账套

初次启用薪资管理系统，必须先建立工资账套。系统会自动进入建立工资账套的向导，通过向导可以逐步建立工资账套。

如果企业所有人员统一进行工资核算，工资类别个数选择单个。如果发生以下任何一种情况，可考虑采用多个：企业同时存在在职人员与离退休人员，企业同时存在正式员工与非正式员工，企业每月工资分多次发放，企业存在多个工厂或分支机构。

勾选"扣零"复选框后，系统将自动生成"本月扣零"和"上月扣零"工资项目。"扣零至元"是将元以下的零头扣下，本月不发放，下月累计起来取整再发放。

勾选"是否从工资中代扣个人所得税"复选框后，系统将自动生成工资项目"代扣税"，并自动进行代扣税金的计算。

 任务描述

根据表 2-24，建立万兴发工资账套。

表 2-24 工资账套建账向导

建账向导	选项
1. 参数设置	多个工资类别；人民币
2. 扣税设置	从工资中代扣个人所得税
3. 扣零设置	扣零至元
4. 人员编码	与公共平台的人员编码保持一致

 任务处理

（1）以账套主管"A01 王江"的身份登录企业应用平台。

（2）执行【业务工作】—【人力资源】—【薪资管理】命令，打开"建立工资套"对话框。在"建立工资套—参数设置"对话框中选择工资类别的个数为"多个"，单击【币别】下拉按钮，选择"人民币 RMB"，如图 2-60 所示。

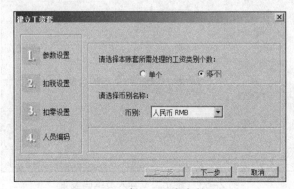

图 2-60 建立工资套参数设置

（3）单击【下一步】按钮，打开"建立工资套—扣税设置"对话框，勾选"是否从工资中代扣个人所得税"复选框，如图2-61所示。

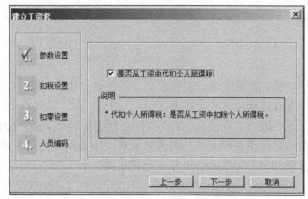

图 2-61　建立工资套扣税设置

（4）单击【下一步】按钮，打开"建立工资套—扣零设置"对话框，勾选"扣零"复选框，选中"扣零至元"单选按钮，如图2-62所示。

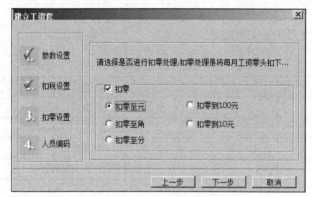

图 2-62　建立工资套扣零设置

（5）单击【下一步】按钮，打开"建立工资套—人员编码"对话框，提示"本系统要求您对员工进行统一编号，人员编码同公共平台的人员编码保持一致"，如图2-63所示。单击【完成】按钮，完成工资账套的建立。

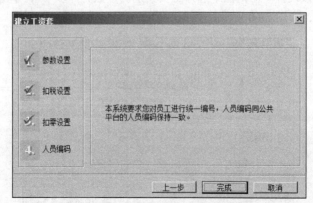

图 2-63　建立工资套人员编码设置

二、建立工资类别

建立工资类别

 必备知识

工资类别是指按照某种标准将企业职工分为若干类别，不同类别的薪资管理可能不同。工资类别设置是为了便于按照人员类别进行工资汇总计算。企业可根据实际需要设置工资类别。

如果在建立工资账套时，将工资类别的个数设置为"单个"，则不用再设置工资类别。

 任务描述

根据表 2-25，设置万兴发工资类别。

表 2-25　　　　　　　　　　　　　工资类别

编号	工资类别名称
1	在职人员
2	退休人员

 任务处理

（1）以账套主管"A01 王江"的身份登录企业应用平台。

（2）执行【业务工作】—【人力资源】—【薪资管理】—【工资类别】—【新建工资类别】命令，打开"新建工资类别"对话框，在【请输入工资类别名称】栏中输入工资类别名称"在职人员"，如图 2-64 所示。

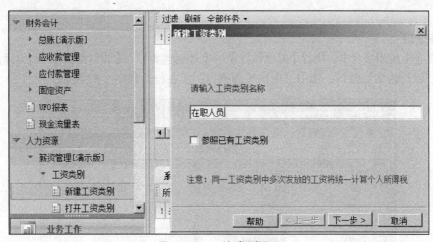

图 2-64　工资类别设置

（3）单击【下一步】按钮，进行部门选择，勾选核算部门（除离退办外）左侧的复选框，如图 2-65 所示。

（4）单击【完成】按钮，系统打开"薪资管理"对话框，如图 2-66 所示。单击【是】按钮返回。

（5）执行【工资类别】—【关闭工资类别】命令，关闭在职人员工资类别。执行【工资类别】—【新建工资类别】命令，重复上述步骤可以添加其他人员类别。

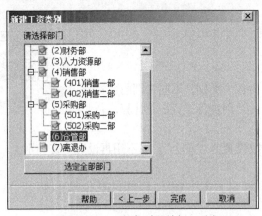

图 2-65　工资类别覆盖部门选择

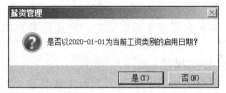

图 2-66　启用工资类别

三、设置银行档案

设置银行档案

必备知识

这里的银行指的是所有代发员工工资的银行，企业可根据实际需要设置多个，可以根据员工的工作地点或人员类别设置不同的代发工资银行。

系统预置了 16 个常用的银行名称，若不能满足需要可增减或修改银行名称。

任务描述

设置万兴发代发工资银行为中国工商银行，银行账号长度为 11 位，定长，自动带出账号长度为 8 位。

任务处理

（1）在企业应用平台中，执行【基础设置】—【基础档案】—【收付结算】—【银行档案】命令，打开“银行档案”窗口，选中“中国工商银行”所在行，如图 2-67 所示。

序号	银行编码	银行名称	个人账...	个人账号长度	自动带出的个人
1	00001	中国光大银行	否	11	
2	00002	中国银行	否	11	
3	00003	交通银行	否	11	
4	00004	华夏银行	否	11	
5	00005	民生银行	否	11	
6	00006	兴业银行	否	11	
7	00007	上海浦东发展银行	否	11	
8	00008	中信实业银行	否	11	
9	00009	日本瑞穗实业银行	否	11	
10	00010	广东发展银行	否	11	
11	00011	北京银行	否	11	
12	00012	三菱东京日联银行	否	11	
13	00013	深圳发展银行	否	11	
14	01	中国工商银行	否	11	
15	02	招商银行	否	11	
16	03	中国建设银行	否	11	

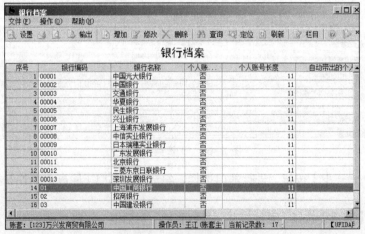

图 2-67　“银行档案”窗口

（2）单击【修改】按钮，打开“修改银行档案”对话框，在【个人账户规则】栏中填写相应信息，如图 2-68 所示。单击【保存】按钮，关闭“修改银行档案”对话框。

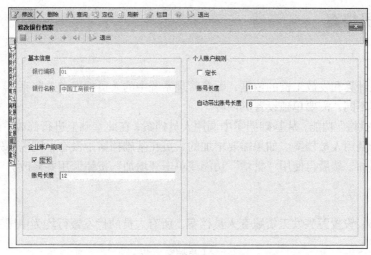

图 2-68 修改银行档案

四、设置人员附加信息

 必备知识

设置人员附加信息

人员附加信息包含职称、学历、出生年月、性别、民族、身份证号、职务等。

勾选"是否参照"复选框，单击【参照档案】按钮，可以设置人员附加信息的参照值。

勾选"是否必输项"复选框，则在录入人员档案时此附加信息内容不能为空。

 任务描述

增加人员附加信息"职称"和"学历"。

 任务处理

在企业应用平台中，执行【业务工作】—【人力资源】—【薪资管理】—【设置】—【人员附加信息设置】命令，打开"人员附加信息设置"对话框。单击【增加】按钮，在【信息名称】栏中输入"职称"，再单击【增加】按钮，在【信息名称】栏中输入"学历"，结果如图 2-69 所示，单击【确定】按钮。

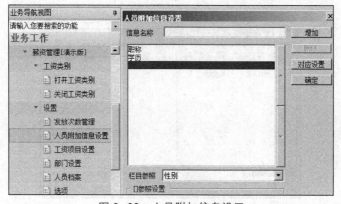

图 2-69 人员附加信息设置

五、设置人员档案

 必备知识

设置人员档案

人员档案是计算和发放工资的依据，薪资管理系统中的人员档案和总账系统中的职员档案不同，需要单独设置其内容。

可以使用"批增"功能，从基础档案中调用人员档案，在此基础上进行修改；也可以单击【增加】按钮，单个调用人员档案。如果需要增加的人员在基础档案中没有，则需要先在基础档案中的人员档案中添加，然后再使用"批增"功能或单击"增加"按钮调用并修改。

任务描述

根据表2-26，设置万兴发工资账套人员档案，所有人员的代发银行均为中国工商银行。

表 2-26　　　　　　　　　　人员档案

人员编号	姓名	人员类别	计税	属性	银行账号	职称	学历	备注
001	李树根	管理人员	是	中方	20026665441	高级	研究生	
002	刘依依	管理人员	是	中方	20026665442	中级	本科	
003	王江	管理人员	是	中方	20026665443	高级	研究生	
004	李冬	管理人员	是	中方	20026665444	高级	本科	
005	刘笑	管理人员	是	中方	20026665445	中级	本科	
006	张婷	管理人员	是	中方	20026665446	初级	本科	
007	赵一山	销售人员	是	中方	20026665447	高级	本科	
008	周华强	销售人员	是	中方	20026665448	中级	本科	
009	陈伟真	采购人员	是	中方	20026665449	高级	本科	
010	刘芳菲	采购人员	是	中方	20026665450	初级	本科	
011	梁亚东	管理人员	是	中方	20026665451	中级	本科	
012	黄健林	退休人员	是	中方	20026665452	高级	中专	退休人员类别

任务处理

（1）执行【业务工作】—【人力资源】—【薪资管理】—【工资类别】—【打开工资类别】命令，打开"打开工资类别"对话框，选中"在职人员"所在行，如图2-70所示，单击【确定】按钮。

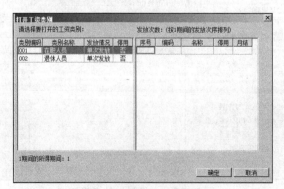

图 2-70　打开工资类别

（2）执行【设置】—【人员档案】命令，打开"人员档案"界面，如图 2-71 所示。

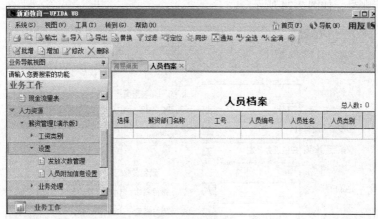

图 2-71　"人员档案"界面

（3）单击左上角的【批增】按钮，打开"人员批量增加"对话框，在对话框左侧选中所有部门，如图 2-72 所示。

图 2-72　"人员批量增加"对话框

（4）单击【查询】按钮，出现人员列表，如图 2-73 所示。单击【确定】按钮，返回"人员档案"界面。

图 2-73　人员列表

（5）双击人员档案记录，打开"人员档案明细"对话框，在【基本信息】选项卡中补充录入银行名称和银行账号，如图2-74所示。

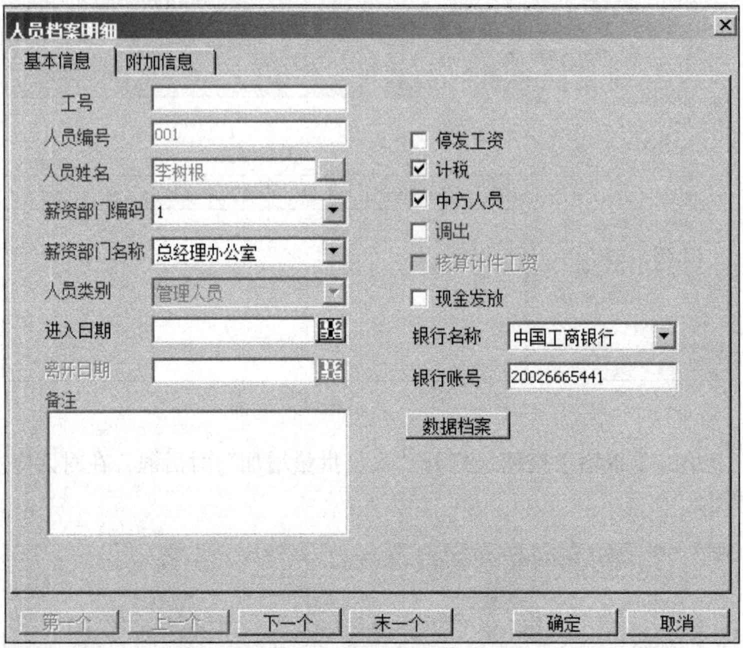

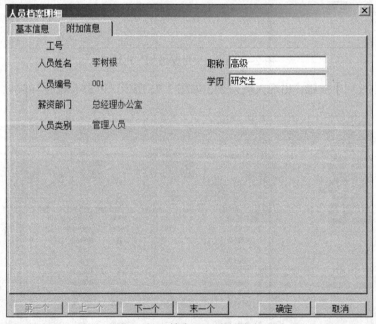

图2-74　补充录入基本信息

（6）单击【附加信息】页签，补充录入职称和学历，如图2-75所示。

图2-75　补充录入附加信息

（7）单击【确定】按钮，系统询问"写入该人员档案信息吗？"，如图2-76所示。

图 2-76　写入信息提示

（8）单击【确定】按钮，进入下一个人员信息的设置。继续完成其他人员档案输入，结果如图 2-77 所示。

人员档案

总人数：11

选择	薪资部门名称	工号	人员编号	人员姓名	人员类别	账号	中方人员
	总经理办公室		001	李树根	管理人员	20026665441	是
	财务部		003	王江	管理人员	20026665443	是
	财务部		004	李冬	管理人员	20026665444	是
	财务部		005	刘笑	管理人员	20026665445	是
	财务部		006	张婷	管理人员	20026665446	是
	人力资源部		002	刘依依	管理人员	20026665442	是
	销售一部		007	赵一山	销售人员	20026665447	是
	销售二部		008	周华强	销售人员	20026665448	是
	采购一部		009	陈伟真	采购人员	20026665449	是
	采购二部		010	刘芳菲	采购人员	20026665450	是
	仓管部		011	梁亚东	管理人员	20026665451	是

图 2-77　在职人员档案

（9）重复上述步骤，完成"退休人员"类别人员档案设置。

六、设置工资项目

必备知识

工资项目是计算工资的基础载体，是职工薪资的构成部分。薪资管理系统中提供了一些固定的工资项目，它们是工资账中不可缺少的项目，主要包括应发合计、扣款合计、实发合计。这些项目不能删除和重命名，其他项目可以根据实际需要定义或参照增加。

工资项目必须在关闭工资类别的前提下进行设置。

工资项目定义为"增项"直接计入"应发合计"。

工资项目定义为"减项"直接计入"扣款合计"。

可以利用界面上的【上移】【下移】按钮调整工资项目的排列顺序。

任务描述 1

根据表 2-27，设置万兴发的工资项目。

设置工资项目

表 2-27 工资项目

工资项目	类型	长度	小数位	增减项
基本工资	数字	8	2	增项
岗位工资	数字	8	2	增项
奖金	数字	8	2	增项
交通补贴	数字	8	2	增项
加班津贴	数字	8	2	增项
生活补助	数字	8	2	增项
病假扣款	数字	8	2	减项
事假扣款	数字	8	2	减项
个人养老保险	数字	8	2	减项
个人医疗保险	数字	8	2	减项
个人失业保险	数字	8	2	减项
个人住房公积金	数字	8	2	减项
企业养老保险	数字	8	2	其他
企业医疗保险	数字	8	2	其他
企业失业保险	数字	8	2	其他
企业工伤保险	数字	8	2	其他
企业生育保险	数字	8	2	其他
企业住房公积金	数字	8	2	其他
五险一金工资基数	数字	8	2	其他
应付工资	数字	8	2	其他
计税工资	数字	8	2	其他
加班天数	数字	8	2	其他
病假天数	数字	8	2	其他
事假天数	数字	8	2	其他

 任务处理

（1）首先关闭所有工资类别。执行【业务工作】—【人力资源】—【薪资管理】—【设置】—【工资项目设置】命令，打开"工资项目设置"对话框，单击【增加】按钮，在工资项目列表的末尾增加一个空白的工资项目。单击【名称参照】下拉按钮，在下拉列表中选择"基本工资"选项，如图 2-78 所示。

（2）在"基本工资"工资项目中，双击【类型】单元格，单击弹出的下拉按钮，在下拉列表中选择"数字"选项。双击【长度】单元格，单击弹出的下拉按钮，在下拉列表中选择"8"选项。双击【小数】单元格，单击弹出的下拉按钮，在下拉列表中选择"2"选项。双击【增减项】单元格，单击弹出的下拉按钮，在下拉列表中选择"增项"选项。至此，"基本工资"工资项目设置完成。

（3）同理，单击【增加】按钮，继续设置其他工资项目。如果【名称参照】下拉列表中不存在所需要的工资项目，可以在新增的空白工资项目中直接输入工资项目名称。

（4）所有项目选择、输入完成后，利用"工资项目设置"对话框中的【上移】【下移】【置顶】

【置底】按钮可以调整工资项目的排列顺序，如图 2-79 所示。单击【确定】按钮，系统打开"薪资管理"对话框，单击【确定】按钮。

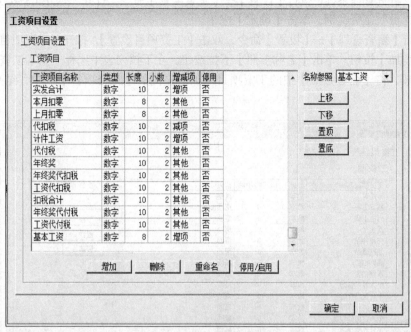

图 2-78　工资项目设置

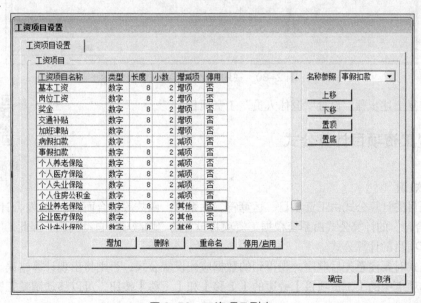

图 2-79　工资项目列表

 任务描述 2

设置万兴发"在职人员"工资类别工资项目，"在职人员"工资项目为除"生活补助"外其他全部工资项目，"退休人员"工资项目为"生活补助"。

设置在职人员
工资项目

任务处理

（1）登录薪资管理系统，执行【设置】—【工资类别】命令，打开"打开工资类别"对话框，选中"在职人员"工资类别，单击【确定】按钮。

（2）执行【薪资管理】—【设置】命令，双击【工资项目设置】，打开"工资项目设置"对话框，单击【增加】按钮。单击【名称参照】下拉按钮，在下拉列表中选择"基本工资"选项。

（3）同理，将【名称参照】中的工资项目添加进左侧的【工资项目】栏中，结果如图 2-80 所示。

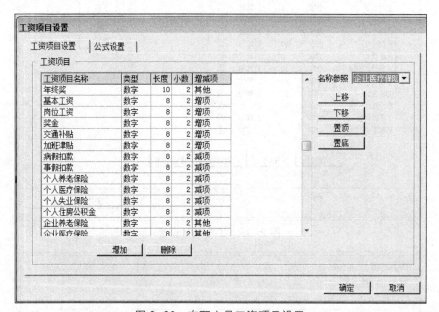

图 2-80　在职人员工资项目设置

（4）重复上述步骤，设置"退休人员"工资项目。

七、设置工资项目计算公式

设置工资项目
计算公式

必备知识

工资项目的计算公式由工资项目、运算符、关系符、函数等组合而成。"应发合计""扣款合计""实发合计"的计算公式由系统根据工资项目设置的"增减项"自动给出。因此，用户只需定义其他工资项目的计算公式。

定义公式时要注意先后顺序，先得到的数据应先设置公式，否则将出现计算错误。利用【公式设置】选项卡中的【工资项目】旁边的【上移】和【下移】按钮，可以移动调整工资项目的先后顺序。

公式中的标点符号均为英文格式。

公式输入完成后必须单击【公式确认】按钮进行公式语法检查，确认无误后必须单击【确定】按钮才能完成保存。

任务描述

根据表 2-28，设置万兴发工资项目计算公式。

表 2-28　　　　　　　　　　　　　　工资项目计算公式　　　　　　　　　　　　　金额单位：元
时间单位：天

工资项目	计算公式
岗位工资	管理人员 1 000，销售人员 800，其他人员 600
交通补贴	管理人员 300，其他人员 200
加班津贴	加班天数×50
病假扣款	基本工资/22×病假天数
事假扣款	基本工资/22×事假天数
五险一金计提基数	4 500
应付工资	基本工资+岗位工资+奖金+交通补贴+加班津贴－病假扣款－事假扣款
个人养老保险	五险一金计提基数×0.08
个人医疗保险	五险一金计提基数×0.02
个人失业保险	五险一金计提基数×0.005
个人住房公积金	五险一金计提基数×0.1
计税工资	基本工资+岗位工资+奖金+交通补贴+加班津贴－病假扣款－事假扣款－个人养老保险－个人医疗保险－个人失业保险－个人住房公积金
企业养老保险	五险一金计提基数×0.16
企业医疗保险	五险一金计提基数×0.076
企业失业保险	五险一金计提基数×0.05
企业工伤保险	五险一金计提基数×0.015
企业生育保险	五险一金计提基数×0.008
企业住房公积金	五险一金计提基数×0.1

任务处理 1：常规公式设置

（1）登录薪资管理系统，执行【设置】—【工资类别】命令，打开"打开工资类别"对话框，选中"在职人员"工资类别，单击【确定】按钮。

（2）执行【薪资管理】—【设置】命令，双击【工资项目设置】，打开"工资项目设置"对话框。单击【公式设置】页签。

（3）单击【增加】按钮，在对话框左上方的【工资项目】列表中选择"加班津贴"选项，进行公式定义。单击公式定义区，在对话框下方的【工资项目】列表中选择"加班天数"，再输入"×50"。定义完毕单击【公式确认】按钮，如图 2-81 所示。

图 2-81　常规公式设置

（4）参照上述方法，继续完成其他常规公式设置。

✍ 任务处理 2：使用 "iff 函数" 设置计算公式

（1）登录薪资管理系统，执行【设置】—【工资类别】命令，打开 "打开工资类别" 对话框，选中 "在职人员" 工资类别，单击【确定】按钮。

（2）执行【薪资管理】—【设置】—【工资项目设置】命令，打开 "工资项目设置" 对话框。单击【公式设置】页签。

（3）单击【增加】按钮，在对话框左上方的【工资项目】列表中选择 "岗位工资" 选项，单击【函数公式向导输入...】按钮，打开 "函数向导——步骤之 1" 对话框，选择 "iff" 函数名，如图 2-82 所示。

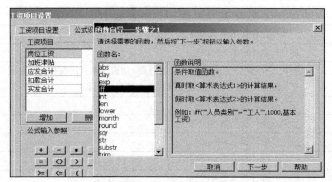

图 2-82　iff 函数向导步骤 1

（4）单击【下一步】按钮，打开 "函数向导——步骤之 2" 对话框，如图 2-83 所示。

（5）单击【逻辑表达式】栏右侧的 按钮，打开 "参照" 对话框。在 "参照列表" 下拉列表中选择 "人员类别" 选项，在 "人员类别" 列表中选择 "管理人员" 选项，如图 2-84 所示。

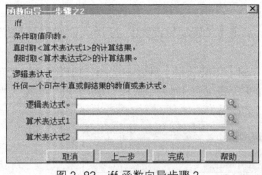

图 2-83　iff 函数向导步骤 2

图 2-84　参照列表

（6）单击【确定】按钮，返回 "函数向导——步骤之 2" 对话框，在【算术表达式 1】栏中输入 "1000"，【算术表达式 2】栏暂不输入，如图 2-85 所示。

（7）单击【完成】按钮，返回 "工资项目设置" 对话框，将光标定位在公式定义区 ")" 的左侧，继续单击【函数公式向导输入】按钮，打开 "函数向导——步骤之 1" 对话框，选择 "iff" 函数名，单击【下一步】按钮，打开 "函数向导——步骤之 2" 对话框，单击【逻辑表达式】栏右侧的 按钮，打开 "参照" 对话框。在【参照列表】下拉列表中选择 "人员类别" 选项，在 "人员类别" 列表中选择 "销售人员" 选项，单击【确定】按钮，返回 "函数向导——步骤之 2" 对话框，在【算术表达式1】栏中输入"800"，在【算术表达式2】栏中输入"600"，如图2-86所示。

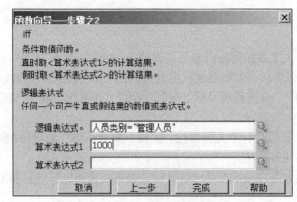

图2-85　算术表达式

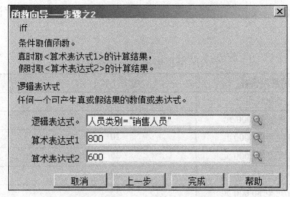

图2-86　二次算术表达式

（8）单击【完成】按钮，返回"工资项目设置"对话框，单击【公式确认】按钮，如图2-87所示。

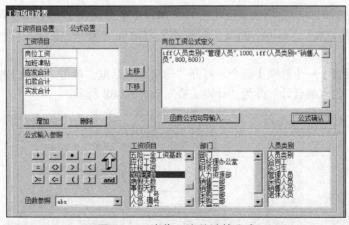

图2-87　岗位工资的计算公式

（9）按照上述方法设置其他计算公式，公式定义完成后要注意调整公式顺序，需要将先得到数据的公式排前面（设置公式时也可以从表中最后一个公式开始逐个往上设置，这样设置完成后就不用排序了）。

八、设置扣缴个人所得税

设置扣缴个人所得税

必备知识

个人所得税是对个人工薪所得超过起征点部分征收的税。在用友 U8 系统中，个人所得税的计税依据只与工资系统数据有关，用户可以根据新税收法规，调整"基数""附加费用""应纳税所得额上限""税率""速算扣除数"，然后由系统自动计算出个人应纳所得税。

自 2018 年 10 月 1 日以后，个人所得税"工资、薪金所得"的费用扣除标准为 5 000 元，具体税率和速算扣除数见任务描述。

个人所得税基数设置需在工资变动之前进行，否则要重新进行计算和汇总工资变动等处理。

任务描述

根据表 2-29，进行万兴发扣税设置。设置"在职人员"应税收入为"计税工资"项，计税基数调整为 5 000 元。

表 2-29　　　　　个人所得税申报表——税率表

级数	全月应纳税所得额	税率（%）	速算扣除数
1	不超过 3 000 元	3	0
2	超过 3 000 元至 12 000 元	10	210
3	超过 12 000 元至 25 000 元	20	1 410
4	超过 25 000 元至 35 000 元	25	2 660
5	超过 35 000 元至 55 000 元	30	4 410
6	超过 55 000 元至 80 000 元	35	7 160
7	超过 80 000 元的部分	45	15 160

任务处理

（1）以账套主管的身份登录企业应用平台，执行【业务工作】—【人力资源】—【薪资管理】—【工资类别】命令，打开"打开工资类别"对话框，选中"在职人员"工资类别，单击【确定】按钮。

（2）执行【设置】—【选项】命令，打开"选项"对话框，单击【编辑】按钮，单击【扣税设置】页签，将"收入额合计"改为"计税工资"，如图 2-88 所示。

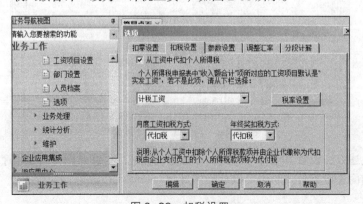

图 2-88　扣税设置

（3）单击【税率设置】按钮，打开"个人所得税申报表——税率表"对话框，录入扣税基数为"5000.00"，依次修改应纳税所得额上限和速算扣除数，结果如图 2-89 所示，单击【确定】按钮。

图 2-89　税率设置

（4）重复上述步骤，完成"退休人员"扣税设置。退休人员计税工资为系统默认的"实发合计"，其他资料与"在职人员"相同。

任务七　固定资产管理系统初始化

固定资产管理系统总的功能是完成企业固定资产日常业务的核算和管理，生成固定资产卡片，按月反映固定资产的增加、减少、原值变化及其他变动，并输出相应的增减变动明细账，按月自动计提折旧，生成折旧分配凭证，同时输出相关的报表和账簿。

固定资产管理系统初始化内容主要包括固定资产账套初始化、系统参数设置、部门对应折旧科目设置、固定资产类别设置、固定资产增减方式设置、录入固定资产原始卡片等。

一、固定资产账套初始化

 必备知识

初次打开固定资产管理系统时，系统会自动进入固定资产初始化向导，通过该向导逐步完成固定资产账套初始化工作。

固定资产账套初始化

 任务描述

根据表 2-30，完成万兴发固定资产账套初始化工作。

表 2-30　　　　　　　　　固定资产账套初始化向导

初始化向导	参数选项
1. 约定及说明	我同意
2. 启用月份	2020.01
3. 折旧信息	采用"平均年限法（一）"计提折旧
4. 编码方式	资产类别编码方式为"2-1-1-2"；固定资产编码方式采用手工编码方式
5. 财务接口	要求与总账系统进行对账，固定资产对账科目为"1601 固定资产"，累计折旧对账科目为"1602 累计折旧"

02

任务处理

（1）以账套主管"A01 王江"的身份登录企业应用平台，执行【业务工作】—【财务会计】—【固定资产】命令，系统提示是否进行初始化，如图 2-90 所示。

图 2-90　"固定资产"初始化提示对话框

（2）单击【是】按钮，系统打开"初始化账套向导"对话框。在"初始化账套向导-约定及说明"对话框中选中"我同意"单选按钮，如图 2-91 所示。

图 2-91　约定及说明设置

（3）单击【下一步】按钮，打开"初始化账套向导—启用月份"对话框，如图 2-92 所示。其中账套启用月份为默认计算机系统值，不可更改。

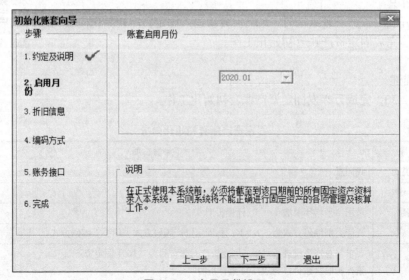

图 2-92　启用月份设置

（4）单击【下一步】按钮，打开"初始化账套向导—折旧信息"对话框。在【主要折旧方法】下拉列表中选择"平均年限法（一）"选项，在【折旧汇总分配周期】下拉列表中选择"1"，勾选"当（月初已计提月份=可使用月份-1）时将剩余折旧全部提足（工作量法除外）"复选框，如图2-93所示。

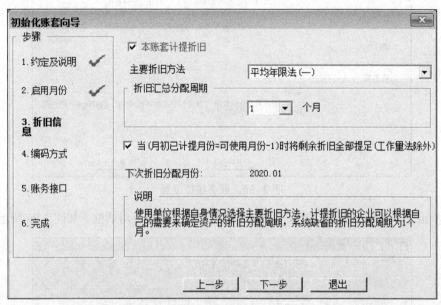

图 2-93　折旧信息设置

（5）单击【下一步】按钮，进入"初始化账套向导—编码方式"对话框。设置【资产类别编码方式】为"2-1-1-2"，在【固定资产编码方式】栏中选中"手工输入"单选按钮，如图2-94所示。

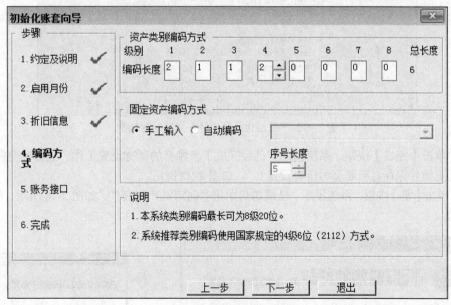

图 2-94　编码方式设置

（6）单击【下一步】按钮，进入"初始化账套向导—财务接口"对话框。【固定资产对账科目】参照选择"1601,固定资产"，【累计折旧对账科目】参照选择"1602,累计折旧"，如图2-95所示。

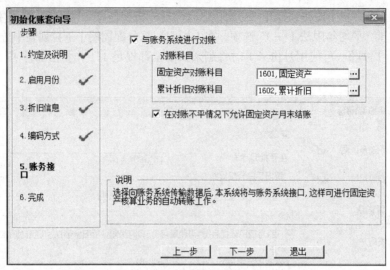

图 2-95　账务接口设置

（7）单击【下一步】按钮，进入"初始化账套向导—完成"对话框，如图 2-96 所示。

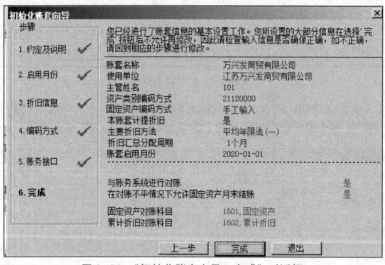

图 2-96　"初始化账套向导—完成"对话框

（8）单击【完成】按钮，系统询问"已经完成了新账套的所有设置工作，是否确定所设置的信息完全正确并保存对新账套的所有设置？"，如图 2-97 所示。

（9）单击【是】按钮，系统提示"已成功初始化本固定资产账套！"，如图 2-98 所示，单击【确定】按钮。

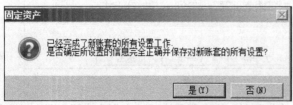

图 2-97　是否保存设置提示

图 2-98　初始化成功

二、设置系统参数

 必备知识

在运行资产管理系统前应设置所需要的账套参数，以便在使用过程中进行相应处理。选项设置中包括账套初始化时设置的参数和其他一些在账套运行中使用的参数及判断。

勾选"按资产类别设置缺省科目"复选框，【固定资产对账科目】和【累计折旧对账科目】可以多选，最多可选择 10 个；同时，在"资产类别"中可以录入"缺省入账科目"。

系统制单时，系统首先带出卡片所属末级资产类别的缺省入账科目。如果在资产类别中没有设置缺省入账科目，则带出选项中设置的缺省入账科目。如果在选项中没有设置缺省入账科目，生成的记账凭证中相关科目则为空，需要手动选择科目。

 任务描述

根据表 2-31，设置万兴发固定资产管理系统参数。

表 2-31 固定资产管理系统参数

编号	参数选项
1	固定资产缺省入账科目：1601,固定资产
2	累计折旧缺省入账科目：1602,累计折旧
3	减值准备缺省入账科目：1603,固定资产减值准备
4	增值税进项税额缺省入账科目：22210101,进项税额
5	固定资产清理缺省入账科目：1606,固定资产清理
6	已发生资产减少的卡片可删除时限：8 年

 任务处理

（1）在企业应用平台中，执行【业务工作】—【财务会计】—【固定资产】—【设置】命令，打开"选项"对话框。

（2）单击【编辑】按钮，单击【与账务系统接口】页签，根据资料依次选择固定资产等的缺省入账科目，结果如图 2-99 所示。

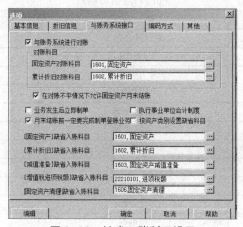

图 2-99 缺省入账科目设置

02

（3）单击【其他】页签，修改【已发生资产减少卡片可删除时限】为"8"年，如图 2-100 所示。

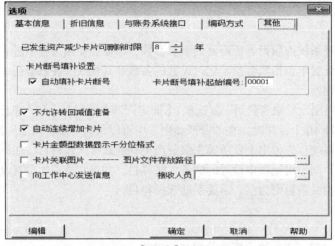

图 2-100 【其他】页签选项设置

（4）单击【确定】按钮，保存设置并关闭"选项"对话框。

三、设置部门对应折旧科目

 必备知识

设置部门对应
折旧科目

部门对应折旧科目设置，是为部门选择一个折旧科目，按使用部门将固定资产折旧计入成本费用。录入卡片时，该科目自动显示在卡片中，以提高工作效率，同时也为生成固定资产的各种记账凭证做准备。

当部门有下级子部门时，若对上级部门设置了折旧科目，系统会询问"是否将此部门的所有下级部门的折旧科目替换为此部门的设置"，可以根据实际需要单击【是】或【否】按钮。

 任务描述

根据表 2-32，设置万兴发部门对应折旧科目。

表 2-32   部门对应折旧科目

部门编码	部门名称	折旧科目
1	总经理办公室	管理费用/折旧费 660205
2	财务部门	管理费用/折旧费 660205
3	人力资源部	管理费用/折旧费 660205
4	销售部	销售费用/折旧费 660103
401	销售一部	销售费用/折旧费 660103
402	销售二部	销售费用/折旧费 660103
5	采购部	管理费用/折旧费 660205
501	采购一部	管理费用/折旧费 660205
502	采购二部	管理费用/折旧费 660205
6	仓管部	管理费用/折旧费 660205
7	离退办	管理费用/折旧费 660205

02

任务处理

（1）在企业应用平台中，执行【业务工作】—【财务会计】—【固定资产】—【设置】—【部门对应折旧科目】命令，打开"部门对应折旧科目-列表视图"界面。

（2）双击"总经理办公室"所在行，单击【修改】按钮，打开"单张视图"界面。在【折旧科目】栏中录入或参照选择"660205,折旧费"科目，如图 2-101 所示，单击【保存】按钮。

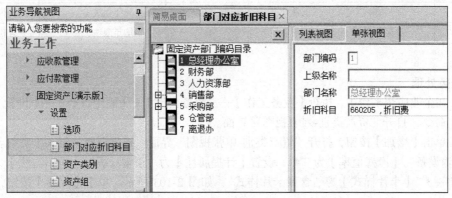

图 2-101 部门对应折旧科目设置

（3）重复上述步骤，继续录入其他部门对应折旧科目，结果如图 2-102 所示。

图 2-102 部门对应折旧科目列表

四、设置固定资产类别

必备知识

固定资产类别设置是指定义固定资产的分类编码和分类名称。企业固定资产种类繁多，需要建立科学的固定资产分类体系。核算单位应根据自身管理要求和实际情况，自行定义固定资产的分类编码。

设置固定资产类别

任务描述

根据表 2-33，设置万兴发固定资产类别。

表 2-33　　　　　　　　　　　固定资产类别

类别编码	类别名称	计提属性	净残值率	折旧方法	卡片样式
01	交通运输设备	正常计提	4%	平均年限法（一）	含税卡片
011	经营用	正常计提	4%	平均年限法（一）	含税卡片
012	非经营用	正常计提	4%	平均年限法（一）	含税卡片
02	电子及通信设备	正常计提	4%	平均年限法（一）	含税卡片
021	经营用	正常计提	4%	平均年限法（一）	含税卡片
022	非经营用	正常计提	4%	平均年限法（一）	含税卡片

任务处理

（1）在企业应用平台中，执行【业务工作】—【财务会计】—【固定资产】—【设置】—【资产类别】命令，打开"资产类别-列表视图"界面。

（2）单击【增加】按钮，打开"资产类别-单张视图"界面。根据资料，录入【类别名称】为"交通运输设备"、【净残值率】为"4"，设置【计提属性】为"正常计提"、【折旧方法】为"平均年限法（一）"、【卡片样式】为"含税卡片样式"，如图 2-103 所示。单击【保存】按钮，保存新增数据。

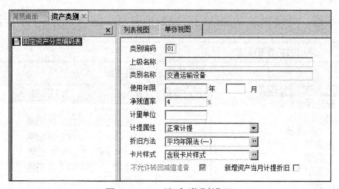

图 2-103　资产类别设置

（3）重复上述步骤，录入其他资产类别，结果如图 2-104 所示。

图 2-104　资产类别列表

五、设置固定资产增减方式

必备知识

系统已经为用户设置了部分固定资产增加方式和减少方式，用户可以自行

设置固定资产增减方式

82

修改或增加。固定资产增减方式设置主要是各种增减方式对应入账科目的设置。"资产增加""资产减少"等业务处理制单时将带出所设置的入账科目。

 任务描述

根据表 2-34，设置万兴发固定资产增减方式对应入账科目。

表 2-34　　　　　　　　　　　　固定资产增减方式

增加方式	对应入账科目	减少方式	对应入账科目
直接购入	工行存款	出售	固定资产清理
投资者投入	实收资本	盘亏	待处理固定资产损溢
捐赠	营业外收入	投资转出	固定资产清理
盘盈	以前年度损益调整	捐赠转出	固定资产清理
在建工程转入	在建工程	报废	固定资产清理
融资租入	长期应付款	毁损	固定资产清理

 任务处理

（1）在企业应用平台中，执行【业务工作】—【财务会计】—【固定资产】—【设置】—【增减方式】命令，打开"增减方式"界面。

（2）单击【直接购入】所在行，单击【修改】按钮，打开"增减方式-单张视图"界面。在【对应入账科目】栏输入或参照选择"100201,工行存款"科目，如图 2-105 所示。

图 2-105　增减方式对应入账科目设置

（3）按以上方法继续设置其他增减方式的对应入账科目。

 注意

如果需要添加增减方式，单击【增加方式】或【减少方式】，单击工具栏中的【增加】按钮，根据实际情况录入增减方式名称及对应入账科目，单击【保存】按钮。

六、录入固定资产原始卡片

 必备知识

固定资产原始卡片的录入，是指将建账日期以前的固定资产数据（原始卡

录入固定资产
原始卡片

片）录入系统，以保持历史资料的连续性，为以后的日常管理奠定基础。

 任务描述

根据表 2-35，录入万兴发固定资产原始卡片。其中，固定资产的使用状况均为"在用"，增加方式均为"直接购入"。

表 2-35 固定资产原始卡片

类别编号	固定资产编号	固定资产名称	使用部门	使用年限（月）	开始使用日期	原值（元）	累计折旧（元）	对应折旧科目
012	012411	轿车	总经理办公室、财务部	120	2016.01.01	700 000	268 800	660205
011	011411	货车	销售一部	96	2019.11.01	200 000	2 000	660103
011	011421	货车	销售二部	96	2019.11.01	200 000	2 000	660103
011	011511	货车	采购一部	120	2016.01.01	700 000	268 800	660205
011	011521	货车	采购二部	120	2016.07.01	454 500	152 712	660205
022	022101	计算机	总经理办公室	60	2019.11.01	4 000	64	660205
022	022102	打印机	总经理办公室	48	2019.11.01	3 000	60	660205
022	022201	计算机	财务部	60	2019.11.01	4 000	64	660205
022	022301	计算机	人力资源部	60	2019.11.01	4 000	64	660205
022	022411	计算机	销售一部	60	2019.11.01	4 000	64	660103
022	022421	计算机	销售二部	60	2019.11.01	4 000	64	660103
022	022511	计算机	采购一部	60	2019.11.01	4 000	64	660205
022	022521	计算机	采购二部	60	2019.11.01	4 000	64	660205
合计						2 285 500	694 820	—

任务处理

（1）在企业应用平台中，执行【业务工作】—【财务会计】—【固定资产】—【卡片】—【录入原始卡片】命令，打开"固定资产类别档案"窗口，如图 2-106 所示。

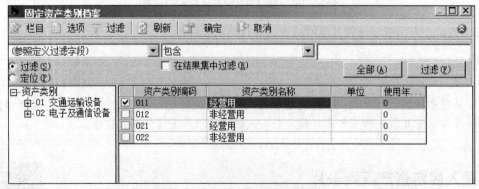

图 2-106 "固定资产类别档案"窗口

（2）单击【交通运输设备】资产类别，勾选"012 非经营用"对应的复选框，单击【确定】按钮，打开"固定资产卡片"界面，根据资料依次录入【固定资产编号】为"012411"、【固定资产名称】为"轿车"。

（3）双击【使用部门】，打开"固定资产"对话框，选中"多部门使用"单选按钮，单击【确定】按钮，如图 2-107 所示，打开"使用部门"对话框。单击【增加】按钮，参照选择【使用部门】为"总经理办公室"，输入【使用比例%】为"50"，再单击【增加】按钮，参照选择【使用部门】为"财务部"，输入【使用比例%】为"50.0000"，结果如图 2-108 所示。单击【确定】按钮，退出"使用部门"对话框，返回"固定资产卡片"界面。

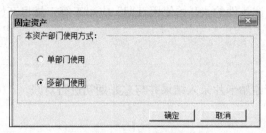

图 2-107　固定资产对话框

序号	使用部门	使用比例%	对应折旧科目	项目大类
1	总经理办公室	50	660205,折旧费	
2	财务部	50.0000	660205,折旧费	

图 2-108　使用部门设置

（4）双击【增加方式】，打开"固定资产增加方式"对话框，选择"直接购入"，单击【确定】按钮。双击【使用状况】，打开"使用状况参照"对话框，选择"在用"，单击【确定】按钮。在【使用年限（月）】栏中输入"120"，在【开始使用日期】栏中输入"2016-01-01"，在【原值】栏中输入"700000.00"，在【累计折旧】栏中输入"268800"，其他选项选择默认设置，如图 2-109 所示。

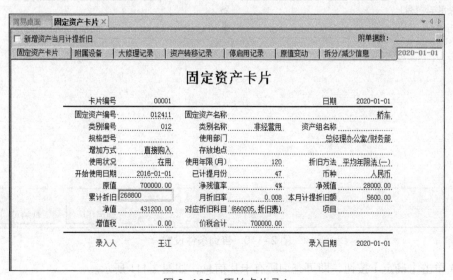

图 2-109　原始卡片录入

（5）单击【保存】按钮，系统提示"数据保存成功"。单击【确定】按钮，转入下一个卡片的录入。其中"计算机"可通过"复制"功能进行批量录入。

七、查询固定资产卡片录入结果

查询固定资产卡片
录入结果

 必备知识

查询原始卡片时，查询条件的"开始使用日期"应小于等于最早开始使用资产的"开始使用日期"。

 任务描述

查询万兴发固定资产原始卡片录入结果并与总账期初进行对账。

任务处理

（1）在企业应用平台中，执行【业务工作】—【财务会计】—【固定资产】—【卡片】—【卡片管理】命令，打开"查询条件选择-卡片管理"对话框。单击【开始使用日期】栏，再单击日期前的复选框，取消勾选，如图 2-110 所示。

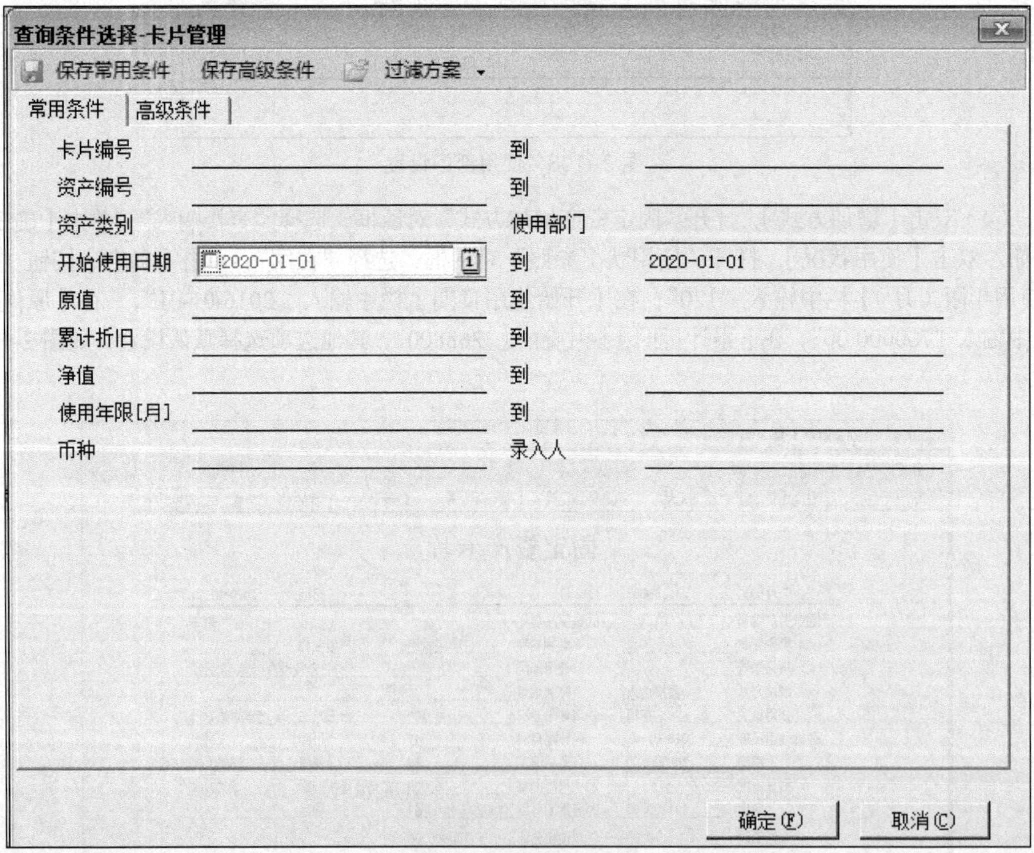

查询条件选择-卡片管理	
保存常用条件　保存高级条件　过滤方案 ▾	

常用条件　　高级条件

卡片编号		到	
资产编号		到	
资产类别		使用部门	
开始使用日期	□ 2020-01-01	到	2020-01-01
原值		到	
累计折旧		到	
净值		到	
使用年限[月]		到	
币种		录入人	

确定(F)　　取消(C)

图 2-110　查询条件设置

（2）单击【确定】按钮，即可查询所有卡片信息，如图 2-111 所示。

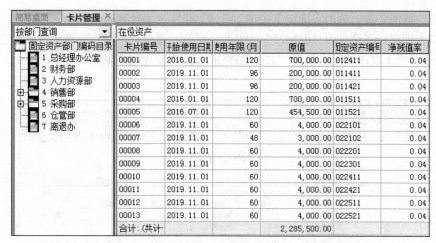

图 2-111 原始卡片列表

（3）执行【处理】—【对账】命令，打开"与账务对账结果"对话框，如图 2-112 所示，单击【确定】按钮。

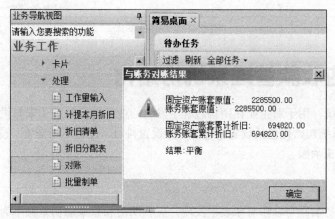

图 2-112 与总账对账

八、修改固定资产卡片

 必备知识

"卡片管理"可实现卡片修改、删除、查询、打印等综合管理功能。

已经生成记账凭证的卡片，若其原值或累计折旧错误，则需删除凭证后才能修改。

已经做过变动单且已生成凭证的卡片，如需修改，要先删除凭证、变动单。

修改固定资产卡片

 任务描述

修改固定资产编号为"011521"货车的使用状况为"大修理停用"。

 任务处理

（1）在企业应用平台中，执行【业务工作】—【财务会计】—【固定资产】—【卡片】—【卡片管理】命令，打开"查询条件选择-卡片管理"对话框。单击【开始使用日期】栏，再单击日期前的复选框，取消勾选，单击【确定】按钮，打开固定资产卡片列表。

（2）双击固定资产编号为"011521"的卡片，打开"固定资产卡片"界面，单击工具栏中的【修改】按钮，将【使用状况】改为"大修理停用"。修改卡片后结果如图2-113所示，单击【保存】按钮。

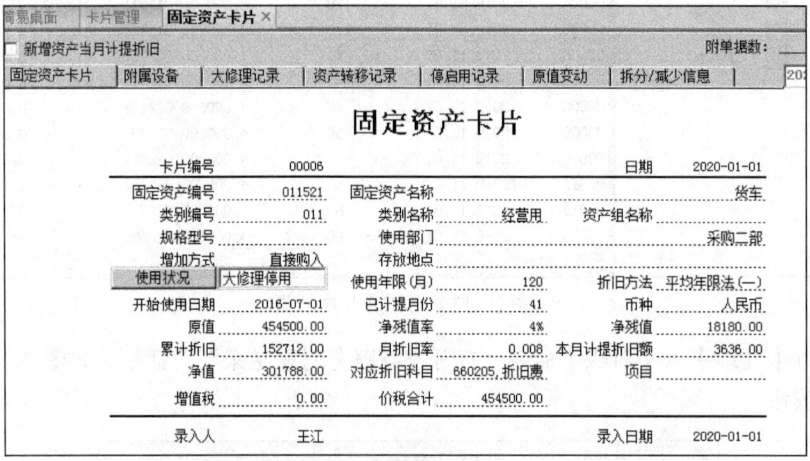

图 2-113　修改卡片

任务八　应收款管理系统初始化

应收款管理系统，用于对企业在销售过程中发生的业务进行处理（未与供应链系统集成使用时）。应收款管理系统初始化包括设置系统参数、设置科目、设置坏账准备、设置账龄区间、设置报警级别和录入期初余额。

 必备知识

如果在应收期初余额与总账对账表中发现，应收期初和总账期初差额不为"0"，则说明应收款管理系统和总账系统的数据不一致，需要找出原因修改平衡才能进行后续的日常业务处理。单据类别中的方向选择，正向表示销售发票为蓝字发票，负向表示销售发票为红字发票。

一、设置系统参数

设置系统参数

任务描述

根据表2-36，设置应收款管理系统参数。

表 2-36　　　　　　　　　　　应收款管理系统参数

编号	参数选项
1	单据审核日期依据：单据日期
2	坏账处理方式：应收余额百分比法
3	自动计算现金折扣
4	受控科目制单方式：明细到单据
5	取消勾选"控制操作员权限"复选框

任务处理

（1）以账套主管"A01 王江"的身份登录企业应用平台，执行【业务工作】—【财务会计】—【应收款管理】—【设置】—【选项】命令，打开"账套参数设置"对话框，单击【编辑】按钮，系统提示"选项修改需要重新登录才能生效"，单击【确定】按钮。

（2）在【常规】选项卡中，在【单据审核日期依据】下拉列表中选择"单据日期"，在【坏账处理方式】下拉列表中选择"应收余额百分比法"，勾选"自动计算现金折扣"复选框，如图 2-114 所示。

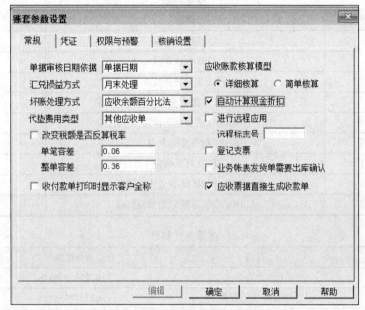

图 2-114 【常规】选项卡设置

（3）切换到【凭证】选项卡，在【受控科目制单方式】下拉列表中选择"明细到单据"，如图 2-115 所示。

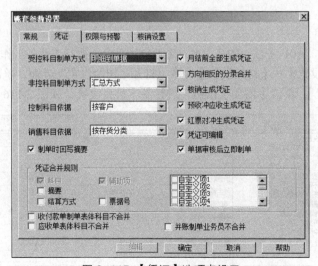

图 2-115 【凭证】选项卡设置

（4）切换到【权限与预警】选项卡，取消勾选"控制操作员权限"复选框，单击【确定】按钮。

二、设置科目

任务描述

根据表 2-37、表 2-38，设置应收款管理系统基本科目和结算方式科目。

设置基本科目

设置结算方式科目

表 2-37　　　　　　　　　　　　基本科目

基本科目种类	科目	币种
应收科目	1122 应收账款	人民币
预收科目	2203 预收账款	人民币
销售收入科目	6001 主营业务收入	人民币
税金科目	22210106 应交税费/应交增值税/销项税额	人民币
销售退回科目	6001 主营业务收入	人民币
票据利息科目	660301 财务费用/利息支出	人民币
坏账入账科目	1231 坏账准备	人民币
商业承兑科目	112102 应收票据/商业承兑汇票	人民币
银行承兑科目	112101 应收票据/银行承兑汇票	人民币

表 2-38　　　　　　　　　　　　结算方式科目

结算方式	科目	本单位账号	币种
现金	1001 库存现金	622278956116	人民币
现金支票	100201 工行存款	622278956116	人民币
转账支票	100201 工行存款	622278956116	人民币
汇兑	100201 工行存款	622278956116	人民币
其他	100201 工行存款	622278956116	人民币

任务处理

（1）以账套主管"A01 王江"的身份登录企业应用平台，执行【业务工作】—【财务会计】—【应收款管理】—【设置】—【初始设置】命令，打开"初始设置"界面，单击【设置科目】类目下的【基本科目设置】，单击【增加】按钮，进行基本科目设置，如图 2-116 所示。

图 2-116　基本科目设置

（2）单击【设置科目】类目下的【结算方式科目设置】，单击【增加】按钮，进行结算方式科目设置，如图 2-117 所示。

图 2-117 结算方式科目设置

三、设置坏账准备

 任务描述

设置坏账准备

根据资料设置坏账准备：坏账准备期末提取比率为"0.5%"，坏账准备期初余额为"0"，坏账准备科目为"1231 坏账准备"，坏账准备对方科目为"6702 信用减值损失"。

任务处理

（1）以账套主管"A01 王江"的身份登录企业应用平台，执行【业务工作】—【财务会计】—【应收款管理】—【设置】—【初始设置】命令，打开"初始设置"界面。

（2）单击【坏账准备设置】类目，在打开的界面中设置提取比率、坏账准备期初余额、坏账准备科目、对方科目，如图 2-118 所示。单击【确定】按钮，系统提示"存储完毕"，单击【确定】按钮。

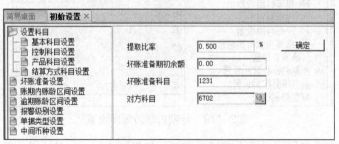

图 2-118 坏账准备设置

四、设置账龄区间

 任务描述

设置账期内账龄区间

设置逾期账龄区间

根据表 2-39、表 2-40 设置账期内账龄区间和逾期账龄区间。

表 2-39　　　　　　　　　　　　　账期内账龄区间

序号	起止天数（天）	总天数（天）
01	1～10	10
02	11～30	30

续表

序号	起止天数（天）	总天数（天）
03	31～60	60
04	61～90	90
05	91 以上	

表 2-40　　　　　　　　　　　逾期账龄区间

序号	起止天数（天）	总天数（天）
01	1～30	30
02	31～60	60
03	61～90	90
04	91～120	120
05	121 以上	

任务处理

（1）以账套主管"A01 王江"的身份登录企业应用平台，执行【业务工作】—【财务会计】—【应收款管理】—【设置】—【初始设置】命令，打开"初始设置"界面。

（2）单击【账期内账龄区间设置】类目，在打开的界面中第一行的【总天数】栏中输入"10"，按"Enter"键，继续输入其他天数，如图 2-119 所示。

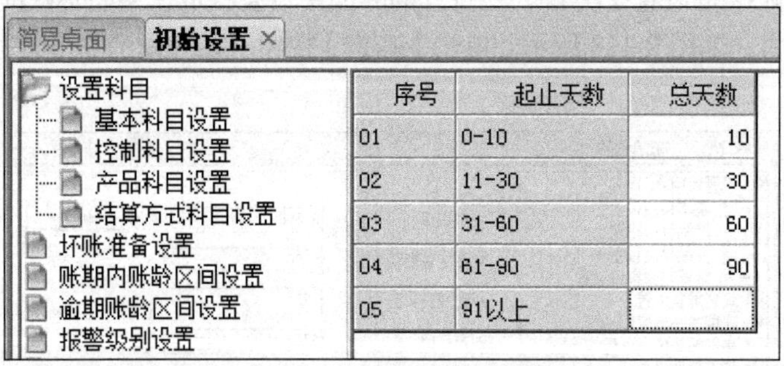

图 2-119　账期内账龄区间设置

（3）单击【逾期账龄区间设置】类目，在打开的界面中第一行的【总天数】栏中输入"30"，按"Enter"键，继续输入其他天数，如图 2-120 所示。

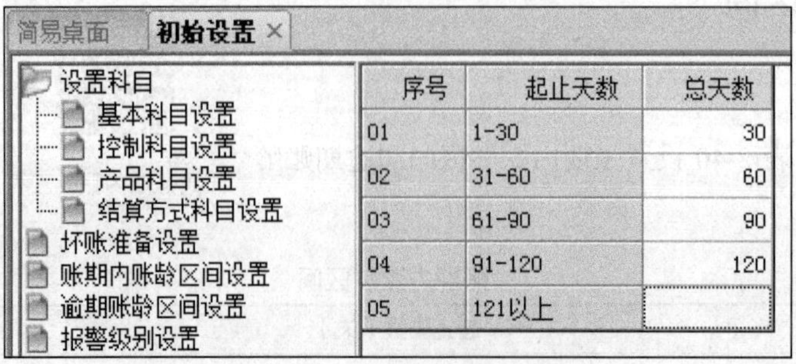

图 2-120　逾期账龄区间设置

五、设置报警级别

 任务描述

根据表 2-41，设置报警级别。

表 2-41 报警级别

序号	起止比率	总比率（%）	级别名称
01	0～10%	10	甲
02	10%～20%	20	乙
03	20%～30%	30	丙
04	30%～40%	40	丁
05	40%～50%	50	戊
06	50%以上		己

 任务处理

（1）以账套主管"A01 王江"的身份登录企业应用平台，执行【业务工作】—【财务会计】—【应收款管理】—【设置】—【初始设置】命令，打开"初始设置"界面。

（2）单击【报警级别设置】类目，在打开的界面中设置第一行的【总比率（%）】【级别名称】，按"Enter"键，继续输入其他级别，如图 2-121 所示。

图 2-121 报警级别设置

六、录入期初余额

 任务描述

根据表 2-42，录入应收系统期初余额（税率为 13%）。

表 2-42 应收系统期初余额

单据类型	开票日期	发票号	客户名称	科目	货物编号	数量（瓶）	无税单价（元）	业务员
销售专用发票	2019-12-16	21356601	ZH 购物广场	1122	1001	1 000	50	赵一山
销售专用发票	2019-12-25	21356603	LF 购物中心	1122	2001	620	85	周华强
商业承兑汇票	2019-12-20	21356602	TH 商城	112102	票据面值 58 760 元 期限 1 个月			赵一山

录入期初销售专用发票

任务处理

1. 录入期初销售专用发票

（1）以账套主管"A01 王江"的身份登录企业应用平台，执行【业务工作】—【财务会计】—【应收款管理】—【设置】—【期初余额】命令，打开"期初余额-查询"窗口，保持系统默认设置，单击【确定】按钮。

（2）在打开的"期初余额"界面中，单击【增加】按钮，然后在打开的"单据类别"对话框中选择单据名称为"销售发票"、单据类型为"销售专用发票"、方向为"正向"，如图 2-122 所示。

图 2-122 选择单据类别

（3）单击【确定】按钮，打开"销售专用发票"界面。单击【增加】按钮，在表头录入开票日期、发票号、客户名称、业务员、税率等信息，其他信息系统会自动给出。在表体录入货物编号、数量、无税单价等信息，其他信息系统会自动给出，如图 2-123 所示。检查无误后，单击【保存】按钮。

销售专用发票										显示模版 期初专用发票显示

表体排序

开票日期 2019-12-16		发票号 21356601			订单号	
客户名称 ZH购物广场		客户地址			电话	
开户银行 工行广州分行		银行账号 2692533088674500444			税号 91440100561110567A	
付款条件		税率(%) 13.00			科目 1122	
币种 人民币		汇率 1.00000000			销售部门 销售一部	
业务员 赵一山		项目			备注	

	货物编号	货物名称	规格型号	主计量单位	税率(%)	数量	无税单价	含税单价	税额	无税金额	价税合计	科目
1	1001	洗发水	XY-01	瓶	13.00	1000.00	50.00	56.50	6500.00	50000.00	56500.00	1122
2												

图 2-123 期初应收账款录入

按照上述方法录入 LF 购物中心销售专用发票。

2. 录入期初应收票据

录入期初应收票据

（1）单击【增加】按钮，然后在打开的"单据类别"对话框中选择单据名称为"应收票据"、单据类型为"商业承兑汇票"、方向为"正向"，如图 2-124 所示。

（2）单击【确定】按钮，打开"期初票据"界面。单击【增加】按钮，根据资料录入商业承兑汇票相关信息，如图 2-125 所示。检查无误后，单击【保存】按钮。关闭该界面返回"期初余额"界面。

图 2-124 单据类别选择

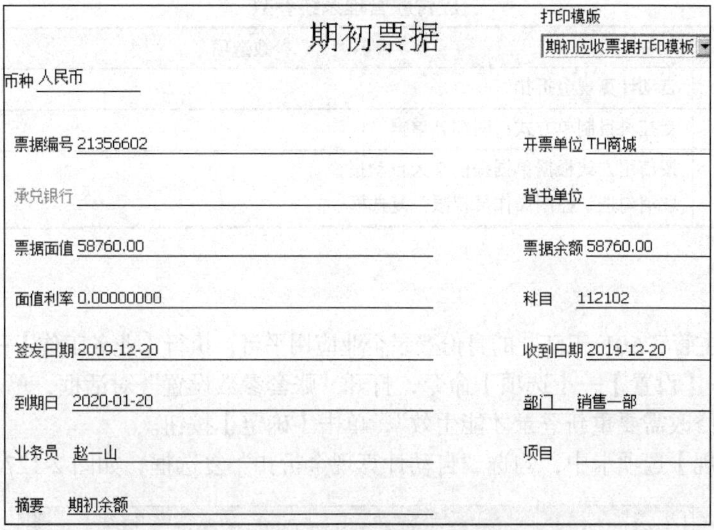

期初票据

打印模版
期初应收票据打印模板▼

币种 人民币

票据编号 21356602   开票单位 TH商城

承兑银行   背书单位

票据面值 58760.00   票据余额 58760.00

面值利率 0.00000000   科目   112102

签发日期 2019-12-20   收到日期 2019-12-20

到期日 2020-01-20   部门   销售一部

业务员 赵一山   项目

摘要   期初余额

图 2-125 应收票据期初录入

（3）在"期初余额"界面中单击【对账】按钮，进行期初对账。在打开的"期初对账"界面中可以看到对账的结果，如图 2-126 所示。

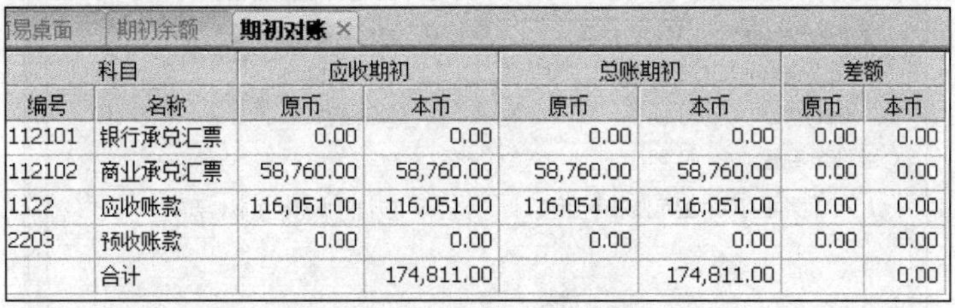

易桌面	期初余额	**期初对账** ×					
科目		应收期初		总账期初		差额	
编号	名称	原币	本币	原币	本币	原币	本币
112101	银行承兑汇票	0.00	0.00	0.00	0.00	0.00	0.00
112102	商业承兑汇票	58,760.00	58,760.00	58,760.00	58,760.00	0.00	0.00
1122	应收账款	116,051.00	116,051.00	116,051.00	116,051.00	0.00	0.00
2203	预收账款	0.00	0.00	0.00	0.00	0.00	0.00
	合计		174,811.00		174,811.00		0.00

图 2-126 期初对账结果

任务九 应付款管理系统初始化

应付款管理系统，用于对企业在采购过程中发生的业务进行处理（未与供应链系统集成使用时）。应付款管理系统初始化包括设置系统参数、设置科目、设置逾期账龄区间、设置报警级别和录入期初余额。

 必备知识

如果在应付期初余额与总账对账表中发现，应付期初和总账期初差额不为"0"，则说明应付款管理系统和总账系统的数据不一致，需要找出原因修改平衡才能进行后续的日常业务处理。单据类别中的方向选择，正向表示采购发票为蓝字发票，负向表示采购发票为红字发票。

一、设置系统参数

设置系统参数

任务描述

根据表 2-43，设置应付款管理系统参数。

表 2-43　　　　　　　　　　　应付款管理系统参数

编号	参数选项
1	自动计算现金折扣
2	受控科目制单方式：明细到单据
3	按信用方式根据单据提前 7 天自动报警 取消勾选"控制操作员权限"复选框

任务处理

（1）以账套主管"A01 王江"的身份登录企业应用平台，执行【业务工作】—【财务会计】—【应付款管理】—【设置】—【选项】命令，打开"账套参数设置"对话框，单击【编辑】按钮，系统提示"选项修改需要重新登录才能生效"，单击【确定】按钮。

（2）在【常规】选项卡中，勾选"自动计算现金折扣"复选框，如图 2-127 所示。

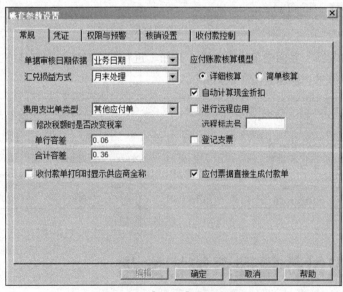

图 2-127 【常规】选项卡设置

（3）切换到【凭证】选项卡，在【受控科目制单方式】下拉列表中选择"明细到单据"，如图 2-128 所示。

（4）切换到【权限与预警】选项卡，选中"信用方式"单选按钮，在【提前天数】栏中输入"7"。取消勾选"控制操作员权限"复选框，如图 2-129 所示，单击【确定】按钮。

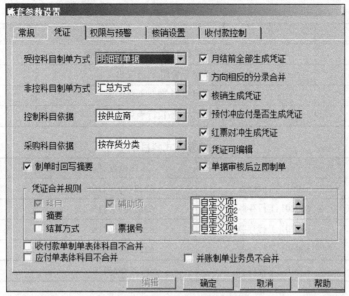

图 2-128 【凭证】选项卡设置

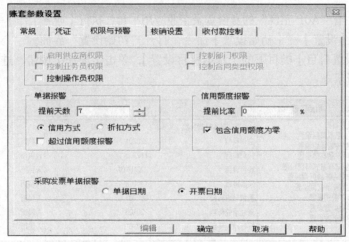

图 2-129 【权限与预警】选项卡设置

二、设置科目

 任务描述

根据表 2-44、表 2-45，设置应付款管理系统基本科目和结算方式科目。

设置基本科目　　设置结算方式科目

表 2-44　　　　　　　　　　　　　　基本科目

基本科目种类	科目	币种
应付科目	220201 应付账款/一般应付账款	人民币
预付科目	1123 预付账款	人民币
采购科目	1402 在途物资	人民币

续表

基本科目种类	科目	币种
税金科目	22210101 应交税费/应交增值税/进项税额	人民币
票据利息科目	660301 财务费用/利息支出	人民币
商业承兑科目	220102 应付票据/商业承兑汇票	人民币
银行承兑科目	220101 应付票据/银行承兑汇票	人民币

表 2-45   结算方式科目

结算方式	科目	本单位账号	币种
现金	1001 库存现金	622278956116	人民币
现金支票	100201 工行存款	622278956116	人民币
转账支票	100201 工行存款	622278956116	人民币
汇兑	100201 工行存款	622278956116	人民币
其他	100201 工行存款	622278956116	人民币

 任务处理

（1）以账套主管"A01 王江"的身份登录企业应用平台，执行【业务工作】—【财务会计】—【应付款管理】—【设置】—【初始设置】命令，打开"初始设置"界面。

（2）单击【设置科目】类目下的【基本科目设置】，单击【增加】按钮，进行基本科目设置，结果如图 2-130 所示。

图 2-130　基本科目设置

（3）单击【设置科目】类目下的【结算方式科目设置】，单击【增加】按钮，进行结算方式科目设置，如图 2-131 所示。

图 2-131　结算方式科目设置

三、设置逾期账龄区间

任务描述

根据表2-46，设置逾期账龄区间。

表2-46　　　　　　　　　　　　　逾期账龄区间

序号	起止天数（天）	总天数（天）
01	1～30	30
02	31～60	60
03	61～90	90
04	91～120	120
05	121以上	

 任务处理

（1）以账套主管"A01 王江"的身份登录企业应用平台，执行【业务工作】—【财务会计】—【应付款管理】—【设置】—【初始设置】命令，打开"初始设置"界面。

（2）单击【逾期账龄区间设置】类目，在打开的界面中第一行的【总天数】栏中输入"30"，按"Enter"键，继续输入其他天数，如图2-132所示。

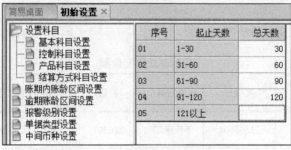

图2-132　逾期账龄区间设置

四、设置报警级别

任务描述

根据表2-47，设置报警级别。

表2-47　　　　　　　　　　　　　报警级别

序号	起止比率	总比率（%）	级别名称
01	0～10%	10	A
02	10%～20%	20	B
03	20%～30%	30	C
04	30%～40%	40	D
05	40%～50%	50	E
06	50%以上		F

02

 任务处理

（1）以账套主管"A01 王江"的身份登录企业应用平台，执行【业务工作】—【财务会计】—【应付款管理】—【设置】—【初始设置】命令，打开"初始设置"界面。

（2）单击【报警级别设置】类目，在打开的界面中输入第一行的【总比率（%）】【级别名称】，按"Enter"键，继续输入其他级别，如图2-133所示。

简易桌面	初始设置 ×			
设置科目	序号	起止比率	总比率(%)	级别名称
基本科目设置	01	0-10%	10	A
控制科目设置	02	10%-20%	20	B
产品科目设置	03	20%-30%	30	C
结算方式科目设置	04	30%-40%	40	D
账期内账龄区间设置	05	40%-50%	50	E
逾期账龄区间设置	06	50%以上		F
报警级别设置				
单据类型设置				
中间币种设置				

图2-133　报警级别设置

五、录入期初余额

 任务描述

根据表2-48，录入应付系统期初余额。

表2-48　　　　　　　　　　　应付系统期初余额

单据类型	开票日期	发票号	供应商	科目	存货编码	数量	原币单价	业务员
采购专用发票	2019-12-10	23566601	NH集团	220201	2001	600	60	刘芳菲
银行承兑汇票	2019-12-25	63286657	FY集团	220101	票据面值17 289元 期限1个月			刘芳菲

录入期初采购
专用发票

 任务处理

1. 录入期初采购专用发票

（1）以账套主管"A01 王江"的身份登录企业应用平台，执行【业务工作】—【财务会计】—【应付款管理】—【设置】—【期初余额】命令，打开"期初余额-查询"窗口，保持系统默认设置，单击【确定】按钮。

（2）在打开的"期初余额"界面中，单击【增加】按钮，然后在打开的"单据类别"对话框中选择单据名称为"采购发票"、单据类型为"采购专用发票"、方向为"正向"，如图2-134所示。

（3）单击【确定】按钮，打开"采购专用发票"界面。单击【增加】按钮，在表头录入发票号、开票日期、供应商、业务员、税率等信息，其他信息系统会自动给出。在表体录入存货编码、数量、原币单价等信息，其他信息系统会自动给出，如图2-135所示。检查无误后，单击【保存】按钮。

图 2-134 单据类别选择

图 2-135 期初应付账款录入

2. 录入期初应付票据

（1）单击【增加】按钮，然后在打开的"单据类别"对话框中选择单据名称为"应付票据"、单据类型为"银行承兑汇票"、方向为"正向"，如图 2-136 所示。

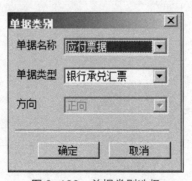

录入期初应付票据

图 2-136 单据类别选择

（2）单击【确定】按钮，打开"期初票据"界面。单击【增加】按钮，根据资料录入银行承兑汇票相关信息，如图 2-137 所示。检查无误后，单击【保存】按钮。关闭该界面返回"期初余额"界面。

（3）当所有发票增加完成之后，在"期初余额"界面中单击【对账】按钮，进行期初对账。在打开的"期初对账"界面中，可以看到对账的结果，如图 2-138 所示。

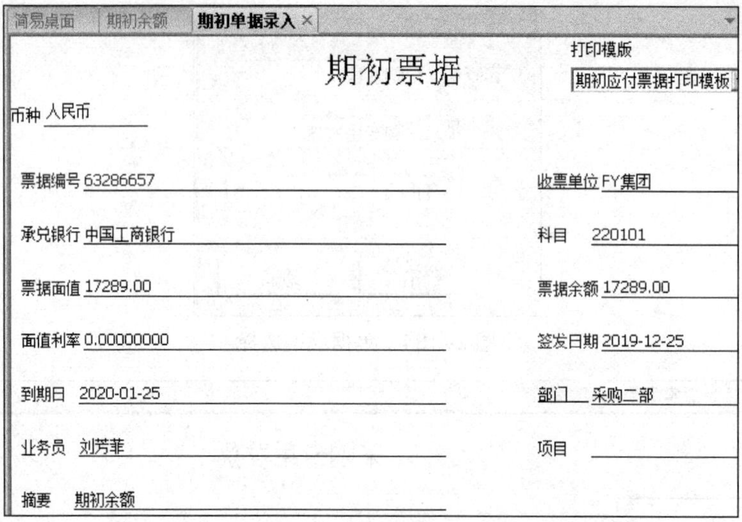

简易桌面 期初余额 期初单据录入
期初票据
打印模版
期初应付票据打印模板
币种 人民币
票据编号 63286657
收票单位 FY集团
承兑银行 中国工商银行
科目 220101
票据面值 17289.00
票据余额 17289.00
面值利率 0.00000000
签发日期 2019-12-25
到期日 2020-01-25
部门 采购二部
业务员 刘芳菲
项目
摘要 期初余额

图 2-137　期初银行承兑汇票录入

科目		应付期初		总账期初		差额	
编号	名称	原币	本币	原币	本币	原币	本币
1123	预付账款	0.00	0.00	0.00	0.00	0.00	0.00
220101	银行承兑汇票	17,289.00	17,289.00	17,289.00	17,289.00	0.00	0.00
220102	商业承兑汇票	0.00	0.00	0.00	0.00	0.00	0.00
220201	一般应付账款	40,680.00	40,680.00	40,680.00	40,680.00	0.00	0.00
	合计		57,969.00		57,969.00		0.00

图 2-138　期初对账结果

项目三
总账管理岗位操作（一）

学习目标 ↓

学会凭证的填制及凭证处理操作。

理解制单人员、出纳人员和审核人员岗位之间的联系。

岗位简介 ↓

总账管理岗位日常业务处理工作主要由制单人员、出纳人员、审核人员等共同完成。

制单人员的主要工作包括凭证处理（填制凭证、修改凭证、作废或删除凭证等）、凭证管理（定义常用摘要、设置常用凭证、凭证查询、科目汇总、凭证打印等）等。

出纳人员主要负责现金和银行存款的相关业务，具体工作包括出纳业务输入、出纳签字、票据管理、日记账管理、银行对账、查询与分析等。

审核人员主要负责对制单人员所填制记账凭证的合法性、完整性和正确性进行检查校验，该岗位与制单岗位有着密切的联系，但不能由同一人负责。其具体工作包括凭证的审核、记账，账簿查询等。

凭证是登记账簿的依据，是总账系统的主要数据来源，其正确性直接影响账簿的准确性、完整性与可靠性。凭证处理工作主要包括填制凭证、修改凭证、删除凭证、出纳签字、审核、记账等。

一、填制凭证

必备知识

填制凭证是总账日常业务处理的起点，后续的账簿、报表数据都来源于它，我们必须确保准确、完整地录入记账凭证。

如果金额为负数，录入时按减号键，金额为红字表示负数；如果金额方向错误，按空格键调整金额方向；如果科目设置了辅助核算，则要在系统打开的"辅助项"对话框中录入相应的辅助信息，如部门、个人、客户、供应商等。录入的信息在凭证下方的备注中显示。

如果银行存款科目未指定为银行科目，录入凭证涉及银行存款科目不会打开结算方式选择的"辅助项"对话框。

填制凭证时先进行凭证选项设置，选择【自动携带上条分录信息】栏中所需携带的内容，可以提高录入凭证的速度。

任务描述

根据万兴发 2020 年 1 月发生的部分经济业务填制相关凭证。

（1）3 日，缴纳上月增值税、城建税、教育费附加。

（2）5 日，以现金支付办公费 500 元。

（3）10 日，收到陈伟真归还个人借款 14 500 元。

（4）15 日，销售一部赵一山预借差旅费 1 500 元。

（5）18 日，销售二部以现金支票（票号为 235648）支付广告费用 10 000 元。

（6）20 日，收到外币投资 100 000 美元，当天汇率为 6.88。

03

任务处理 1

（1）以"W02 李冬"的身份登录企业应用平台，执行【总账】—【凭证】—【填制凭证】命令，打开"填制凭证"界面。

填制常规凭证

（2）单击右上角的 选项 按钮，打开"凭证选项设置"对话框，勾选【自动携带上条分录信息】栏中的"摘要""辅助项"复选框，如图 3-1 所示，单击【确定】按钮。

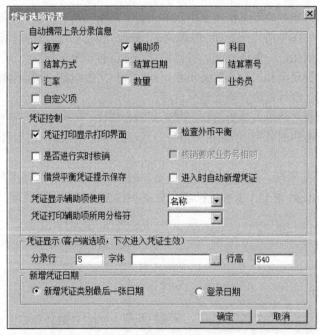

图 3-1 凭证选项设置

（3）单击左上角的 按钮。单击 按钮选择凭证字为"付"，修改制单日期，单击【摘要】栏直接录入摘要（如果设置了常用摘要，也可以单击 按钮选择相应的摘要）。

（4）单击【科目名称】栏，单击 按钮参照选择科目"应交税费/未交增值税"，单击【借方金额】栏，单击工具栏上的 余额 按钮，系统打开"未交增值税"科目的余额一览表，如图 3-2 所示。查看需要缴纳的金额，录入借方金额。

（5）按"Enter"键进入下一行，用同样方法录入"应交城建税""应交教育费附加"的科目名称及借方金额。

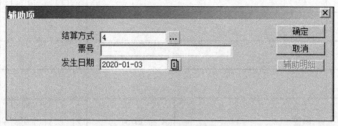

最新余额—览表		
科　目：未交增值税（222102）		
辅助项：		
时　间：2020.01　　计量单位：　　　币种：		
	方向	金额
期初余额	贷	83,374.10
本期借方发生		
本期贷方发生		
借方累计		
贷方累计		
期末余额	贷	83,374.10

图 3-2　未交增值税余额设置

（6）按 "Enter" 键进入第四行，在【科目名称】栏中选择 "银行存款/工行存款"，系统打开 "辅助项" 对话框，选择结算方式为 "4"，如图 3-3 所示，单击【确定】按钮。

图 3-3　银行存款辅助项设置

（7）在【贷方金额】栏中按 "=" 键，系统自动录入（也可以手动录入）金额，实现平衡。结果如图 3-4 所示。

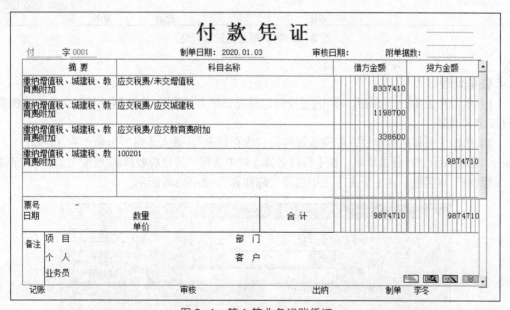

付　款　凭　证

付　字 0001　　　制单日期：2020.01.03　　审核日期：　　　附单据数：

摘　要	科目名称	借方金额	贷方金额
缴纳增值税、城建税、教育费附加	应交税费/未交增值税	8337410	
缴纳增值税、城建税、教育费附加	应交税费/应交城建税	1198700	
缴纳增值税、城建税、教育费附加	应交税费/应交教育费附加	338600	
缴纳增值税、城建税、教育费附加	100201		9874710
票号　日期	数量　单价　　　合计	9874710	9874710

备注　项目　　　部门
　　　个人　　　客户
　　　业务员

记账　　　审核　　　出纳　　　制单 李冬

图 3-4　第 1 笔业务记账凭证

（8）单击【保存】按钮，系统提示 "凭证已保存成功!"，单击【确定】按钮。

03

任务处理 2

（1）单击左上角的 按钮。单击 ▦ 按钮选择凭证字为"付"，修改制单日期，单击【摘要】栏直接录入摘要。

（2）单击【科目名称】栏，单击 ▦ 按钮参照选择科目"管理费用/办公费"，录入【借方金额】为 500 元。按"Enter"键进入第二行分录填制，在【科目名称】栏中选择"库存现金"，录入贷方金额。单击【保存】按钮，结果如图 3-5 所示。

图 3-5　第 2 笔业务记账凭证

任务处理 3

（1）单击左上角的 按钮。单击 ▦ 按钮选择凭证字为"收"，修改制单日期，单击【摘要】栏直接录入摘要。

（2）单击【科目名称】栏，参照选择科目"库存现金"，录入【借方金额】为 14 500 元。按"Enter"键进入第二行分录填制，在【科目名称】栏中选择"其他应收款/应收职工借款"，系统打开"辅助项"对话框，在【个人】栏中选择"陈伟真"，如图 3-6 所示。

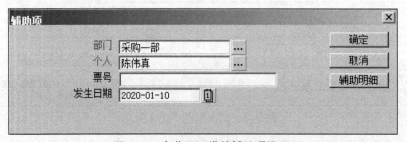

图 3-6　应收职工借款辅助项设置

（3）单击【确定】按钮。录入贷方金额，单击【保存】按钮，结果如图3-7所示。

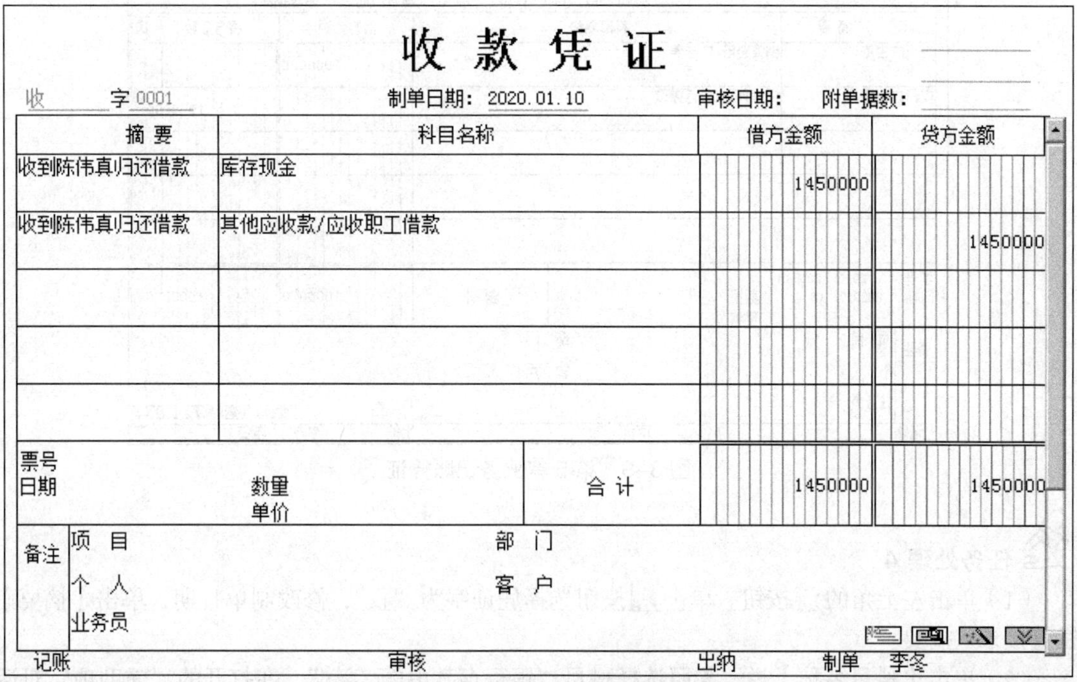

收 款 凭 证

收　　字 0001		制单日期：2020.01.10		审核日期：　附单据数：
摘　要	科目名称	借方金额	贷方金额
收到陈伟真归还借款	库存现金	1450000	
收到陈伟真归还借款	其他应收款/应收职工借款		1450000

票号 日期		数量 单价	合　计	1450000	1450000
备注	项　目 个　人 业务员		部　门 客　户		

记账	审核	出纳	制单　李冬

图 3-7　第 3 笔业务记账凭证

第 4、5 笔业务的处理方法同上，结果如图 3-8、图 3-9 所示。

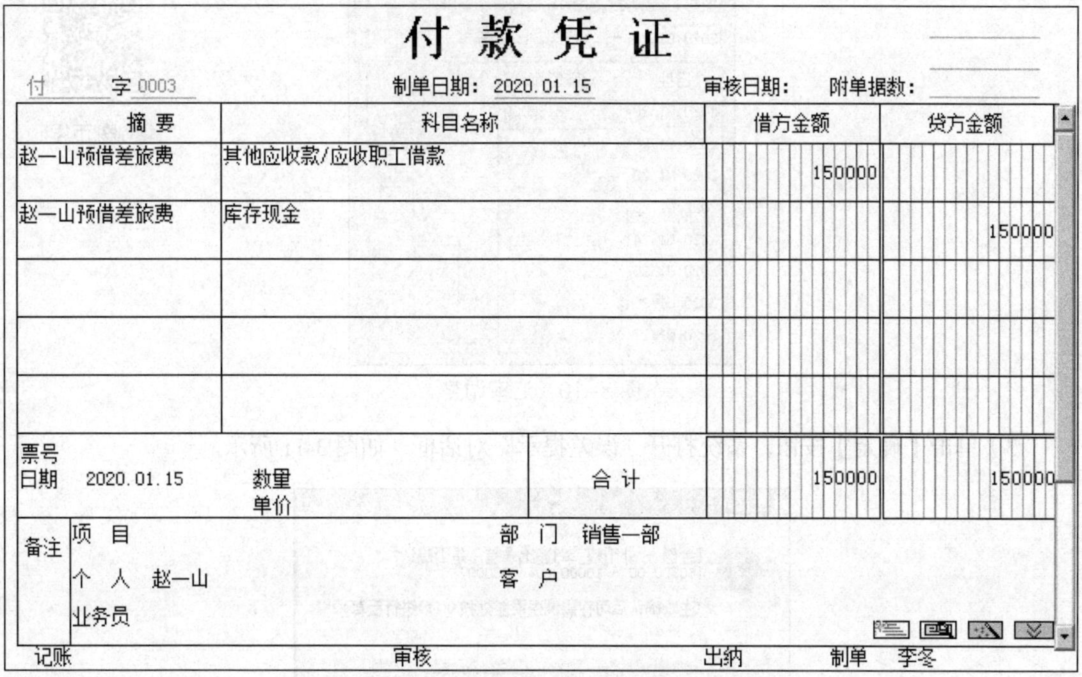

付 款 凭 证

付　　字 0003		制单日期：2020.01.15		审核日期：　附单据数：
摘　要	科目名称	借方金额	贷方金额
赵一山预借差旅费	其他应收款/应收职工借款	150000	
赵一山预借差旅费	库存现金		150000

票号 日期　2020.01.15		数量 单价	合　计	150000	150000
备注	项　目 个　人　赵一山 业务员		部　门　销售一部 客　户		

记账	审核	出纳	制单　李冬

图 3-8　第 4 笔业务记账凭证

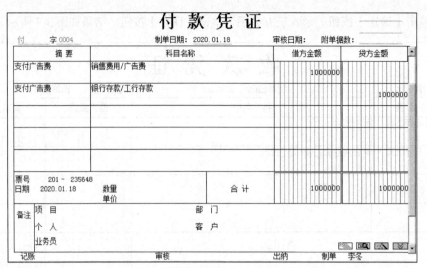

图 3-9　第 5 笔业务记账凭证

任务处理 4

（1）单击左上角的 按钮。单击 按钮选择凭证字为"收"，修改制单日期，单击【摘要】栏直接录入摘要。

（2）单击【科目名称】栏，参照选择科目"银行存款/中行存款"，在打开的"辅助项"对话框的【结算方式】下拉列表中选择"其他"，在【外币】栏中录入 10000，单击 按钮调整汇率为 6.88，如图 3-10 所示。

图 3-10　汇率调整

（3）单击【确定】按钮，系统打开"误差提示"对话框，如图 3-11 所示。

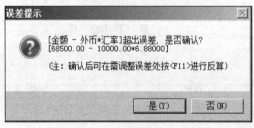

图 3-11　"误差提示"对话框

填制外币凭证

（4）单击【是】按钮，按"F11"键调整误差。

（5）按"Enter"键进入第二行分录填制，在【科目名称】栏中选择"实收资本"，录入贷方金额。单击【保存】按钮，结果如图3-12所示。

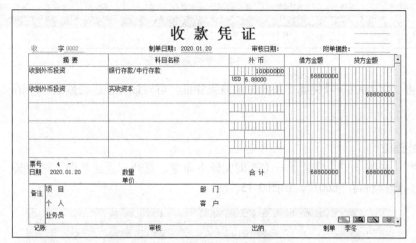

图3-12　第6笔业务记账凭证

二、查询凭证

 必备知识

如果凭证尚未记账，可以直接在"填制凭证"界面中单击【查询】按钮进行查看。

查询凭证功能，可以查询符合条件的凭证信息，也可以查看当前科目最新余额、原始单据、外部系统制单信息及联查明细账等。

查询凭证

任务描述

（1）查询万兴发2020年1月第1号付款凭证。

（2）查询含有"销售费用"科目的记账凭证，同时查询其明细账信息。

 任务处理1

（1）以"W02 李冬"的身份登录企业应用平台，执行【总账】—【凭证】—【查询凭证】命令，打开"凭证查询"对话框。设置查询条件，如图3-13所示。

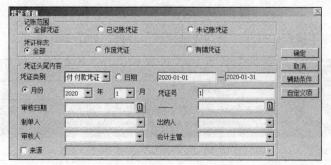

图3-13　凭证查询条件设置

（2）单击【确定】按钮，打开"查询凭证列表"界面，如图 3-14 所示。

凭证共 1张		□已审核 0 张			□未审核 1 张			⊙凭证号排序		○制单日期排序	
制单日期	凭证编号	摘要	借方金额合计	贷方金额合计	制单人	审核人	系统名	备注	审核日期	年度
2020-01-03	付 - 0001	缴纳增值税，城建税，教	98,747.10	98,747.10	李冬					2020
		合计	98,747.10	98,747.10						

图 3-14　查询凭证列表

（3）双击"付-0001"号凭证，系统显示该张凭证。可对该凭证进行修改、冲销、生成常用凭证等操作。

✍ **任务处理 2**

（1）执行【总账】—【凭证】—【查询凭证】命令，打开"凭证查询"对话框。单击【辅助条件】按钮，选择科目"6601"，如图 3-15 所示。

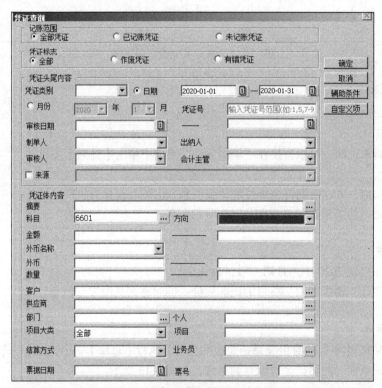

图 3-15　凭证查询辅助条件设置

（2）单击【确定】按钮，打开"查询凭证列表"界面，如图 3-16 所示。

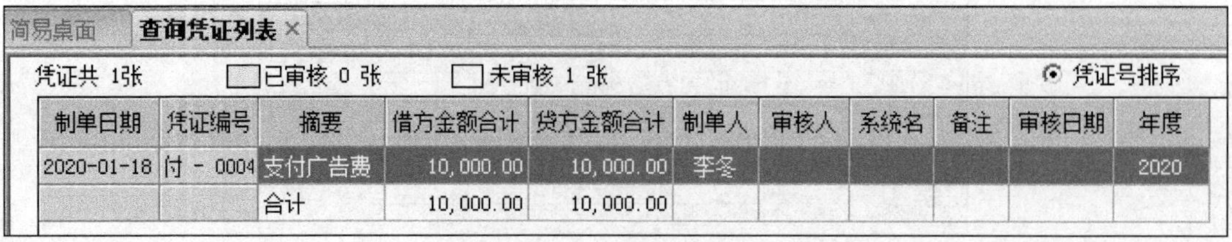

凭证共 1张		□已审核 0 张			□未审核 1 张					⊙凭证号排序
制单日期	凭证编号	摘要	借方金额合计	贷方金额合计	制单人	审核人	系统名	备注	审核日期	年度
2020-01-18	付 - 0004	支付广告费	10,000.00	10,000.00	李冬					2020
		合计	10,000.00	10,000.00						

图 3-16　查询凭证列表

（3）双击所查询的凭证，单击工具栏上的【联查】下拉按钮，在下拉列表中选择"联查明细账"，即可查看明细账信息，如图3-17所示。

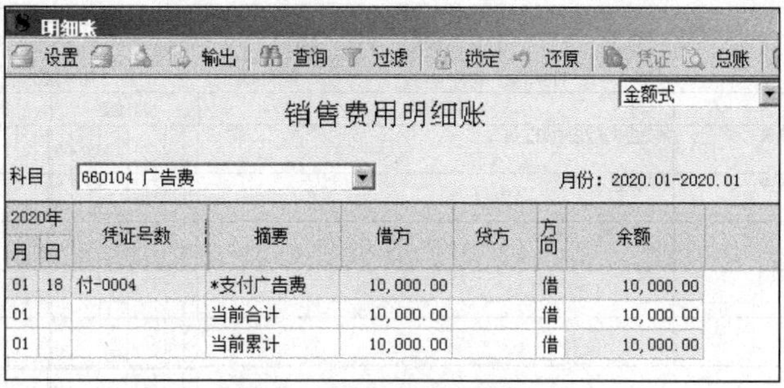

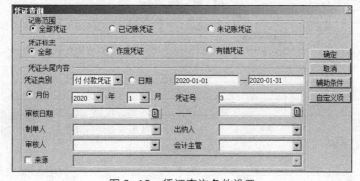

图3-17　销售费用明细账

三、修改凭证

 必备知识

输入凭证时，错误操作是在所难免的，为更正错误，系统提供了修改功能对错误凭证进行修改。

若已勾选"制单序时控制"复选框，则在修改制单日期时，不能将本张凭证的制单日期修改为上一张凭证的制单日期之前的日期；如果涉及银行科目的分录已录入支票信息，并对该支票做过报销处理，修改操作将不影响支票登记簿中的内容。

外部系统传递来的凭证不能在总账系统中修改，只能在生成该凭证的系统中进行修改。

下列两种状态下的错误凭证可实现无痕迹修改：已经输入但未审核的机内记账凭证可以直接进行修改或删除（操作员只能修改自己填制的凭证，凭证编号不能修改）；已通过审核但还未记账的凭证，先通过凭证审核功能取消审核，再对其进行修改。

如果凭证已经记账，则只能通过红字冲销法进行修改。

 任务描述

将付字0003号凭证赵一山预借差旅费金额修改为1 300元。

 任务处理

（1）以"W02 李冬"的身份登录企业应用平台，执行【总账】—【凭证】—【查询凭证】命令，打开"凭证查询"对话框。设置查询条件，如图3-18所示。

图3-18　凭证查询条件设置

（2）单击【确定】按钮，打开"查询凭证列表"界面。双击所查询的凭证，单击左上角的【修改】按钮，将凭证金额修改为 1 300 元，修改完成后单击【保存】按钮，结果如图 3-19 所示。

图 3-19　修改后的付字 0003 号凭证

四、删除凭证

 必备知识

要删除凭证必须先将其作废。作废凭证仍保留原来凭证内容和凭证号，作废凭证不能修改、审核，但参加记账。若不想保留作废凭证，则需要通过"整理凭证"功能将其彻底删除，并对未记账凭证重新编号。

删除凭证

 任务描述

删除 1 月付字 0002 号凭证。

 任务处理

（1）以"W02 李冬"的身份登录企业应用平台，执行【总账】—【凭证】—【查询凭证】命令，打开"凭证查询"对话框。设置查询条件，单击【确定】按钮，打开"查询凭证列表"界面。双击所查询的凭证，单击工具栏上的【作废/恢复】按钮，将该凭证打上"作废"标志，结果如图 3-20 所示。也可以在"填制凭证"界面找到该凭证打上作废标志。

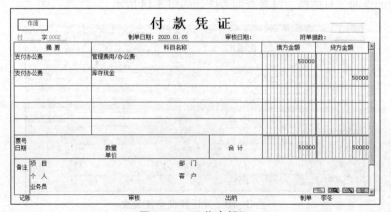

图 3-20　已作废凭证

（2）执行【总账】—【凭证】—【填制凭证】命令，单击【整理凭证】按钮，打开"凭证期间选择"对话框，选择凭证期间，如图 3-21 所示。

图 3-21 选择凭证期间

（3）单击【确定】按钮，打开"作废凭证表"对话框，在【删除？】栏双击，出现"Y"字符，如图 3-22 所示。

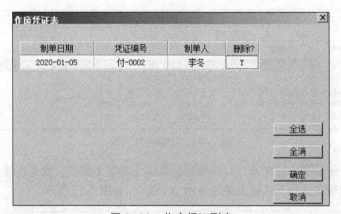

图 3-22 作废凭证列表

（4）单击【确定】按钮，系统询问"是否还需整理凭证断号"，如图 3-23 所示。单击【是】按钮，系统会将该凭证删除并对剩下的凭证重新编号。

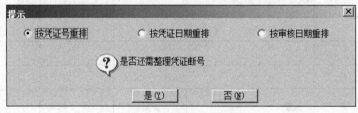

图 3-23 "提示"对话框

五、出纳签字

必备知识

出纳签字是指在设置总账参数选项时勾选了"出纳凭证必须经由出纳签字"复选框，则未经出纳签字的收付凭证不能进行记账。

出纳签字

要实现出纳签字功能，必须满足以下 3 个先决条件：①出纳人员在"系统管理"的权限中进行了"出纳签字"功能授权；②在会计科目中进行了"1001 库存现金"科目、"1002 银行存款"科目的"指定科目"操作；③"1001 库存现金"科目、"1002 银行存款"科目的辅助核算已经设置为"日记账"。

凭证一经签字就不能被修改、删除，出纳人员取消签字后才可以进行修改或删除。

任务描述

1月20日，对收付款凭证进行出纳签字。

任务处理

1. 单张签字

（1）以"W03 刘笑"的身份登录企业应用平台，执行【总账】—【凭证】—【出纳签字】命令，打开"出纳签字"窗口。单击【确定】按钮，打开"出纳签字列表"界面，如图3-24所示。

制单日期	凭证编号	摘要	借方金额合计	贷方金额合计	制单人	签字人	系统名	备注	审核日期	年度
2020-01-10	收 - 0001	陈伟真归还借款	14,500.00	14,500.00	李冬					2020
2020-01-20	收 - 0002	收到外币投资	688,000.00	688,000.00	李冬					2020
2020-01-03	付 - 0001	缴纳增值税、城建税、教	98,747.10	98,747.10	李冬					2020
2020-01-15	付 - 0002	赵一山预借差旅费	1,300.00	1,300.00	李冬					2020
2020-01-18	付 - 0003	支付广告费	10,000.00	10,000.00	李冬					2020

图3-24　出纳签字列表

（2）双击第一张要签字的凭证，打开凭证。单击【签字】按钮，完成本张凭证的签字。查看签字后的凭证，发现在凭证下边线出纳处显示"刘笑"，如图3-25所示。

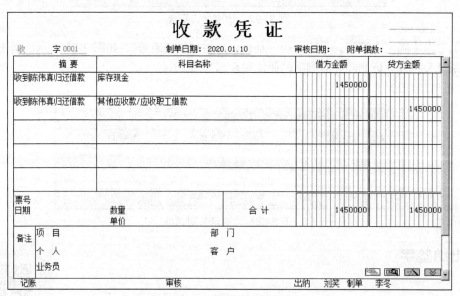

图3-25　单张凭证出纳签字

2. 成批签字

（1）单击工具栏上的【批处理】下拉按钮，在下拉列表中选择"成批出纳签字"，系统提示本次共有4张凭证成功进行了签字，如图3-26、图3-27所示。

（2）单击【确定】按钮，系统提示"是否重新刷新凭证列表数据"，单击【是】按钮，完成出纳签字。

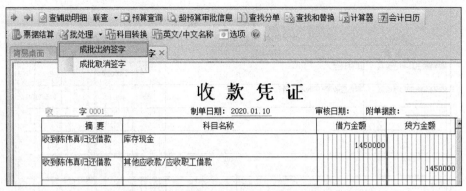

图 3-26　成批出纳签字

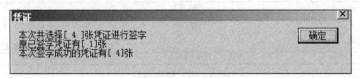

图 3-27　出纳签字成功提示

六、审核凭证

 必备知识

制单人员与审核人员不能为同一人。

凭证一经审核就不能被修改、删除，审核人员取消审核后才可以进行修改或删除。

作废凭证既不能被审核，也不能被标错；已标错的凭证不能被审核。

审核凭证

任务描述

1 月 20 日，对凭证进行审核。

任务处理

1. 单张审核

（1）以"W01 张婷"的身份登录企业应用平台，执行【总账】—【凭证】—【审核凭证】命令，打开"凭证审核"对话框。单击【确定】按钮，打开"凭证审核列表"界面，如图 3-28 所示。

制单日期	凭证编号	摘要	借方金额合计	贷方金额合计	制单人	审核人	系统名	备注	审核日期	年度
2020-01-10	收 - 0001	陈伟真归还借款	14,500.00	14,500.00	李冬					2020
2020-01-20	收 - 0002	收到外币投资	688,000.00	688,000.00	李冬					2020
2020-01-03	付 - 0001	缴纳增值税、城建税、…	98,747.10	98,747.10	李冬					2020
2020-01-15	付 - 0002	赵一山预借差旅费	1,300.00	1,300.00	李冬					2020
2020-01-18	付 - 0003	支付广告费	10,000.00	10,000.00	李冬					2020

图 3-28　凭证审核列表

（2）双击第一张要审核的凭证，打开凭证。单击【审核】按钮，完成本张凭证的审核。查看审核后的凭证，发现在凭证下边线审核处显示"张婷"，如图 3-29 所示。系统自动跳转到下一张待审核的凭证。

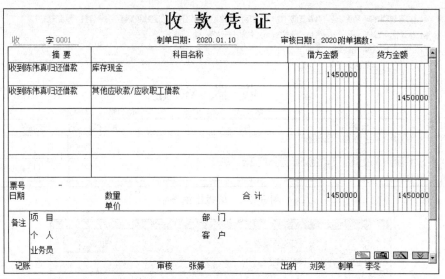

图 3-29　凭证审核

2. 成批审核

（1）单击工具栏上的【批处理】下拉按钮，在下拉列表中选择"成批审核凭证"，系统提示本次共有 4 张凭证成功进行了批量审核，如图 3-30、图 3-31 所示。

图 3-30　成批审核凭证

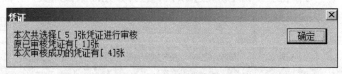

图 3-31　凭证审核成功提示

（2）单击【确定】按钮，系统提示"是否重新刷新凭证列表数据"，单击【是】按钮，完成审核。

七、凭证记账

必备知识

凭证记账的前提条件有两个：一是期初余额试算平衡，二是凭证已经审核。

凭证记账

任务描述

1月20日，对已审核凭证进行记账。

任务处理

（1）以"W02 李冬"的身份登录企业应用平台，执行【总账】—【凭证】—【记账】命令，打开"记账"对话框。单击【全选】按钮，如图 3-32 所示。

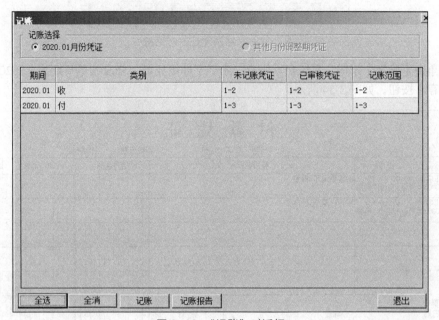

图 3-32　"记账"对话框

（2）单击【记账】按钮，系统打开"期初试算平衡表"对话框，显示试算平衡后，单击【确定】按钮，系统开始自动记账。记账完成后，系统提示"记账完毕！"，单击【确定】按钮，再单击【退出】按钮，退出"记账"对话框。

八、冲销凭证

必备知识

冲销凭证只能冲销已记账凭证。

系统生成的红字冲销凭证与普通凭证无差别，可以进行修改、删除等操作，需进行后续的出纳签字、审核、记账。

冲销凭证

任务描述

1月20日，冲销付款3号支付广告费凭证。

任务处理

（1）以"W02 李冬"的身份登录企业应用平台，执行【总账】—【凭证】—【填制凭证】命令，打开"填制凭证"界面。单击【冲销凭证】按钮，打开"冲销凭证"对话框，根据资料选择凭证类别、凭证号，如图 3-33 所示。

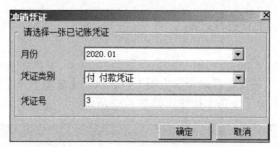

图 3-33　"冲销凭证"对话框

（2）单击【确定】按钮，系统自动生成一张红字冲销凭证，修改制单日期为"2020.01.20"，单击【保存】按钮，如图 3-34 所示。

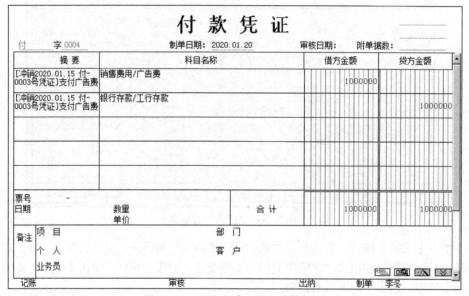

图 3-34　系统生成的红字冲销凭证

九、设置常用凭证

 必备知识

设置好常用凭证后，以后发生同类经济业务时可调用常用凭证，提高工作效率。

摘要（说明）和科目名称为必输项，会计科目可以是非末级科目；金额与辅助核算信息暂不输入，在调用常用凭证时根据实际情况输入。

常用凭证的设置与调用

任务描述

（1）设置"提现"的常用凭证：编码为"01"，说明为"提现"，凭证类别为"付 付款凭证"，科目编码为"1001""100201"。

（2）调用常用凭证：1 月 22 日，出纳人员刘笑以现金支票（票号为 235688）从工行提取现金 1 000 元。

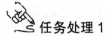

任务处理 1

（1）以"W02 李冬"的身份登录企业应用平台，执行【总账】—【凭证】—【常用凭证】命令，打开"常用凭证"对话框。单击【增加】按钮，根据资料录入编码、说明、凭证类别，如图3-35 所示。

图 3-35 "常用凭证"对话框

（2）单击【详细】按钮，打开"常用凭证—付款凭证"对话框，单击【增分】按钮，输入科目名称编码"1001"，再单击【增分】按钮，输入科目名称编码"100201"，按"Enter"键，打开"辅助信息"对话框，选择结算方式为"201 现金支票"，如图3-36 所示。单击【确定】按钮，退出该对话框。

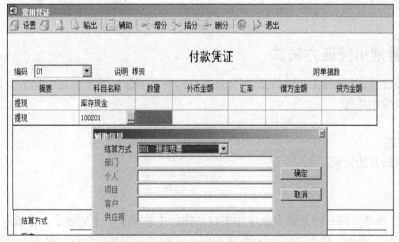

图 3-36 常用凭证设置

任务处理 2

（1）以"W02 李冬"的身份登录企业应用平台，执行【总账】—【凭证】—【填制凭证】命令，打开"填制凭证"界面。单击工具栏中的【常用凭证】下拉按钮，选择"调用常用凭证"，打开"调用常用凭证"对话框，输入常用凭证代号"01"，如图3-37 所示。单击【确定】按钮，系统将该常用凭证复制到"填制凭证"界面。

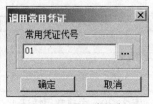

图 3-37 调用常用凭证

（2）根据资料，补充录入金额及辅助项，保存该凭证，如图 3-38 所示。

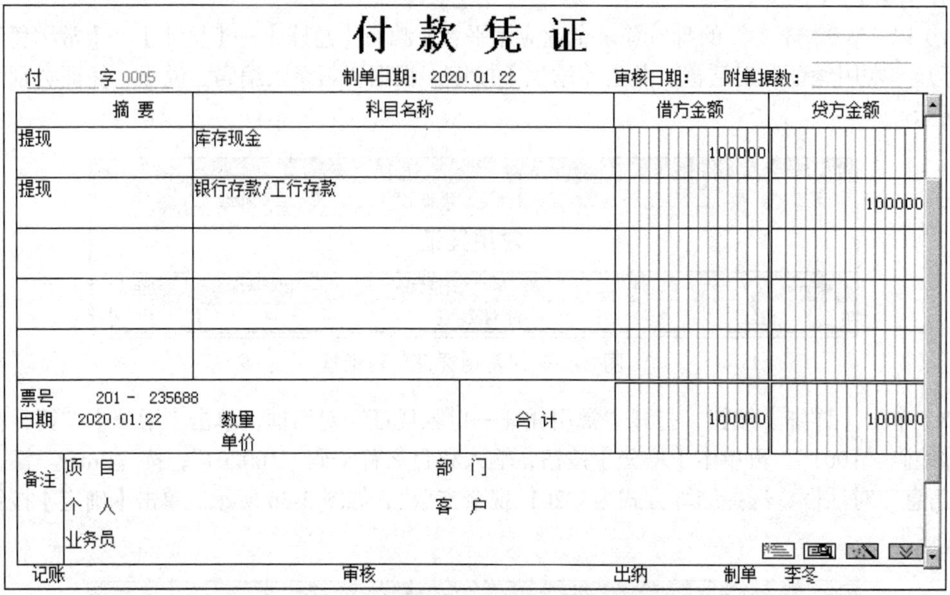

付 款 凭 证
付 字 0005
制单日期：2020.01.22
审核日期：
附单据数：
摘 要
科目名称
借方金额
贷方金额
提现
库存现金
100000
提现
银行存款/工行存款
100000
票号 201 - 235688
日期 2020.01.22
数量
单价
合 计
100000
100000
备注
项 目
部 门
个 人
客 户
业务员
记账
审核
出纳
制单 李冬

图 3–38　生成的常用凭证

补充：设置常用凭证方法二

如果在设置常用凭证前，填制的记账凭证里已经有需要制作常用凭证的经济业务，则可以用以下方法生成常用凭证。

任务描述

制作提现的常用凭证。

任务处理

以“W02 李冬”的身份登录企业应用平台，执行【总账】—【凭证】—【填制凭证】命令，打开“填制凭证”界面。单击➡按钮找到需要制作常用凭证的那张凭证，单击工具栏中的【常用凭证】下拉按钮，选择“生成常用凭证”，打开“常用凭证生成”对话框，录入代号、说明，单击【确认】按钮，成功生成常用凭证，如图 3-39、图 3-40 所示。

余额
查辅助明细
联查
预算查询
超预算审批信息
查找分单
查找和替换
显示空凭证号
流量
备查
作废/恢复
冲销凭证
整理凭证
常用凭证
成批录入
草稿
科目转换
简易桌面
填制凭证
调用常用凭证 F4
生成常用凭证
付 款 凭 证
付 字 0005
制单日期：2020.01.22
审核日期：
附单据数：
摘 要
科目名称
借方金额
贷方金额
提现
库存现金
100000
提现
银行存款/工行存款
100000

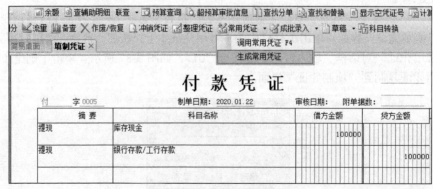

图 3–39　生成常用凭证 1

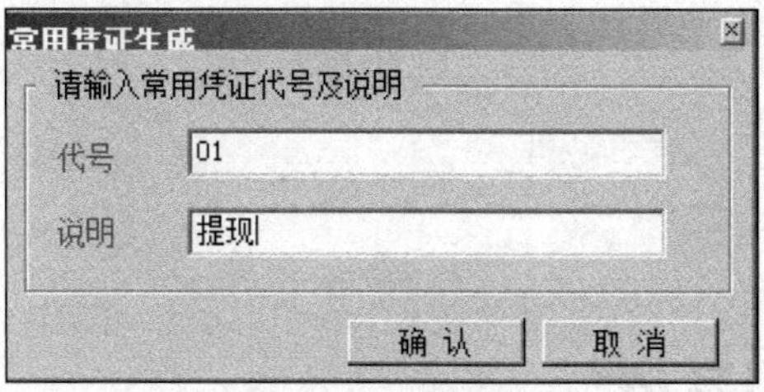

图 3-40　生成常用凭证 2

以后要填制提现业务凭证时，可以调用这张常用凭证，修改金额及辅助项即可。

项目四

薪资管理岗位操作

了解薪资管理岗位的基本职责和工作内容。

能进行薪资管理的日常业务处理。

能正确进行工资分摊及转账凭证生成。

能正确进行月末处理。

薪资管理岗位主要是从劳资部门输入有关工资的基础数据开始的，然后由财会部门核对输入的资料，根据有关部门提供的扣款通知单输入代扣资料，系统自动计算职工的实发工资、编制工资结算单及工资汇总表，安排工资的发放，月末对工资费用进行分摊，并将分摊结果自动生成凭证传递给总账系统。

本书仅介绍"在职人员"类别日常业务处理操作方法。"退休人员"类别的业务处理不作操作，感兴趣的同学可以参照"在职人员"业务处理方法自行操作。

任务一　日常业务处理

薪资管理岗位的日常业务处理包括录入工资基础数据、扣缴个人所得税、银行代发、工资分钱清单、工资费用分摊、生成工资分摊凭证、统计分析等。

一、录入工资基础数据

必备知识

工资基础数据相对比较固定，一般不需要经常变动。在初次使用系统时，需要将这些基础数据直接输入系统，输入后在一定期间保持固定不变，以后各期如果需要也可以稍加变动。工资基础数据录入在"工资变动"功能中完成。

"工资变动"功能在默认情况下只能由账套主管来执行，如果要指定其他人员来进行工资变动，可以由账套主管进行权限设置，指定某个操作员为工资类别主管。

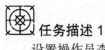

任务描述 1

设置操作员李冬为万兴发账套所有工资类别的"工资类别主管"。

设置工资类别主管

任务处理

（1）以账套主管"A01 王江"的身份登录企业应用平台，执行【系统服务】—【权限】—【数据权限分配】命令，打开"权限浏览"对话框。

（2）在用户中选中"李冬"，单击工具栏上的【授权】按钮，打开"记录权限设置"对话框，单击【业务对象】下拉按钮，在下拉列表中选择"工资权限"。

（3）单击【工资类别主管】下拉按钮，在下拉列表中选择"001 在职人员"，勾选"工资类别主管"复选框，如图 4-1 所示。

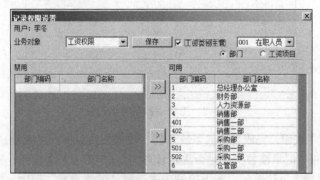

图 4-1　工资类别主管授权

（4）单击【保存】按钮，完成该工资类别的主管设置。

（5）使用同样方法设置其他工资类别的工资类别主管。

任务描述 2

2020 年 1 月 31 日，根据表 4-1，录入工资基础数据并计算本月职工工资。

录入工资基础数据

表 4-1　　　　　　　　　　　　　　工资基础数据　　　　　　　　　　　　　金额单位：元

时间单位：天

人员编号	姓名	部门	基本工资	奖金	加班天数	病假天数	事假天数	生活补助
001	李树根	总经理办公室	6 000	500		3		
002	刘依依	人力资源部	5 000	500	2			
003	王江	财务部	6 000	500				
004	李冬	财务部	6 000	500				
005	刘笑	财务部	5 000	500			1	
006	张婷	财务部	4 500	500				
007	赵一山	销售一部	6 000	500	5			
008	周华强	销售二部	5 000	500				
009	陈伟真	采购一部	6 000	500			2	
010	刘芳菲	采购二部	4 500	500				
011	梁亚东	仓管部	5 000	500	3			
012	黄健林	离退办						6 000

任务处理

（1）以操作员"W02 李冬"的身份登录企业应用平台，执行【业务工作】—【人力资源】—【薪资管理】—【工资类别】命令，打开"打开工资类别"对话框，选中"在职人员"工资类别，单击【确定】按钮。

（2）在"工资变动"界面中，单击工具栏中的【全选】按钮，单击【替换】按钮，打开"工资项数据替换"对话框。单击【将工资项目】下拉按钮，在下拉列表中选择"奖金"选项，在【替换成】栏中输入"500"，如图 4-2 所示。

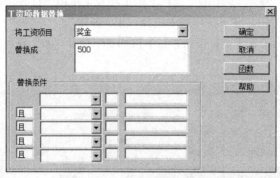

图 4-2　工资项数据替换设置

（3）单击【确定】按钮，完成替换。系统询问"数据替换后将不可恢复，是否继续？"，单击【是】按钮。系统询问"记录被替换，是否重新计算？"，单击【是】按钮，完成奖金数据录入。

（4）单击【过滤器】下拉按钮，在下拉列表中选择"过滤设置"选项，打开"项目过滤"对话框，在【工资项目】列表中选择需要输入数据的项目，如"基本工资""加班天数""病假天数""事假天数"，单击 > 按钮，将它们移到【已选项目】列表，如图 4-3 所示。

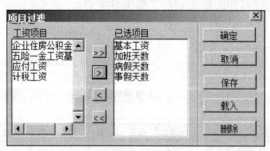

图 4-3　项目过滤设置

（5）单击【确定】按钮，根据资料直接录入工资数据，结果如图 4-4 所示。

（6）录入完毕，单击工具栏中的【计算】和【汇总】按钮，部分数据如图 4-5 所示。

注意

　　如果是对某个职工的工资数据进行变动，可以通过"页编辑""数据过滤""定位"功能将其数据从系统中调出，以加快操作。当然，也可以直接在工资变动表中修改。
　　如果重新设置了工资项目计算公式，重新进行了扣税设置或者修改了工资数据，则要重新进行计算和汇总。

选择	工号	人员编号	姓名	部门	人员类别	基本工资	加班天数	病假天数	事假天数
		001	李树根	总经理办公室	管理人员	6,000.00		3.00	
		003	王江	财务部	管理人员	6,000.00			
		004	李冬	财务部	管理人员	6,000.00			
		005	刘笑	财务部	管理人员	5,000.00			1.00
		006	张婷	财务部	管理人员	4,500.00			
		002	刘依依	人力资源部	管理人员	5,000.00	2.00		
		007	赵一山	销售一部	销售人员	6,000.00	5.00		
		008	周华强	销售二部	销售人员	5,000.00			
		009	陈伟真	采购一部	采购人员	6,000.00			2.00
		010	刘芳菲	采购二部	采购人员	4,500.00			
		011	梁亚东	仓管部	管理人员	5,000.00	3.00		
合计						59,000.00	10.00	3.00	3.00

图 4-4 工资数据录入

图 工资变动

员编	姓名	部门	人员类别	应发合计	扣款合计	实发合计	代扣税	基本工资	岗位工资	奖金	交通补贴	加班津贴	病假扣款
001	李树根	总经理	管理人员	7,800.00	1,772.46	6,020.00	31.78	6,000.00	1,000.00	500.00	300.00		818.18
003	王江	财务部	管理人员	7,800.00	978.83	6,820.00	56.33	6,000.00	1,000.00	500.00	300.00		
004	李冬	财务部	管理人员	7,800.00	978.83	6,820.00	56.33	6,000.00	1,000.00	500.00	300.00		
005	刘笑	财务部	管理人员	6,800.00	1,169.28	5,630.00	19.51	5,000.00	1,000.00	500.00	300.00		
006	张婷	财务部	管理人员	6,300.00	933.83	5,360.00	11.33	4,500.00	1,000.00	500.00	300.00		
002	刘依依	人力资	管理人员	6,900.00	951.83	5,940.00	29.33	5,000.00	1,000.00	500.00	300.00	100.00	
007	赵一山	销售一	销售人员	7,750.00	977.33	6,770.00	54.83	6,000.00	800.00	500.00	200.00	250.00	
008	周华强	销售二	销售人员	6,500.00	939.83	5,560.00	17.33	5,000.00	800.00	500.00	200.00		
009	陈伟真	采购一	采购人员	7,300.00	1,492.91	5,800.00	24.96	6,000.00	600.00	500.00	200.00		
010	刘芳菲	采购二	采购人员	5,800.00	922.50	4,870.00			4,500.00	600.00	500.00	200.00	
011	梁亚东	仓管部	管理人员	6,950.00	953.33	5,990.00	30.83	5,000.00	1,000.00	500.00	300.00	150.00	
				77,700.00	12,070.96	65,580.00	332.56	59,000.00	9,800.00	,500.00	2,900.00	500.00	818.18

图 4-5 工资计算结果数据

二、扣缴个人所得税

 必备知识

根据个人所得税法律制度规定，工资薪金所得实行按月计征，次月 15 日内上缴国库。

 任务描述

查询本月万兴发"在职人员"扣缴个人所得税报表。

 任务处理

（1）执行【业务工作】—【人力资源】—【薪资管理】—【业务处理】—【扣缴所得税】命令，打开"个人所得税申报模板"对话框，选择"扣缴个人所得税报表"，如图 4-6 所示。

（2）单击【打开】按钮，打开"所得税申报"窗口，单击【确定】按钮，打开"系统扣缴个人所得税报表"界面。

查询个人所得税扣缴

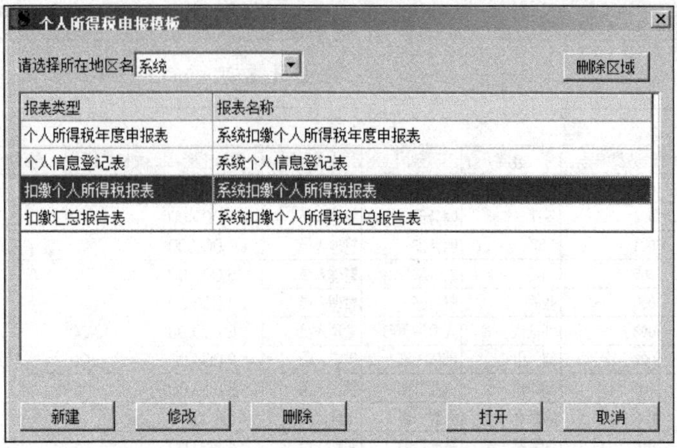

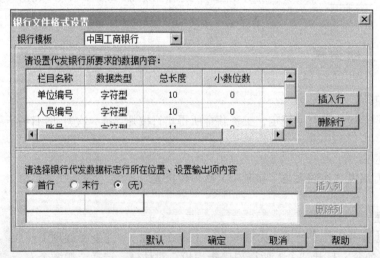

图 4-6　个人所得税申报模板

三、银行代发

必备知识

现金发放人员不进行银行代发。

任务描述

查询本月万兴发银行代发一览表。

查询银行代发

任务处理

（1）执行【业务工作】—【人力资源】—【薪资管理】—【业务处理】—【银行代发】命令，打开"请选择部门范围"窗口，选中所有部门，单击【确定】按钮，打开"银行文件格式设置"对话框，在【银行模板】下拉列表中选择"中国工商银行"，如图 4-7 所示。

图 4-7　银行文件格式设置

（2）单击【确定】按钮，系统询问"确认设置的银行文件格式？"，单击【是】按钮，打开"银行代发"界面，如图 4-8 所示。

简易桌面 | 银行代发 ×

银行代发一览表

名称：中国工商银行

单位编号	人员编号	账号	金额	录入日期
1234934325	001	20026665441	6020.00	20200103
1234934325	002	20026665442	5940.00	20200103
1234934325	003	20026665443	6820.00	20200103
1234934325	004	20026665444	6820.00	20200103
1234934325	005	20026665445	5630.00	20200103
1234934325	006	20026665446	5360.00	20200103
1234934325	007	20026665447	6770.00	20200103
1234934325	008	20026665448	5560.00	20200103
1234934325	009	20026665449	5800.00	20200103
1234934325	010	20026665450	4870.00	20200103
1234934325	011	20026665451	5990.00	20200103
合计			65,580.00	

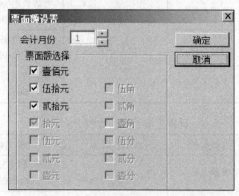

图 4-8　银行代发一览表

四、工资分钱清单

必备知识

当企业采用现金发放工资时使用工资分钱清单功能。

任务描述

查询本月工资分钱清单。

查看工资分钱清单

任务处理

（1）执行【业务工作】—【人力资源】—【薪资管理】—【业务处理】—【工资分钱清单】命令，打开“工资分钱清单”界面，弹出“票面额设置”对话框，如图 4-9 所示。

图 4-9　“票面额设置”对话框

（2）单击【确定】按钮，打开“工资分钱清单”界面，分别单击【部门分钱清单】【人员分钱清单】和【工资发放取款单】页签进行查看，如图 4-10 所示。

工号	人员编号	人员姓名	壹佰元	伍拾元	贰拾元	拾元	金额合计
	001	李树根	60			1	6020.00
	003	王江	68			1	6820.00
	004	李冬	68			1	6820.00
	005	刘笑	56		1	1	5630.00
	006	张婷	53	1		1	5360.00
	002	刘依依	59		2		5940.00
	007	赵一山	67	1	1		6770.00
	008	周华强	55	1		1	5560.00
	009	陈伟真	58				5800.00
	010	刘芳菲	48	1	1		4870.00
	011	梁亚东	59	1	2		5990.00
票面合计数			651	5	10	3	
金额合计数			65100.00	250.00	200.00	30.00	65580.00

图 4-10 人员分钱清单

五、工资费用分摊

 必备知识

每到月末，企业要对工资费用在部门之间进行分配。在工资费用分配之前，需要根据企业的业务规则进行合理的工资费用分摊构成设置，以便将发生的工资费用按照人员的所属部门、人员类别等合理地分配计入不同的费用类会计科目中。

工资费用分摊

 任务描述

根据表4-2～表4-7，设置万兴发工资费用分摊方案。

"在职人员"工资费用分摊方案如表4-2～表4-6所示。

表 4-2　　　　　　　　　　　　　计提工资（比例100%）

部门	人员类别	工资项目	借方科目	贷方科目
总经理办公室、人力资源部、财务部、仓管部	管理人员		管理费用/职工薪酬（660201）	应付职工薪酬/工资（221101）
销售一部、销售二部	销售人员	应付工资	销售费用/职工薪酬（660102）	应付职工薪酬/工资（221101）
采购一部、采购二部	采购人员		管理费用/职工薪酬（660201）	应付职工薪酬/工资（221101）

表 4-3　　　　　　　　　　　　　计提工会经费（比例2%）

部门	人员类别	工资项目	借方科目	贷方科目
总经理办公室、人力资源部、财务部、仓管部	管理人员		管理费用/工会经费（660209）	
销售一部、销售二部	销售人员	应付工资	销售费用/工会经费（660106）	应付职工薪酬/工会经费（221104）
采购一部、采购二部	采购人员		管理费用/工会经费（660209）	

表 4-4 代扣个人所得税

部门	人员类别	工资项目	借方科目	贷方科目
总经理办公室、人力资源部、财务部、仓管部	管理人员	代扣税	应付职工薪酬/工资（221101）	应交税费/应交个人所得税（222104）
销售一部、销售二部	销售人员			
采购一部、采购二部	采购人员			

表 4-5 代扣个人负担的三险一金

部门	人员类别	工资项目	借方科目	贷方科目
总经理办公室、人力资源部、财务部、仓管部	管理人员	个人医疗保险	应付职工薪酬/工资（221101）	其他应付款/代扣医疗保险（224101）
销售一部、销售二部	销售人员			
采购一部、采购二部	采购人员			
总经理办公室、人力资源部、财务部、仓管部	管理人员	个人养老保险	应付职工薪酬/工资（221101）	其他应付款/代扣养老保险（224102）
销售一部、销售二部	销售人员			
采购一部、采购二部	采购人员			
总经理办公室、人力资源部、财务部、仓管部	管理人员	个人失业保险	应付职工薪酬/工资（221101）	其他应付款/代扣失业保险（224103）
销售一部、销售二部	销售人员			
采购一部、采购二部	采购人员			
总经理办公室、人力资源部、财务部、仓管部	管理人员	个人住房公积金	应付职工薪酬/工资（221101）	其他应付款/代扣住房公积金（224104）
销售一部、销售二部	销售人员			
采购一部、采购二部	采购人员			

表 4-6 计提企业负担的五险一金

部门	人员类别	工资项目	借方科目	贷方科目
总经理办公室、人力资源部、财务部、仓管部	管理人员	企业医疗保险	管理费用/职工薪酬（660201）	应付职工薪酬/社会保险费/基本医疗保险（22110301）
销售一部、销售二部	销售人员		销售费用/职工薪酬（660102）	
采购一部、采购二部	采购人员		管理费用/职工薪酬（660201）	
总经理办公室、人力资源部、财务部、仓管部	管理人员	企业养老保险	管理费用/职工薪酬（660201）	应付职工薪酬/社会保险费/基本养老保险（22110302）
销售一部、销售二部	销售人员		销售费用/职工薪酬（660102）	
采购一部、采购二部	采购人员		管理费用/职工薪酬（660201）	
总经理办公室、人力资源部、财务部、仓管部	管理人员	企业失业保险	管理费用/职工薪酬（660201）	应付职工薪酬/社会保险费/失业保险（22110303）
销售一部、销售二部	销售人员		销售费用/职工薪酬（660102）	
采购一部、采购二部	采购人员		管理费用/职工薪酬（660201）	

04

续表

部门	人员类别	分摊方案名称	借方科目	贷方科目
总经理办公室、人力资源部、财务部、仓管部	管理人员		管理费用/职工薪酬（660201）	
销售一部、销售二部	销售人员	企业工伤保险	销售费用/职工薪酬（660102）	应付职工薪酬/社会保险费/工伤保险（22110304）
采购一部、采购二部	采购人员		管理费用/职工薪酬（660201）	
总经理办公室、人力资源部、财务部、仓管部	管理人员		管理费用/职工薪酬（660201）	
销售一部、销售二部	销售人员	企业生育保险	销售费用/职工薪酬（660102）	应付职工薪酬/社会保险费/生育保险（22110305）
采购一部、采购二部	采购人员		管理费用/职工薪酬（660201）	
总经理办公室、人力资源部、财务部、仓管部	管理人员		管理费用/职工薪酬（660201）	
销售一部、销售二部	销售人员	企业住房公积金	销售费用/职工薪酬（660102）	应付职工薪酬/住房公积金（221106）
采购一部、采购二部	采购人员		管理费用/职工薪酬（660201）	

"退休人员"工资费用分摊方案如表4-7所示。

表4-7　　　　　　　　　　计提工资（比例100%）

部门	人员类别	工资项目	借方科目	贷方科目
离退办	退休人员	生活补助	管理费用/职工薪酬（660201）	应付职工薪酬/工资（221101）

任务处理

（1）打开"在职人员"工资类别，执行【业务工作】—【人力资源】—【薪资管理】—【业务处理】—【工资分摊】命令，打开"工资分摊"对话框，如图4-11所示。

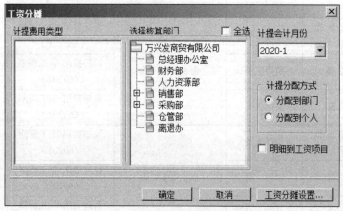

图4-11　"工资分摊"对话框

（2）单击 工资分摊设置... 按钮，打开"分摊类型设置"对话框，单击【增加】按钮，打开"分摊计提比例设置"对话框，在【计提类型名称】栏中输入"计提工资"，设置【分摊计提比例】为"100%"，如图 4-12 所示。

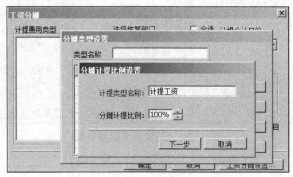

图 4-12　分摊类型设置

（3）单击【下一步】按钮，打开"分摊构成设置"对话框，单击第一行，依次将表中的数据录入分摊构成设置表，如图 4-13 所示。单击【完成】按钮，返回"分摊类型设置"对话框。

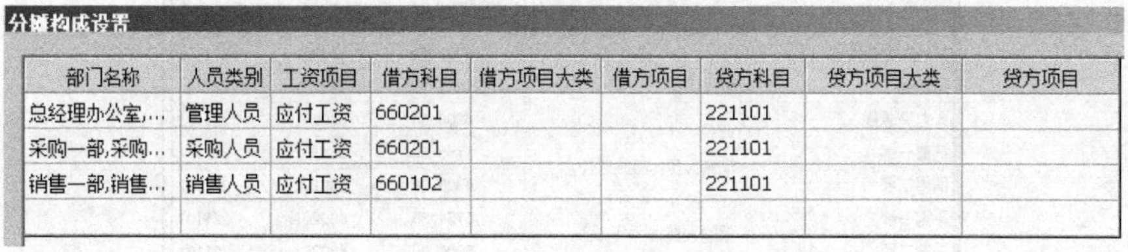

部门名称	人员类别	工资项目	借方科目	借方项目大类	借方项目	贷方科目	贷方项目大类	贷方项目
总经理办公室,...	管理人员	应付工资	660201			221101		
采购一部,采购...	采购人员	应付工资	660201			221101		
销售一部,销售...	销售人员	应付工资	660102			221101		

图 4-13　分摊构成设置

（4）按照上述方法，完成"计提工会经费""代扣个人所得税""代扣个人负担的三险一金""计提企业负担的五险一金"的工资分摊设置。

六、生成工资分摊凭证

 必备知识

生成凭证时一定要勾选"明细到工资项目"复选框，否则制单界面带不出科目。

生成工资分摊凭证

 任务描述

根据设置的工资分摊方案，逐个生成记账凭证。

 任务处理

（1）打开"在职人员"工资类别，执行【业务工作】—【人力资源】—【薪资管理】—【业务处理】—【工资分摊】命令，打开"工资分摊"对话框。

（2）在【计提费用类型】列表中勾选"计提工资"等 5 个方案，在【选择核算部门】列表中选择要分摊的部门，勾选"明细到工资项目"复选框，如图 4-14 所示。

（3）单击【确定】按钮，打开"工资分摊明细"界面，勾选"合并科目相同、辅助项相同的分录"复选框，如图 4-15 所示。

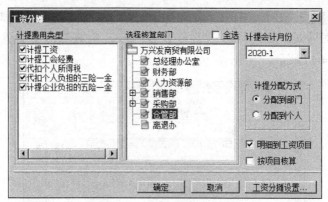

图 4-14　工资分摊选择方案

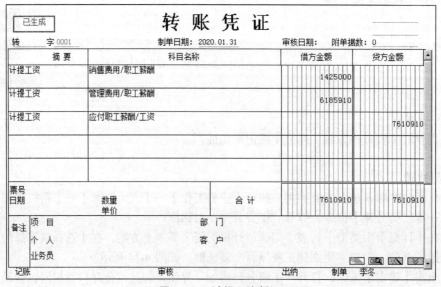

图 4-15　计提工资一览表

（4）单击【制单】按钮，生成"在职人员"计提应付工资的凭证。将凭证设为转账凭证。单击【保存】按钮，凭证出现"已生成"字样，如图 4-16 所示。

转 账 凭 证			
摘　要	科目名称	借方金额	贷方金额
计提工资	销售费用/职工薪酬	1425000	
计提工资	管理费用/职工薪酬	6185910	
计提工资	应付职工薪酬/工资		7610910
	合 计	7610910	7610910

转　字 0001　　制单日期：2020.01.31　　审核日期：　附单据数：0

记账　　审核　　出纳　　制单　李冬

图 4-16　计提工资凭证

（5）关闭"填制凭证"界面，返回"工资分摊明细"界面。在【类型】下拉列表中选择下一个要生成凭证的方案，按照上述方法，生成其他工资分摊方案的记账凭证，结果如图 4-17～图 4-20 所示。

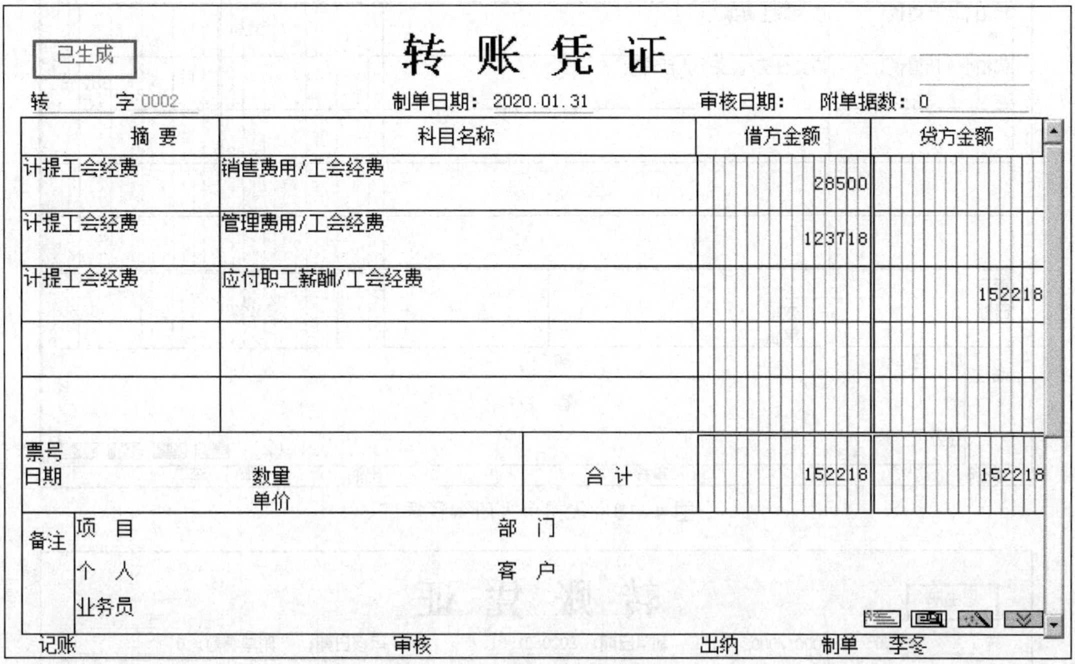

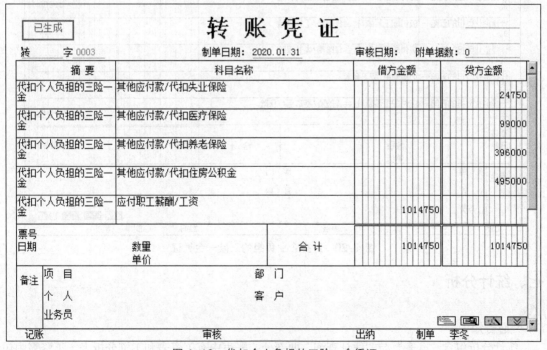

图 4-17 计提工会经费凭证

图 4-18 代扣个人负担的三险一金凭证

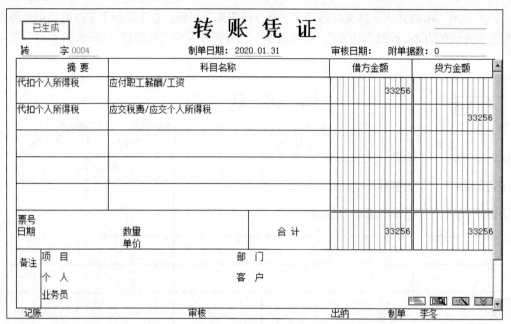

图 4-19　代扣个人所得税凭证

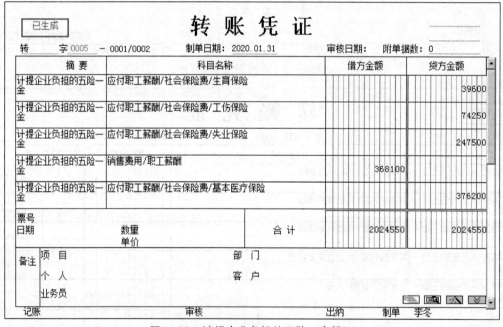

图 4-20　计提企业负担的五险一金凭证

七、统计分析

必备知识

统计分析包含"账表"与"凭证查询"两部分。账表中有工资表和工资分析表。工资表中包含部门工资汇总表、部门条件汇总表、多类别工资表、工资变动汇总表、工资变动明细表、工资发放签名表、工资发放条、工资卡、人员类别汇总表、条件明细表、条件统计表。工资分析表中包含部门工资项目构成分析表、分部门各月工资构成分析表、分类统计表（按部门）、分类统计表（按月）、工资项目分析（按部门）、工资增长情况、员工工资汇总表、员工工资项目统计表。

 任务描述

查询本月工资发放条和已生成的记账凭证。

查询工资条和凭证

 任务处理

（1）执行【业务工作】—【人力资源】—【薪资管理】—【统计分析】—【账表】—【工资表】命令，打开"工资表"窗口。

（2）单击【工资发放条】，单击【查看】按钮，打开"请选择若干部门"窗口，选择所有部门，单击【确定】按钮，打开"工资发放条"窗口，如图4-21所示。

工资发放条

2020 年 01 月

部门 全部　　会计月份 一月　　人数：

人员编	姓名	基本工资	岗位工资	奖金	交通补贴	加班津贴	病假扣款	事假扣款	个人养老保险	个人医疗保险	个人失业保险	个人住房公积金
001	李树根	6,000.00	1,000.00	500.00	300.00		818.18		360.00	90.00	22.50	450.00
003	王江	6,000.00	1,000.00	500.00	300.00				360.00	90.00	22.50	450.00
004	李冬	6,000.00	1,000.00	500.00	300.00				360.00	90.00	22.50	450.00
005	刘笑	5,000.00	1,000.00	500.00	300.00			227.27	360.00	90.00	22.50	450.00
006	张婷	4,500.00	1,000.00	500.00	300.00				360.00	90.00	22.50	450.00
002	刘依依	5,000.00	1,000.00	500.00	300.00	100.00			360.00	90.00	22.50	450.00
007	赵一山	6,000.00	800.00	500.00	200.00	250.00			360.00	90.00	22.50	450.00
008	周华强	5,000.00	800.00	500.00	200.00				360.00	90.00	22.50	450.00
009	陈伟真	6,000.00	600.00	500.00	200.00			545.45	360.00	90.00	22.50	450.00
010	刘芳菲	4,500.00	600.00	500.00	200.00				360.00	90.00	22.50	450.00
011	梁亚东	5,000.00	1,000.00	500.00	300.00	150.00			360.00	90.00	22.50	450.00
合		59,000.00	9,800.00	5,500.00	2,900.00	500.00	818.18	772.72	3,960.00	990.00	247.50	4,950.00

图4-21　工资发放条部分数据

（3）执行【统计分析】—【凭证查询】命令，打开"凭证查询"窗口，如图4-22所示。

业务日期	业务类型	业务号	制单人	凭证日期	凭证号	标志
2020-01-31	计提工资	1	李冬	2020-01-31	转-1	未审核
2020-01-31	计提工会经费	2	李冬	2020-01-31	转-2	未审核
2020-01-31	代扣个人所得税	3	李冬	2020-01-31	转-4	未审核
2020-01-31	代扣个人负担的三险一金	4	李冬	2020-01-31	转-3	未审核
2020-01-31	计提企业负担的五险一金	5	李冬	2020-01-31	转-5	未审核

图4-22　凭证查询列表

任务二　月末处理

 必备知识

薪资管理系统结账，是指在每月工资数据处理完毕后，将当月的数据处理后结转至下月。如果薪资管理系统采用多工资类别核算，即存在多个子工资账套时，月末处理要针对每一个工资类别子账套分别进行月末结账。

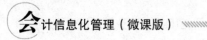

任务描述

2020 年 1 月 31 日，进行薪资管理系统月末结账。

任务处理

（1）执行【业务工作】—【人力资源】—【薪资管理】—【工资类别】命令，打开"打开工资类别"对话框，选中"在职人员"工资类别，单击【确定】按钮。

（2）执行【薪资管理】—【业务处理】—【月末处理】命令，打开"月末处理"对话框。单击【确定】按钮，系统询问"月末处理之后，本月工资将不允许变动！继续月末处理吗？"，如图 4-23 所示。

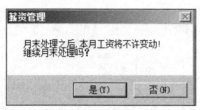

图 4-23　月末处理提示

（3）单击【是】按钮，系统询问"是否选择清零项？"，单击【是】按钮，打开"选择清零项目"对话框，将"奖金""加班津贴""病假扣款""事假扣款""加班天数""病假天数""事假天数"移到清零框内，如图 4-24 所示。

（4）单击【确定】按钮，系统提示"月末处理完毕！"，单击【确定】按钮，如图 4-25 所示。

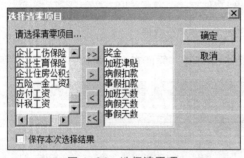

图 4-24　选择清零项

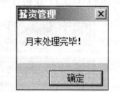

图 4-25　月末处理完毕提示

（5）重复上述步骤，完成其他工资类别工资账套月末结账工作。

注意

清零项目是指工资项目中有些项目的数据每月均不同，在月末处理时需要将此项数据清零，第二个月再输入新的数据。清零后的项目在下个会计期无数据。月末结账时一般保留工资项目中相对稳定的项目数据，如基本工资，以减少下个会计期的数据输入量。

月末结账处理后，如果发现还有业务需要返回结账月进行处理，则需利用反结账功能取消月末结账。

项目五

固定资产管理岗位操作

了解固定资产管理岗位的基本职责和工作内容。

能正确进行固定资产的日常业务处理。

能正确进行固定资产的月末处理。

固定资产管理岗位主要是完成企业固定资产日常业务的核算和管理。固定资产管理岗位工作主要进行固定资产的日常业务处理和固定资产的月末处理。

任务一　日常业务处理

一、固定资产增加

必备知识

固定资产增加是指企业通过购进或其他方式增加的资产，在用友 U8 中，该部分增加的固定资产通过资产增加功能录入固定资产管理系统。

任务描述

2020 年 1 月 10 日，购入一台复印机，发票上注明原值为 5 000 元，增值税进项税额为 650 元。已交付总经理办公室使用。固定资产编号为 022103，预计使用年限为 5 年，净残值率为 4%，折旧方法采用平均年限法（一）。

任务处理

（1）以操作员"W02 李冬"的身份登录企业应用平台。执行【业务工作】—【财务会计】—【固定资产】—【卡片】—【资产增加】命令，系统打开"固定资产类别档案"窗口。

（2）选择需要增加的固定资产类别"电子及通信设备"及"022 非经营用"，如图 5-1 所示。单击【确定】按钮，打开"固定资产卡片"界面。

（3）在"固定资产卡片"界面中，依次输入固定资产编号、固定资产名称、使用部门、增加方式、使用状况、原值、增值税等信息，如图 5-2 所示。

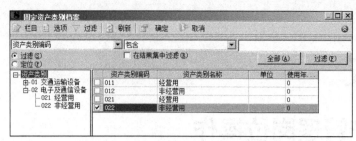

图 5-1　固定资产类别选择

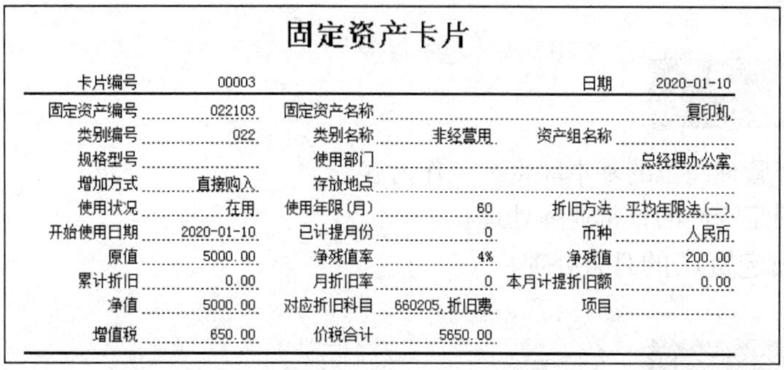

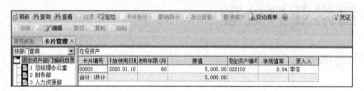

图 5-2　固定资产卡片设置

（4）单击【保存】按钮保存录入的数据，关闭退出"固定资产卡片"界面。

（5）双击【卡片管理】选项卡，系统打开对话框，单击【确定】按钮，单击"在役资产"下新增的卡片行，激活工具栏上的【凭证】按钮，如图 5-3 所示。

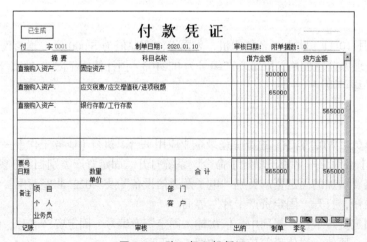

图 5-3　激活【凭证】按钮

（6）单击【凭证】按钮，生成该卡片的记账凭证。选择凭证字为"付"，单击【保存】按钮，结果如图 5-4 所示。

图 5-4　购入复印机凭证

> **注意**
>
> 如果该资产增加业务在发生时没有制单，可以在"批量制单"中进行制单。

二、固定资产变动

 必备知识

固定资产变动

固定资产变动，主要包括固定资产在使用过程中所发生的原值增加、原值减少、部门转移、使用状况变动、折旧方法调整、累计折旧调整、使用年限调整、工作总量调整、净残值（率）调整以及类别调整等内容。

凡涉及金额变动的均需生成凭证，包括原值增加、原值减少、累计折旧调整、计提减值准备、转回减值准备等。

 任务描述

2020 年 1 月 10 日，将销售业务一部的计算机（资产编号：022411）调拨到人力资源部。

 任务处理

（1）以操作员"W02 李冬"的身份登录企业应用平台。执行【业务工作】—【财务会计】—【固定资产】—【卡片】—【变动单】—【部门转移】命令，打开"固定资产变动单"界面。

（2）在【资产编号】栏中输入"022411"，双击【变动后部门】按钮，选择"人力资源部"，在【变动原因】栏中输入"调拨"，如图 5-5 所示，单击【保存】按钮。

固定资产变动单

— 部门转移 —

变动单编号	00001		变动日期	2020-01-10
卡片编号	00010	资产编号　022411	开始使用日期	2019-11-01
资产名称		计算机	规格型号	
变动前部门		销售一部　变动后部门		人力资源部
存放地点		新存放地点		
变动原因				调拨

图 5-5　固定资产部门转移

三、计提折旧

 必备知识

计提折旧

折旧计提，是指在固定资产使用过程中，由于固定资产的价值减少而逐渐转移到成本费用中。系统每月计提一次折旧，根据录入的资料自动计提每项资产的折旧，生成折旧分配表。

固定资产管理系统在一个期间内可多次计提折旧，每次计提折旧后，只将计提的折旧额累加到月初的累计折旧，不会重复累计。

任务描述

2020 年 1 月 31 日，计提本月固定资产折旧（凭证在批量制单中完成）。

任务处理

（1）以操作员"W02 李冬"的身份登录企业应用平台。执行【业务工作】—【财务会计】—【固定资产】—【处理】—【计提本月折旧】命令，系统询问"是否要查看折旧清单？"。

（2）单击【否】按钮，系统询问"本操作将计提本月折旧，并花费一定时间，是否要继续？"。

（3）单击【是】按钮，系统提示"计提折旧完成！"，单击"确定"按钮，完成计提折旧，如图 5-6 所示。

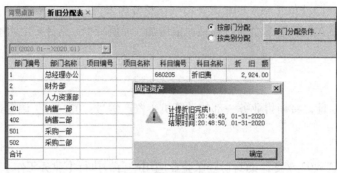

图 5-6　计提折旧

四、固定资产减少

必备知识

固定资产减少

固定资产减少的原因，主要有出售、报废、盘亏、毁损等。在减少固定资产时，要先进行计提折旧。

已减少资产的卡片可以在"卡片管理"界面中的【已减少资产】列表中查看。

已减少的资产可以在资产减少的当月恢复（以后期间不可恢复）。在"卡片管理"界面中的【已减少资产】列表中，选中要恢复的资产，单击工具栏上的【撤销减少】按钮，即可恢复该资产。如果资产减少已生成凭证，必须删除凭证后才能恢复。

任务描述

2020 年 1 月 10 日，采购一部将资产编号为"022511"的计算机捐赠给希望小学。该计算机市场售价为 3 000 元，增值税税率为 13%（凭证在批量制单中完成）。

任务处理

（1）以操作员"W02 李冬"的身份登录企业应用平台。执行【业务工作】—【财务会计】—【固定资产】—【卡片】—【资产减少】命令，打开"资产减少"界面。

（2）【资产编号】栏参照选择"022511"，单击【增加】按钮，【减少方式】选择"捐赠转出"，在【增值税】栏中输入"390"，在【清理原因】栏中输入"捐赠给希望小学"，如图 5-7 所示。

（3）单击【确定】按钮，系统提示"所选卡片已经减少成功！"，单击【确定】按钮，返回企业应用平台。

图 5-7 资产减少

五、计提减值准备

 任务描述

2020 年 1 月 31 日，对资产编号为"022102"的打印机计提 500 元减值准备。

 任务处理

（1）以操作员"W02 李冬"的身份登录企业应用平台。执行【业务工作】—【财务会计】—【固定资产】—【卡片】—【变动单】—【计提减值准备】命令，打开"固定资产变动单"界面，在【资产编号】栏中输入"022102"，在【减值准备金额】栏中输入"500.00"，在【变动原因】栏中输入"资产减值"，单击【保存】按钮，如图 5-8 所示。

固定资产变动单

－计提减值准备－

变动单编号	00002			变动日期	2020-01-31
卡片编号	00007	资产编号	022102	开始使用日期	2019-11-01
资产名称			打印机	规格型号	
减值准备金额	500.00	币种	人民币	汇率	1
原值	3000.00	累计折旧			60.00
累计减值准备金额	500.00	累计转回准备金额			0.00
可回收市值	2440.00				
变动原因					资产减值

图 5-8 计提减值准备

（2）单击工具栏上的【凭证】按钮，生成凭证，手工调整后保存，结果如图 5-9 所示。

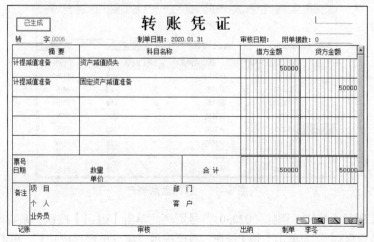

图 5-9 计提减值准备凭证

六、固定资产盘点

固定资产盘点

任务描述

2020 年 1 月 31 日，对资产进行盘点，发现资产编号为"022301"的计算机丢失。经查是人力资源部刘依依保管不当造成的，经批准，由其赔偿损失（凭证在批量制单中完成）。

任务处理

（1）以操作员"W02 李冬"的身份登录企业应用平台。执行【业务工作】—【财务会计】—【固定资产】—【卡片】—【资产盘点】命令，打开"资产盘点"界面。

（2）单击【增加】按钮，打开"新增盘点单—数据录入"窗口。单击【范围】按钮，打开"盘点范围设置"对话框。在【资产类别】栏中选择"电子及通信设备"下的"非经营用[022]"，如图 5-10 所示。

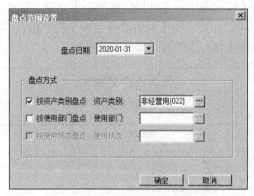

图 5-10　盘点范围设置

（3）单击【确定】按钮，返回"新增盘点单—数据录入"窗口。双击固定资产编号为"022301"号资产的【选择】栏，如图 5-11 所示。

图 5-11　选择盘点资产

（4）单击【删行】按钮，删除"022301"号资产。单击【退出】按钮，系统询问"本盘点单数据已变更，是否保存？"，单击【是】按钮，系统提示"盘点单保存成功！"，单击【确定】按钮，完成资产盘点，如图 5-12 所示。

简易桌面
资产盘点
盘点单
[2020-01-31]00001
[2020-01-31]00001
盘点日期 盘点编号 盘点范围 录入人
2020-01-31 00001 类别(022) 李冬

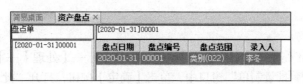

图 5-12　盘点单

（5）执行【卡片】—【盘点盈亏确认】命令，打开“盘盈盘亏确认”界面，双击固定资产编号为“022301”号资产的【选择】栏，在【审核】栏中选择“同意”，在【处理意见】栏中输入“由人力资源部刘依依赔偿”，如图 5-13 所示。单击【保存】按钮，系统提示“保存成功!”，单击【确定】按钮。

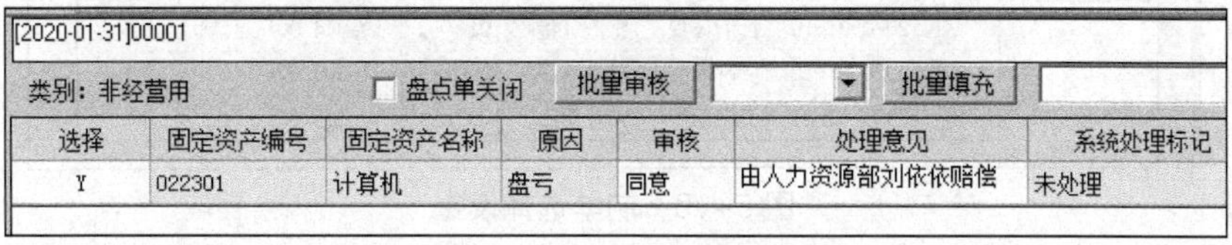

[2020-01-31]00001
类别：非经营用
盘点单关闭
批量审核
批量填充
选择 固定资产编号 固定资产名称 原因 审核 处理意见 系统处理标记
Y 022301 计算机 盘亏 同意 由人力资源部刘依依赔偿 未处理

图 5-13　盘盈盘亏确认

（6）执行【卡片】—【资产盘亏】命令，打开“资产盘亏”界面，双击固定资产编号为“022301”号资产的【选择】栏，如图 5-14 所示。

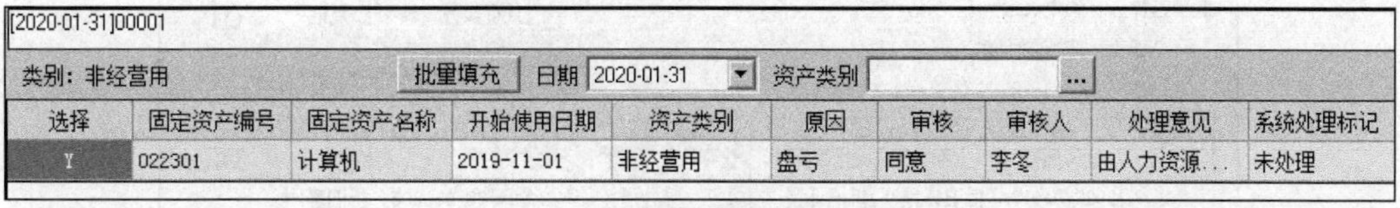

[2020-01-31]00001
类别：非经营用
批量填充
日期 2020-01-31
资产类别
选择 固定资产编号 固定资产名称 开始使用日期 资产类别 原因 审核 审核人 处理意见 系统处理标记
Y 022301 计算机 2019-11-01 非经营用 盘亏 同意 李冬 由人力资源... 未处理

图 5-14　资产盘亏

（7）单击工具栏中的【盘亏处理】按钮，打开“资产减少”界面，在【清理原因】栏中输入“资产盘亏”，如图 5-15 所示。单击【确定】按钮，系统提示“所选卡片已经减少成功!”，单击【确定】按钮。

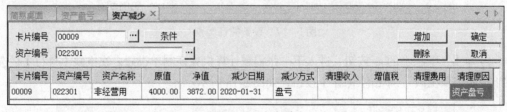

简易桌面
资产盘亏
资产减少
卡片编号 00009
条件
资产编号 022301
增加
确定
删除
取消
卡片编号 资产编号 资产名称 原值 净值 减少日期 减少方式 清理收入 增值税 清理费用 清理原因
00009 022301 非经营用 4000.00 3872.00 2020-01-31 盘亏 资产盘亏

图 5-15　资产减少

七、批量制单

批量制单

必备知识

批量制单，是指需要制单的业务完成后，在当时不制单，而在某一时间（如月底）批量完成制单。

任务描述

2020 年 1 月 31 日，对未生成凭证的业务进行批量制单操作。

任务处理

（1）执行【业务工作】—【财务会计】—【固定资产】—【处理】—【批量制单】命令，在打开的"查询条件选择-批量制单"窗口中，单击【确定】按钮，打开"批量制单"界面。

（2）单击工具栏中的【全选】按钮，则所有记录的制单标记项均打上"Y"字符，表示对全部记录进行制单，如图 5-16 所示。

简易桌面	批量制单 ×						
制单选择	制单设置				凭证类别	收 收款凭证 ▼	
已用合并号	序号	业务日期	业务类型	业务描述	业务号	发生额	合并号	选择
	1	2020-01-10	折旧计提	折旧计提	01	19,344.00		Y
	2	2020-01-10	资产减少	减少资产	00013	4,390.00		Y
	3	2020-01-31	资产减少	减少资产	00010	4,000.00		Y

图 5-16 制单选择设置

（3）单击【制单设置】页签，打开"制单设置"界面，单击【凭证类别】下拉按钮，在下拉列表中选择"转 转账凭证"，单击【保存】按钮，如图 5-17 所示。

简易桌面	批量制单 ×						
制单选择	制单设置				凭证类别	转 转账凭证 ▼	合
☑ 方向相同时合并分录						☑ 方向相反时合并分录	
☑ 借方合并			☑ 贷方合并				
序号	业务日期:	业务类型	业务描述	业务号	方向	发生额	科目	部门核算
1	2020-01-10	折旧计提	折旧计提	01	借	2,924.00	660205 折旧费	
2	2020-01-10	折旧计提	折旧计提	01	借	2,864.00	660205 折旧费	
3	2020-01-10	折旧计提	折旧计提	01	借	128.00	660205 折旧费	
4	2020-01-10	折旧计提	折旧计提	01	借	2,000.00	660103 折旧费	
5	2020-01-10	折旧计提	折旧计提	01	借	2,064.00	660103 折旧费	
6	2020-01-10	折旧计提	折旧计提	01	借	5,664.00	660205 折旧费	
7	2020-01-10	折旧计提	折旧计提	01	借	3,700.00	660205 折旧费	
8	2020-01-10	折旧计提	折旧计提	01	贷	19,344.00	1602 累计折旧	

图 5-17 设置凭证类别

（4）单击工具栏上的 ⇨ 按钮，进入下一张捐赠计算机凭证制单设置。在空缺【科目】栏选择"22210106 销项税额"，单击【保存】按钮，如图 5-18 所示。

简易桌面	批量制单 ×						
制单选择	制单设置				凭证类别	转 转账凭证 ▼	
☑ 方向相同时合并分录						☑ 方向相反时合并分录	
☑ 借方合并			☑ 贷方合并				
序号	业务日期	业务类型	业务描述	业务号	方向	发生额	科目
1	2020-01-10	资产减少	减少资产	00013	借	128.00	1602 累计折旧
2	2020-01-10	资产减少	减少资产	00013	借	3,872.00	1606 固定资产清理
3	2020-01-10	资产减少	减少资产	00013	贷	4,000.00	1601 固定资产
4	2020-01-10	资产减少	减少资产	00013	借	390.00	1606 固定资产清理
5	2020-01-10	资产减少	减少资产	00013	贷	390.00	22210106 销项税额 …

图 5-18 捐赠制单设置

05

（5）单击工具栏上的 ➡ 按钮，进入下一张资产盘点凭证制单设置。将"1606 固定资产清理"改为"190101 待处理固定资产损溢"，单击【保存】按钮，如图 5-19 所示。

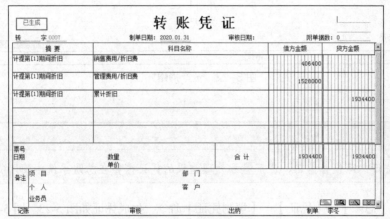

图 5-19　资产盘点制单设置

（6）单击【凭证】按钮，系统打开"填制凭证"对话框，选择生成凭证的凭证类别，填入各分录的摘要内容。单击【保存】按钮，凭证左上角显示"已生成"字样，结果如图 5-20 所示。

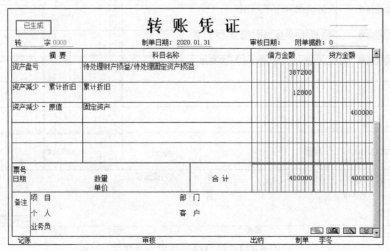

图 5-20　计提折旧凭证

（7）单击工具栏上的 ➡ 按钮，生成下一张凭证，可以调整摘要内容。结果如图 5-21、图 5-22 所示。

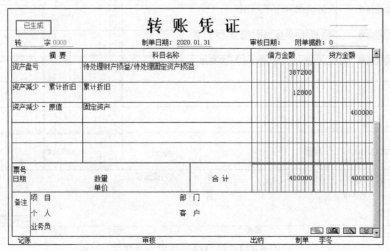

图 5-21　资产盘点未处理前凭证

图 5-22 资产捐赠凭证

注意

对捐赠资产的净损益结转、资产盘亏处理结果的凭证需要在总账系统中填制凭证。

（8）执行【总账】—【凭证】—【填制凭证】命令，生成凭证如图 5-23、图 5-24 所示。

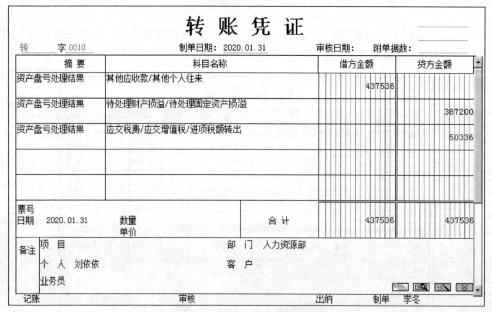

图 5-23 资产盘亏结果处理凭证

图 5-24　资产捐赠净损益结转凭证

八、与总账系统对账

 任务描述

2020 年 1 月 31 日，将固定资产管理系统与总账系统进行对账。

 任务处理

（1）执行【业务工作】—【财务会计】—【固定资产】—【处理】—【对账】命令，打开"与账务对账结果"对话框，提示对账结果不平衡，如图 5-25 所示。

图 5-25　对账结果不平衡提示

（2）以"W03 刘笑"的身份登录企业应用平台，对固定资产管理系统生成的所有凭证进行出纳签字。

（3）以"W01 张婷"的身份登录企业应用平台，对固定资产管理系统生成的所有凭证进行审核。

（4）以"W02 李冬"的身份登录企业应用平台，对固定资产管理系统生成的所有凭证进行记账。

（5）再次进行对账，结果如图 5-26 所示。

图 5-26　对账结果平衡提示

任务二　月末处理

 必备知识

核算单位需要每月月末进行一次结账，结账后当期的数据将不能修改。若想修改，要恢复月末结账前状态，即反结账。

反结账时，执行【处理】—【恢复月末结账前状态】命令即可。

月末结账

任务描述

2020 年 1 月 31 日，进行固定资产管理系统月末结账。

 任务处理

（1）执行【业务工作】—【财务会计】—【固定资产】—【处理】—【月末结账】命令，打开"月末结账…"对话框，如图 5-27 所示。

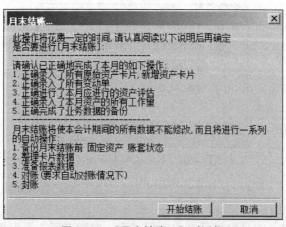

图 5-27　"月末结账…"对话框

（2）单击【开始结账】按钮，系统进行结账工作。打开"与账务对账结果"对话框，单击【确定】按钮，系统提示"月末结账成功完成！"信息，如图 5-28 所示。

图 5-28　结账完成

（3）单击【确定】按钮，系统打开提示对话框，如图 5-29 所示，单击【确定】按钮。

图 5-29　系统提示

项目六

采购管理岗位操作

学习目标 ↓

能正确进行应付单据的填制、审核与制单处理。

能正确进行付款单的填制、审核与制单处理。

能正确进行应付票据处理。

能正确进行核销处理。

岗位简介 ↓

采购管理岗位工作主要由采购人员完成，出纳人员辅助完成付款工作，制单人员辅助完成生成凭证工作。

采购人员的主要工作包括开发新的供应商，进行供应商资料的维护与更改，加强供应商资源管理，及时制订采购计划，并根据采购计划订货，完成采购业务的处理，包括采购发票、其他应付单据的填制与审核等；出纳人员主要负责付款单据的填制、审核；制单人员负责凭证生成工作。

任务一　日常业务处理

一、应付单据填制

应付单据填制

 必备知识

应付单据包括采购发票与其他应付单。采购发票是供应商开出的销售货物的发票，用户根据采购发票确认采购成本，进行记账和付款核销。除采购发票外，其他涉及"应付账款"科目的业务可考虑使用其他应付单。

任务描述

（1）2020年1月5日，采购部陈伟真向湖南 TK 集团采购洗发水 2 000 瓶，单价为 40 元，采购沐浴露 1 000 瓶，单价为 50 元，增值税税率为 13%，取得增值税专用发票，票号为 53266890。

（2）2020年1月7日，采购部刘芳菲向广东 GS 集团采购润肤霜 1 000 瓶，单价为 60 元；采购洁面乳 1 500 瓶，单价为 30 元，增值税税率为 13%，取得增值税专用发票，票号为 53266875。同时发生运输费 300 元，增值税税率为 9%，取得增值税专用发票，票号为 26508875。

（3）2020年1月8日，采购部刘芳菲向无锡 NH 集团采购润肤霜 500 瓶，单价为 55 元，增值税税率为 13%，取得增值税专用发票，票号为 45266875。

任务处理

（1）2020 年 1 月 5 日，以操作员"G01 陈伟真"的身份登录企业应用平台。执行【业务工作】—【财务会计】—【应付款管理】—【应付单据处理】—【应付单录入】命令，打开"单据类别"对话框。单击【确定】按钮，打开"采购发票"界面。

（2）单击【增加】按钮，根据资料录入发票号、供应商、税率、业务员、数量、原币单价等信息，录入完毕单击【保存】按钮，如图 6-1 所示。

图 6-1　采购专用发票设置

（3）按照上述方法录入其他采购发票和运费发票（注意运费发票税率为 9%）。

二、负向应付单据填制

 必备知识

在采购过程中，如果发生退货、销售折让等情况，需要填制红字（负向）应付单据。

负向应付单据填制

06

 任务描述

2020 年 1 月 10 日，发现本月 5 日从湖南 TK 集团采购的洗发水中有 50 瓶出现质量问题，经双方协商，将货物退给对方，当天收到对方开具的红字增值税专用发票，票号为 53266895。

 任务处理

（1）2020 年 1 月 10 日，以操作员"G01 陈伟真"的身份登录企业应用平台。执行【业务工作】—【财务会计】—【应付款管理】—【应付单据处理】—【应付单录入】命令，打开"单据类别"对话框。在【方向】下拉列表中选择"负向"，如图 6-2 所示。单击【确定】按钮，打开"采购发票"界面。

图 6-2　单据类别选择

（2）单击【增加】按钮，根据资料录入红字采购专用发票，如图6-3所示。

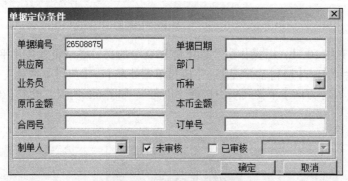

图6-3　红字采购专用发票录入

三、应付单据修改

必备知识

若发现应付单据错误，可以进行修改。已经做过后续处理（审核、制单、核销、转账等）的单据不能直接修改，要取消所做的处理后才能进行修改。

应付单据修改

任务描述

2020年1月15日，发现本月向广东GS集团采购润肤霜票号为26508875的运费发票填制错误，运输费应为400元。

任务处理

（1）2020年1月15日，以操作员"G01陈伟真"的身份登录企业应用平台。执行【业务工作】—【财务会计】—【应付款管理】—【应付单据处理】—【应付单据录入】命令，打开"单据类别"对话框。单击【确定】按钮，打开"采购发票"界面。单击【定位】按钮，打开"单据定位条件"对话框，输入单据编号"26508875"，如图6-4所示。

图6-4　单据定位条件设置

（2）单击【确定】按钮，找到该发票，单击【修改】按钮，将原币金额改为400元，保存该发票（也可以通过 ← → 按钮找到该单据）。

四、应付单据删除

应付单据删除

 必备知识

已经做过后续处理（审核、制单、核销、转账等）的单据不能直接删除，要在取消所做的处理后才能进行删除。

 任务描述

2020 年 1 月 15 日，发现本月向无锡 NH 集团采购润肤霜的票号为 45266875 的采购发票填制错误，需做删除处理。

任务处理

（1）2020 年 1 月 15 日，以操作员"G01 陈伟真"的身份登录企业应用平台。执行【业务工作】—【财务会计】—【应付款管理】—【应付单据处理】—【应付单据录入】命令，打开"单据类别"对话框。单击【确定】按钮，打开"采购发票"界面。

（2）单击【定位】按钮，打开"单据定位条件"对话框，输入单据编号"45266875"。单击【确定】按钮，找到该发票，单击【删除】按钮，系统询问"单据删除后不能恢复，是否继续？"，如图 6-5 所示。单击【是】按钮，删除该发票。

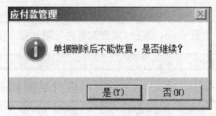

图 6-5 是否删除单据提示

06

五、应付单据审核

应付单据审核

 必备知识

应付单据审核有 3 个含义：确认应付账款、检查单据录入是否正确、对应付单据记账。应付单据的后续处理都是在单据已经审核的基础上进行的。

已经做过后续处理的单据不能进行弃审。

 任务描述

2020 年 1 月 15 日，审核本月应付单据。

任务处理

（1）2020 年 1 月 15 日，以操作员"G01 陈伟真"的身份登录企业应用平台。执行【业务工作】—【财务会计】—【应付款管理】—【应付单据处理】—【应付单据审核】命令，打开"应付单查询条件"对话框，如图 6-6 所示。

（2）单击【确定】按钮，打开"单据处理"界面，显示应付单据列表，单击【全选】按钮，每张单据最左侧的【选择】栏中显示"Y"字符，表示单据被选中，如图 6-7 所示。

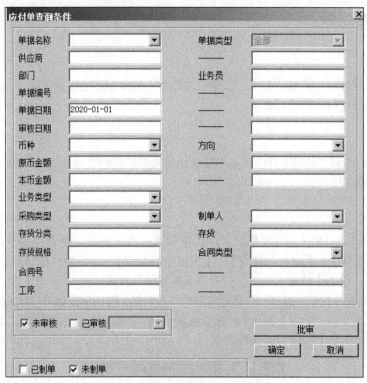

图 6-6　"应付单查询条件"对话框

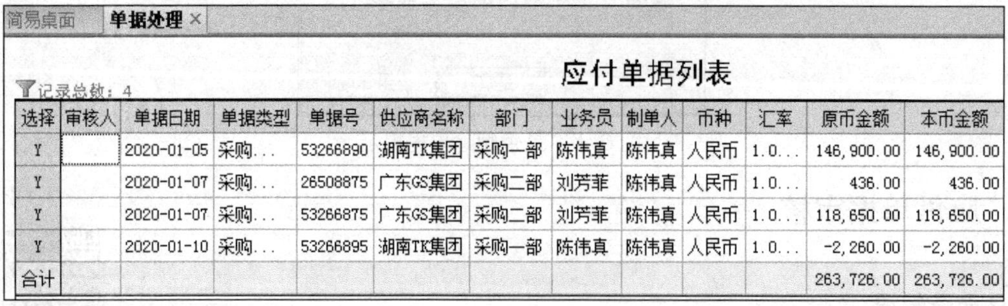

		应付单据列表									
记录总数：4

选择	审核人	单据日期	单据类型	单据号	供应商名称	部门	业务员	制单人	币种	汇率	原币金额	本币金额
Y		2020-01-05	采购...	53266890	湖南TK集团	采购一部	陈伟真	陈伟真	人民币	1.0...	146,900.00	146,900.00
Y		2020-01-07	采购...	26508875	广东GS集团	采购二部	刘芳菲	陈伟真	人民币	1.0...	436.00	436.00
Y		2020-01-07	采购...	53266875	广东GS集团	采购二部	刘芳菲	陈伟真	人民币	1.0...	118,650.00	118,650.00
Y		2020-01-10	采购...	53266895	湖南TK集团	采购一部	陈伟真	陈伟真	人民币	1.0...	-2,260.00	-2,260.00
合计											263,726.00	263,726.00

图 6-7　应付单据列表

（3）单击【审核】按钮，打开图 6-8 所示的对话框。

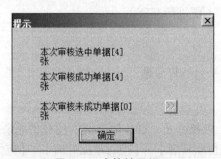

图 6-8　审核结果提示

（4）单击【确定】按钮，每张单据左侧的【审核人】栏中显示"陈伟真"，完成审核，如图 6-9 所示。

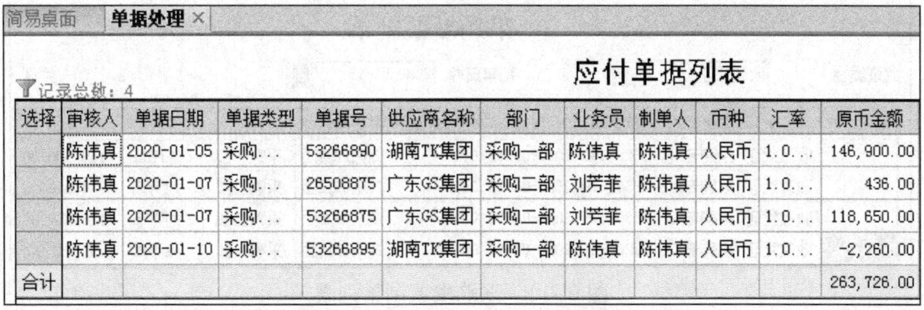

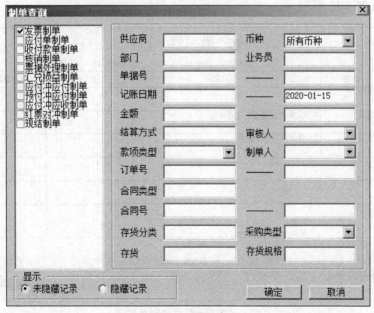

图 6-9 审核后的应付单据列表

六、应付单据制单

 必备知识

应付单据审核后进行制单处理。根据实际情况可以合并制单。

应付单据制单

任务描述

2020 年 1 月 15 日，对本月 7 日广东 GS 集团的采购发票进行制单。

 任务处理

（1）2020 年 1 月 15 日，以操作员"W02 李冬"的身份登录企业应用平台。执行【业务工作】—【财务会计】—【应付款管理】—【制单处理】命令，打开"制单查询"对话框，勾选"发票制单"复选框，如图 6-10 所示。

图 6-10 制单查询

（2）单击【确定】按钮，打开"制单"界面，显示采购发票制单列表，如图 6-11 所示。

06

图 6-11　采购发票制单列表

（3）在【凭证类别】下拉列表中选择"转账凭证"（也可以在凭证中修改），在需要制单的单据【选择标志】栏中先双击再按"Enter"键，选中要制单的单据，系统自动生成数字序号，如图 6-12 所示。

图 6-12　制单选择标志

（4）单击【制单】按钮，打开"填制凭证"界面，单击【保存】按钮，保存当前凭证并传递到总账系统，如图 6-13 所示。

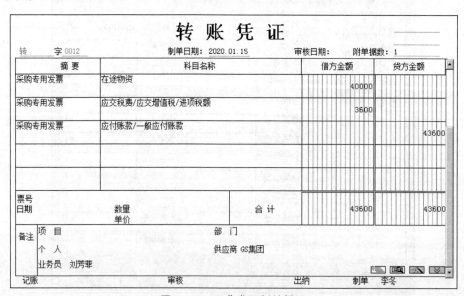

图 6-13　运费发票制单凭证

（5）单击 ➡ 按钮进入下一张凭证，单击【保存】按钮，如图 6-14 所示。

图 6-14　采购发票制单凭证

七、红票对冲与合并制单

红票对冲与合并制单

 必备知识

　　红票对冲是用某供应商的红字发票与其蓝字发票进行冲抵,分为手工对冲与自动对冲两种方式。对冲金额不能大于红票金额。

任务描述

　　(1) 2020 年 1 月 15 日,对本月湖南 TK 集团的退货业务进行红票对冲。

　　(2) 对湖南 TK 集团的采购业务与红票对冲业务进行合并制单。

任务处理 1

　　(1) 2020 年 1 月 15 日,以操作员"G01 陈伟真"的身份登录企业应用平台。执行【业务工作】—【财务会计】—【应付款管理】—【转账】—【红票对冲】—【手工对冲】命令,打开"红票对冲条件"窗口,在【通用】选项卡中,供应商选择"002-湖南 TK 集团",如图 6-15 所示。

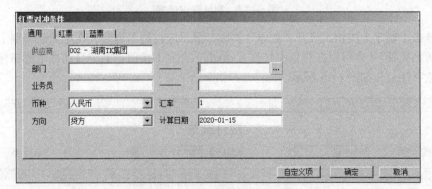

图 6-15　红票对冲条件设置

　　(2) 单击【确定】按钮,打开"红票对冲"界面,在下方采购发票的【对冲金额】栏中输入上方红字对冲金额,如图 6-16 所示。

单据日期	单据类型	单据编号	供应商	币种	原币金额	原币余额	对冲金额
2020-01-10	采购专...	53266895	TK集团	人民币	2,260.00	2,260.00	2,260.00
合计					2,260.00	2,260.00	2,260.00

单据日期	单据类型	单据编号	供应商	币种	原币金额	原币余额	对冲金额
2020-01-05	采购专...	53266890	TK集团	人民币	146,900.00	146,900.00	2,260.00
合计					146,900.00	146,900.00	2,260.00

图 6-16　红票对冲

（3）单击【保存】按钮，系统询问"是否立即制单？"，单击【否】按钮，完成红票对冲。

任务处理 2

（1）2020 年 1 月 15 日，以操作员"W02 李冬"的身份登录企业应用平台。执行【业务工作】—【财务会计】—【应付款管理】—【制单处理】命令，打开"制单查询"对话框，勾选"发票制单""红票对冲制单"复选框，如图 6-17 所示。

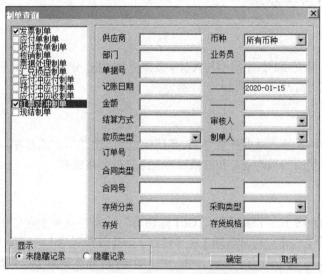

图 6-17　制单查询选择

（2）单击【确定】按钮，打开"制单"界面，显示应付制单列表，在【凭证类别】下拉列表中选择"转账凭证"（也可以在凭证中修改），单击【合并】按钮，系统自动在【选择标志】栏中生成相同数字序号，如图 6-18 所示。

应付制单

凭证类别 转账凭证　　　制单日期 2020-01-15　　　　　　共 3 条

选择标志	凭证类别	单据类型	单据号	日期	供应商编码	供应商名称	部门	业务员	金额
1	转账凭证	采购专...	53266890	2020-01-15	002	湖南TK集团	采购一部	陈伟真	146,900.00
1	转账凭证	采购专...	53266895	2020-01-15	002	湖南TK集团	采购一部	陈伟真	-2,260.00
1	转账凭证	红票对冲	53266895	2020-01-15	002	湖南TK集团	采购一部	陈伟真	2,260.00

图 6-18　制单标志选择

（3）单击【制单】按钮，打开"填制凭证"界面，单击【保存】按钮，保存当前凭证并传递到总账系统，如图 6-19 所示。

转 账 凭 证

转 字 0014		制单日期：2020.01.15	审核日期：	附单据数：3	
摘 要	科目名称		借方金额	贷方金额	
采购专用发票	在途物资		12800000		
采购专用发票	应交税费/应交增值税/进项税额		1664000		
红票对冲	应付账款/一般应付账款			14464000	
票号 日期	数量 单价	合 计	14464000	14464000	
备注 项 目 个 人 业务员 陈伟真		部 门 供应商 TK集团			
记账	审核	出纳		制单 李冬	

图 6-19 采购发票与红票对冲合并制单

付款单据录入与审核

八、付款单据录入与审核

必备知识

付款单据处理的基本流程是"付款单填制→付款单审核→核销→制单"。

任务描述

（1）2020 年 1 月 20 日，经采购部刘芳菲申请，以转账支票（票号为 20128866）支付上月 NH 集团货物税款 40 680 元。

（2）2020 年 1 月 20 日，以汇兑方式（票号为 32158866）支付本月 TK 集团欠款 144 640 元。

（3）2020 年 1 月 20 日，经采购部陈伟真申请，以转账支票（票号为 20128870）预付广东 GS 集团货款 20 000 元。

任务处理 1

（1）2020 年 1 月 20 日，以操作员"W03 刘笑"的身份登录企业应用平台。执行【业务工作】—【财务会计】—【应付款管理】—【付款单据处理】—【付款单录入】命令，打开"收付款单录入"界面。

（2）单击【增加】按钮，根据资料在表头录入日期、供应商、结算方式、金额、票据号、业务员等信息，双击表体【款项类型】栏，系统自动弹出"应付款"，单击【保存】按钮，如图 6-20 所示。

（3）单击【审核】按钮，完成该单据的审核。系统询问"是否立即制单？"，如图 6-21 所示，单击【否】按钮。

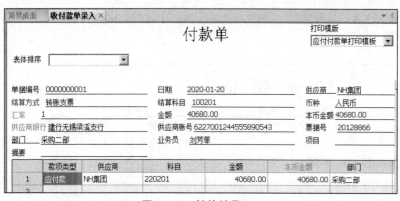

图 6-20　付款单录入　　　　　　　图 6-21　付款单制单提示

（4）以同样的方法录入 TK 集团付款单。

任务处理 2

（1）2020 年 1 月 20 日，以操作员"W03 刘笑"的身份登录企业应用平台。执行【业务工作】—【财务会计】—【应付款管理】—【付款单据处理】—【付款单据录入】命令，打开"收付款单录入"界面。

（2）单击【增加】按钮，根据资料在表头录入日期、供应商、结算方式、金额、票据号、业务员等信息，双击表体【款项类型】栏，系统自动弹出"预付款"，单击【保存】按钮，如图 6-22 所示。

预付款单录入

图 6-22　预付单录入

（3）单击【审核】按钮，完成该单据的审核。系统询问"是否立即制单？"，单击【否】按钮。

九、核销处理

必备知识

应付系统核销处理是将付款单与应付单相关联，冲减应付账款。

若付款单数额等于原有应付单据数额，则付款单与应付单完全核销。

若付款单数额大于原有应付单据数额，则付款单一部分核销原有应付单，另一部分形成预付款。

核销处理

若付款单数额小于原有应付单据数额，则原有应付单得到部分核销。

任务描述

2020 年 1 月 20 日，对 NH 集团、TK 集团的业务进行核销处理。

任务处理

（1）2020 年 1 月 20 日，以操作员"G01 陈伟真"的身份登录企业应用平台。执行【业务工作】—【财务会计】—【应付款管理】—【核销处理】—【手工核销】命令，打开"核销条件"对话框，在【通用】选项卡中，在【供应商】下拉列表中选择"003-无锡 NH 集团"，如图 6-23 所示。

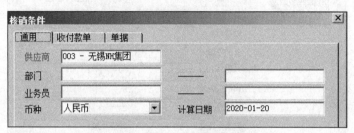

图 6-23　核销条件

（2）单击【确定】按钮，打开"单据核销"界面。在下方采购发票的【本次结算】栏中输入上方付款单结算金额"40 680.00"，如图 6-24 所示。单击【保存】按钮，完成核销。

单据日期	单据类型	单据编号	供应商	款项类型	结算方式	币种	汇率	原币金额	原币余额	本次结算	订单号
2020-01-20	付款单	0000000001	NH集团	应付款	转账支票	人民币	1.0...	40,680.00	40,680.00	40,680.00	
合计								40,680.00	40,680.00	40,680.00	

单据日期	单据类型	单据编号	到期日	供应商	币种	原币金额	原币余额	可享受折扣	本次折扣	本次结算
2019-12-10	采购专...	23566601	2019-12-10	NH集团	人民币	40,680.00	40,680.00	0.00	0.00	40,680.00
合计						40,680.00	40,680.00	0.00		40,680.00

图 6-24　单据核销

（3）以同样的方法完成 TK 集团业务核销。

十、付款单、核销制单处理

必备知识

核销双方的入账科目不同时需要进行核销制单；未勾选"核销生成凭证"复选框，即使核销双方入账科目不相同也不制单。

"付款单"与"核销"一般进行合并制单处理。

付款单、核销制单处理

任务描述

2020 年 1 月 20 日，对本月付款核销业务进行制单处理（付款单与核销合并制单）。

06

任务处理

（1）2020 年 1 月 20 日，以操作员"W02 李冬"的身份登录企业应用平台。执行【业务工作】—【财务会计】—【应付款管理】—【制单处理】命令，打开"制单查询"对话框，勾选"收付款单制单""核销制单"复选框，如图 6-25 所示。

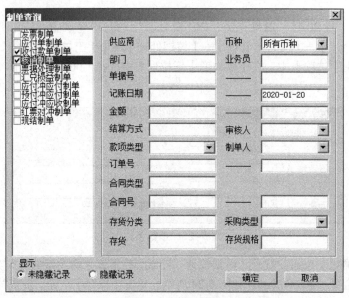

图 6-25 制单查询

（2）单击【确定】按钮，打开"制单"界面，显示应付制单列表，在【凭证类别】下拉列表中选择"付款凭证"（也可以在凭证中修改），单击【全选】按钮，系统自动在【选择标志】栏中生成数字序号。将 NH 集团的核销单据选择标志改为"1"，将 TK 集团的核销单据选择标志改为"2"，如图 6-26 所示。【选择标志】栏中数字相同的凭证，表示这几张合并制单。

图 6-26 制单选择

（3）单击【制单】按钮，打开"填制凭证"界面，单击【保存】按钮，保存当前凭证，如图 6-27 所示。

（4）单击 ➡ 按钮进入下一张凭证，将【摘要】栏中的"红票对冲"改为"核销"，单击【保存】按钮，如图 6-28 所示。

（5）使用同样方法生成下一张凭证，如图 6-29 所示。

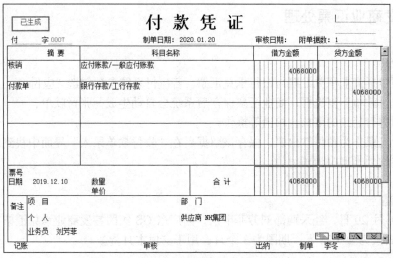

已生成

付 款 凭 证

付　字 0007　　制单日期：2020.01.20　　审核日期：　　附单据数：1

摘要	科目名称	借方金额	贷方金额
核销	应付账款/一般应付账款	4068000	
付款单	银行存款/工行存款		4068000
票号 日期 2019.12.10　数量 单价	合计	4068000	4068000

备注　项目　　部门
个人　　供应商 NH集团
业务员 刘芳菲

记账　　审核　　出纳　　制单 李冬

图 6-27　NH 集团付款单制单

付 款 凭 证

付　字 0008　　制单日期：2020.01.20　　审核日期：　　附单据数：1

摘要	科目名称	借方金额	贷方金额
核销	应付账款/一般应付账款	14464000	
付款单	银行存款/工行存款		14464000
票号 日期 2020.01.05　数量 单价	合计	14464000	14464000

备注　项目　　部门
个人　　供应商 TK集团
业务员 陈伟真

记账　　审核　　出纳　　制单 李冬

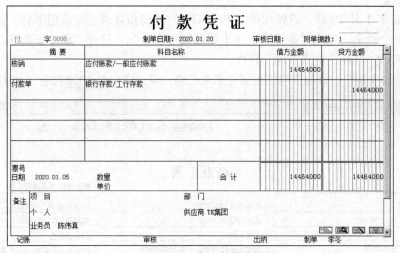

图 6-28　TK 集团付款单制单

付 款 凭 证

付　字 0009　　制单日期：2020.01.20　　审核日期：　　附单据数：1

摘要	科目名称	借方金额	贷方金额
付款单	预付账款	2000000	
付款单	银行存款/工行存款		2000000
票号 日期　数量 单价	合计	2000000	2000000

备注　项目　　部门
个人　　供应商 GS集团
业务员 陈伟真

记账　　审核　　出纳　　制单 李冬

图 6-29　GS 集团预付款单制单

十一、签发商业汇票处理

必备知识

商业汇票包括商业承兑汇票与银行承兑汇票。若应付系统参数勾选"应付票据直接生成付款单"复选框，商业汇票保存后系统会自动生成一张付款单，可对该付款单进行后续的审核、核销等操作。

如果商业汇票作为预付款出票，保存该票据后在"收付款单录入"界面中找到由该汇票生成的付款单，将款项类型改为预付款。

任务描述

2020 年 1 月 20 日，经采购部刘芳菲申请，向广东 GS 集团签发商业承兑汇票一张（票号为66576328），面值为 99 086 元，期限为 3 个月，用于支付本月货款。

任务处理

（1）2020 年 1 月 20 日，以操作员"W03 刘笑"的身份登录企业应用平台。执行【业务工作】—【财务会计】—【应付款管理】—【票据管理】命令，打开"条件查询选择"窗口，单击【确定】按钮，打开"票据管理"界面。

单击【增加】按钮，根据资料填制商业承兑汇票，录入完毕单击 ![保存] 按钮，如图 6-30 所示。

| 简易桌面 | 票据管理 | **应付票据** × |

打印模板组 30657 商业汇票打印模板 ▼

商业汇票

银行名称		票据类型 商业承兑汇票
方向 付款	票据编号 66576328	结算方式 商业承兑汇票
收到日期 2020-01-20	出票日期 2020-01-20	到期日 2020-04-20
出票人 江苏万兴发商贸有限公司	出票人账号	付款人银行
收款人 广东GS集团	收款人账号 2692533088674500444	收款人开户银行 工行广州分行
币种 人民币	金额 99086.00	票面利率 0.00000000
汇率 1.000000	付款行行号	付款行地址
背书人	背书金额	备注
业务员	部门	票据摘要
交易合同号码	制单人 刘笑	

图 6-30　商业承兑汇票填制

（2）执行【财务会计】—【应付款管理】—【付款单据处理】—【付款单据审核】命令，审核由该商业承兑汇票自动生成的付款单。

（3）以操作员"W02 李冬"的身份登录企业应用平台。执行【应付款管理】—【核销处理】—【手工核销】命令，供应商选择"GS 集团"，单击【确定】按钮，打开"单据核销"界面。双击下方的两行采购发票，系统自动弹出【本次结算】栏金额，如图 6-31 所示。单击【保存】按钮，完成核销。

（4）执行【应付款管理】—【制单处理】命令，勾选"收付款单制单""核销制单"复选框，单击【确定】按钮，打开"制单"界面，单击【合并】按钮，凭证类别选择"转账凭证"，单击【制单】按钮生成凭证，如图 6-32 所示。

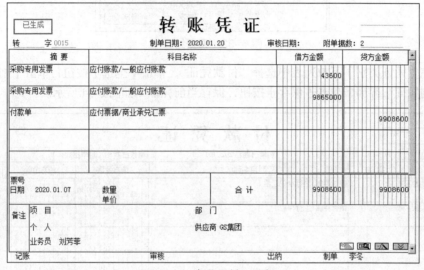

图 6-31　手工核销

（转账凭证图）

图 6-32　商业承兑汇票凭证

十二、票据到期结算处理

 任务描述

2020 年 1 月 25 日，接到银行通知，63286657 号银行承兑汇票到期，已于当天支付票款。

票据到期结算处理

任务处理

（1）2020 年 1 月 25 日，以操作员"W03 刘笑"的身份登录企业应用平台。执行【业务工作】—【财务会计】—【应付款管理】—【票据管理】命令，打开"条件查询选择"窗口，单击【确定】按钮，打开"票据管理"界面。

（2）双击 63286657 号票据最左侧的【选择】栏，选中该单据，单击【结算】按钮，打开"票据结算"对话框，结算科目选择"100201"，如图 6-33 所示。单击【确定】按钮，系统询问"是否立即制单？"，单击【否】按钮。

（3）以操作员"W02 李冬"的身份登录企业应用平台。执行【应付款管理】—【制单处理】命令，打开"制单查询"对话框，勾选"票据处理制单"复选框，单击【确定】按钮，打开"制单"界面，显示票据处理制单列表。

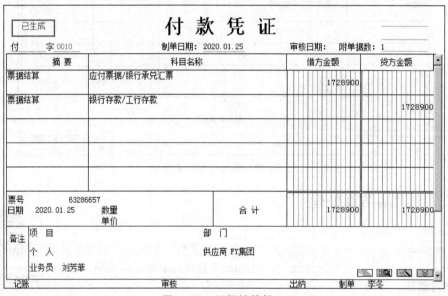

图 6-33　票据结算

（4）在【凭证类别】下拉列表中选择"付款凭证"，单击【全选】按钮，单击【制单】按钮，打开"填制凭证"界面，单击【保存】按钮，保存当前凭证，如图 6-34 所示。

图 6-34　票据结算凭证

十三、预付冲应付

 必备知识

预付冲应付是将预付款与应付款进行勾对。

预付款的转账金额合计应等于应付款的转账金额合计且不能超过两者金额的较小者。

 任务描述

2020 年 1 月 25 日，用本月 GS 集团预付款 20 000 元冲减本月应付款。

预付冲应付

任务处理

（1）2020年1月25日，以操作员"G01陈伟真"的身份登录企业应用平台。执行【业务工作】—【财务会计】—【应付款管理】—【转账】—【预付冲应付】命令，打开"预付冲应付"窗口。

（2）在【预付款】选项卡中，供应商选择"001-广东GS集团"，单击【过滤】按钮，在过滤单据的【转账金额】栏中录入"20 000.00"，如图6-35所示。

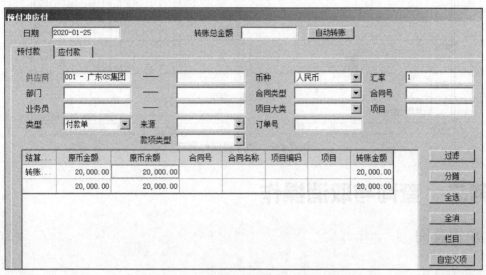

图6-35 【预付款】选项卡设置

（3）切换到【应付款】选项卡，单击【过滤】按钮，在过滤单据的【转账金额】栏中录入"20 000.00"，如图6-36所示。单击【确定】按钮，系统询问"是否立即制单?"，单击【否】按钮。

图6-36 【应付款】选项卡设置

（4）以操作员"W02李冬"的身份登录企业应用平台。执行【应付款管理】—【制单处理】命令，打开"制单查询"对话框，勾选"预付冲应付制单"复选框，单击【确定】按钮，打开"制单"界面。

（5）在【凭证类别】下拉列表中选择"转账凭证"，单击【全选】按钮，单击【制单】按钮，打开"填制凭证"界面，单击【保存】按钮，保存当前凭证，如图6-37所示。

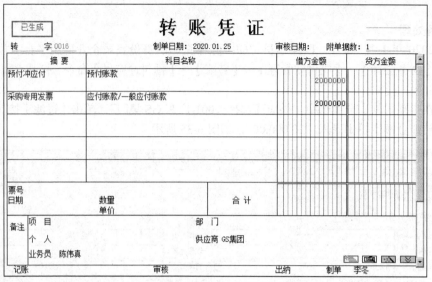

图 6-37　预付冲应付凭证

任务二　查询与取消操作

一、单据查询

必备知识

单据查询包括发票查询、应付单查询、收付款单查询、凭证查询、单据报警查询、信用报警查询和应付核销明细表查询。

任务描述

（1）查询本月所有的采购专用发票。

（2）查询本月付款单。

（3）查询本月凭证列表。

任务处理 1

（1）2020 年 1 月 31 日，以操作员"G01 陈伟真"的身份登录企业应用平台。执行【应付款管理】—【单据查询】—【发票查询】命令，打开"查询条件选择-发票查询"窗口。

（2）在【发票类型】栏中选择"采购专用发票"，在【包含余额=0】下拉列表中选择"是"，单击【确定】按钮，打开发票查询列表，如图 6-38 所示。

发票查询

记录总数：4

单据日期	单据类型	单据编号	供应商	币种	汇率	原币金额	原币余额	本币金额	本币余额	打印次数
2020-01-05	采购专…	53266890	湖南TK集团	人民币	1.000…	146,900.00	0.00	146,900.00	0.00	0
2020-01-07	采购专…	26508875	广东GS集团	人民币	1.000…	436.00	0.00	436.00	0.00	0
2020-01-07	采购专…	53266875	广东GS集团	人民币	1.000…	118,650.00	0.00	118,650.00	0.00	0
2020-01-10	采购专…	53266895	湖南TK集团	人民币	1.000…	-2,260.00	0.00	-2,260.00	0.00	0
合计						263,726.00		263,726.00		

图 6-38　采购专用发票查询

任务处理 2

（1）2020 年 1 月 31 日，以操作员"G01 陈伟真"的身份登录企业应用平台。执行【应付款管理】—【单据查询】—【查询收付款单查询】命令，打开"查询条件选择-收付款单查询"窗口。

（2）在【单据类型】栏中选择"付款单"，在【包含余额=0】下拉列表中选择"是"，单击【确定】按钮，打开收付款单查询列表，如图 6-39 所示。

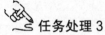

选择打印	单据日期	单据类型	单据编号	供应商	币种	汇率	原币金额	原币余额	本币金额	本币余额
	2020-01-20	付款单	0000000001	无锡NH集团	人民币	1...	40,680.00	0.00	40,680.00	0.00
	2020-01-20	付款单	0000000002	湖南TK集团	人民币	1...	144,640.00	0.00	144,640.00	0.00
	2020-01-20	付款单	0000000003	广东GS集团	人民币	1...	20,000.00	0.00	20,000.00	0.00
	2020-01-20	付款单	0000000007	广东GS集团	人民币	1...	99,086.00	0.00	99,086.00	0.00
合计							304,406.00		304,406.00	

图 6-39　收付款单查询

任务处理 3

（1）2020 年 1 月 31 日，以操作员"G01 陈伟真"的身份登录企业应用平台。执行【应付款管理】—【单据查询】—【凭证查询】命令，打开"凭证查询条件"窗口。

（2）在【业务类型】下拉列表中选择"全部"，在【凭证类别】下拉列表中选择"全部"，单击【确定】按钮，打开凭证查询列表，如图 6-40 所示。

凭证查询

凭证总数：9 张

业务日期	业务类型	业务号	制单人	凭证日期	凭证号	标志
2020-01-20	核销	0000000001	李冬	2020-01-20	付-0007	
2020-01-20	付款单	0000000003	李冬	2020-01-20	付-0008	
2020-01-20	核销	0000000002	李冬	2020-01-20	付-0009	
2020-01-25	票据结算	63286657	李冬	2020-01-25	付-0010	
2020-01-15	采购专...	26508875	李冬	2020-01-15	转-0010	
2020-01-15	采购专...	53266875	李冬	2020-01-15	转-0011	
2020-01-15	红票对冲	53266895	李冬	2020-01-15	转-0012	
2020-01-20	核销	0000000007	李冬	2020-01-20	转-0013	
2020-01-25	预付冲应付	53266875	李冬	2020-01-25	转-0014	

图 6-40　凭证查询

二、账表管理

必备知识

账表管理包括业务账表、统计分析、科目账查询。

业务账表包含业务总账、业务余额表、业务明细账、对账单、与总账对账，统计分析包含应付账龄分析、付款账龄分析、欠款分析、付款预测，科目账查询包含科目明细账与科目余额表。

任务描述

（1）查询本月业务总账。

（2）查询本月付款账龄分析。

（3）查询本月银行承兑汇票科目明细账。

任务处理 1

2020 年 1 月 31 日，以操作员"G01 陈伟真"的身份登录企业应用平台。执行【应付款管理】—【账表管理】—【业务账表】—【业务总账】命令，打开"查询条件选择—应付总账表"窗口。单击【确定】按钮，打开"应付总账表"界面，如图 6-41 所示。

应付总账表

期间	本期应付	本期付款	余额	月回收率%	年回收率%
	本币	本币	本币		
期初余额			40,680.00		
202001	263,726.00	304,406.00	0.00	115.43	115.43
总计	263,726.00	304,406.00	0.00		

图 6-41　业务总账查询

任务处理 2

2020 年 1 月 31 日，以操作员"G01 陈伟真"的身份登录企业应用平台。执行【应付款管理】—【账表管理】—【统计分析】—【付款账龄分析】命令，打开"付款账龄分析"窗口。单击【确定】按钮，打开"付款账龄分析"界面，如图 6-42 所示。

付款账龄分析

供应商　全部

供应商		金额	预付款		账期内		1-30		31-60		61-90		91-120		121	
编号	名称		金额	%	金额	%	金额	%	金额	%	金额	%	金额	%	金额	%
001	广东GS集团	119,086.00	20,000.00	16.79			99,086.00	83.21								
002	湖南TK集团	144,640.00					144,640.00	100.00								
003	无锡NH集团	40,680.00							40,680.00	100.00						
合计:数量		3					2	66.67	1	33.33						
合计:金额		304,406.00	20,000.00	6.57			243,726.00	80.07	40,680.00	13.36						

图 6-42　付款账龄分析

任务处理 3

2020 年 1 月 31 日，以操作员"G01 陈伟真"的身份登录企业应用平台。执行【应付款管理】—【账表管理】—【科目账查询】—【科目明细账】命令，打开"供应商往来科目明细账"窗口。在查询条件的【科目】下拉列表中选择"220101 银行承兑汇票"，单击【确定】按钮，打开"单位往来科目明细账"界面，如图 6-43 所示。

图6-43 银行承兑汇票科目明细账

三、取消操作

 必备知识

取消操作

取消操作是指对单据进行的核销、选择付款、汇兑损益、票据处理、应付冲应付、应付冲应收、预付冲应付、红票对冲等处理可以执行取消操作。

如果某项操作已经制单，则要先删除凭证才能执行取消操作。

 任务描述

2020年1月31日，取消本月 GS 集团预付冲应付处理。

 任务处理

（1）2020年1月31日，以操作员"W02 李冬"的身份登录企业应用平台。执行【应付款管理】—【单据查询】—【凭证查询】命令，打开"凭证查询条件"窗口。单击【确定】按钮，打开凭证查询列表。

（2）选择【业务类型】为"预付冲应付"的凭证，如图6-44所示。单击【删除】按钮，系统询问"确定要删除此凭证吗？"，单击【是】按钮，删除该凭证。

凭证查询

凭证总数：9 张

业务日期	业务类型	业务号	制单人	凭证日期	凭证号	标志
2020-01-20	核销	0000000002	李冬	2020-01-20	付-0007	
2020-01-20	核销	0000000003	李冬	2020-01-20	付-0008	
2020-01-20	付款单	0000000004	李冬	2020-01-20	付-0009	
2020-01-25	票据结算	63286657	李冬	2020-01-25	付-0010	
2020-01-15	采购专...	26508875	李冬	2020-01-15	转-0012	
2020-01-15	采购专...	53266875	李冬	2020-01-15	转-0013	
2020-01-15	红票对冲	53266895	李冬	2020-01-15	转-0014	
2020-01-20	核销	0000000005	李冬	2020-01-20	转-0015	
2020-01-25	预付冲应付	53266875	李冬	2020-01-25	转-0016	

图6-44 凭证查询列表

（3）以操作员“G01 陈伟真”的身份登录企业应用平台。执行【应付款管理】—【其他处理】—【取消操作】命令，打开“取消操作条件”对话框。在【操作类型】下拉列表中选择“预付冲应付”，如图 6-45 所示。单击【确定】按钮，打开“取消操作”界面。

取消操作条件
供应商
操作类型
预付冲应付
部门
业务员
操作日期
金额
单据编号
确定
取消

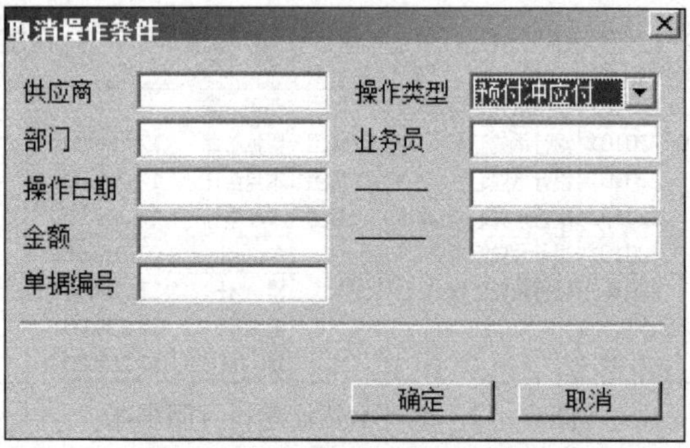

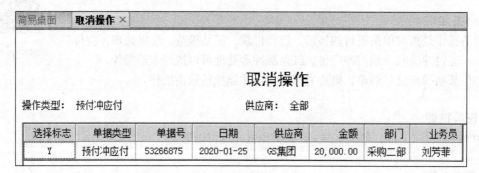

图 6-45　取消操作条件设置

（4）双击【选择标志】栏，如图 6-46 所示。单击【OK 确认】按钮，完成取消操作。

简易桌面
取消操作
取消操作
操作类型：　预付冲应付
供应商：　全部
选择标志
单据类型
单据号
日期
供应商
金额
部门
业务员
Y
预付冲应付
53266875
2020-01-25
GS集团
20,000.00
采购二部
刘芳菲

图 6-46　取消操作选择

四、商品入库处理

必备知识

由于没有与供应链系统（采购管理、库存管理、存货核算）集成使用，商品入库的凭证只能在总账系统中填制。

任务描述

2020 年 1 月 31 日，本月采购的商品全部验收入库。洗发水数量为 1 950 瓶，金额为 78 000 元；沐浴露数量为 1 000 瓶，金额为 50 000 元；润肤霜数量为 1 000 瓶，金额为 60 160 元；洁面乳数量为 1 500 瓶，金额为 45 240 元。

任务处理

（1）以操作员“W02 李冬”的身份登录企业应用平台，执行【总账】—【凭证】—【填制凭证】命令，打开“填制凭证”界面。单击左上角的 按钮。单击 按钮，选择凭证字为“转”，单击【摘要】栏，直接录入摘要，单击【科目名称】栏，单击 按钮参照选择科目“1405 库存商品”，打开“辅助项”对话框，【项目名称】设置为“洗发水”，录入数量，如图 6-47 所示。

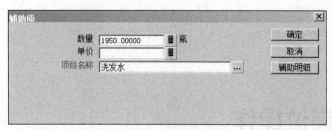

图 6-47　辅助项设置

（2）单击【确定】按钮，借方金额录入 78 000 元，按"Enter"键，进行第二行分录填制，方法同上。填制第五行分录时，科目选择"在途物资"，贷方金额按"="键自动平衡。单击【保存】按钮，如图 6-48 所示。

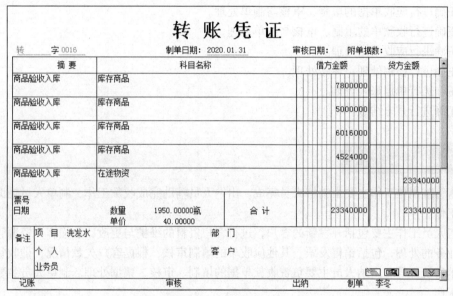

图 6-48　验收入库凭证

项目七

销售管理岗位操作

学习目标 ↓

能正确进行应收单据的填制、审核与制单处理。
能正确进行收款单的填制、审核与制单处理。
能正确进行应收票据处理。
能正确进行核销处理、坏账处理。
能正确进行单据账表查询。
能正确进行月末结账。

岗位简介 ↓

销售管理岗位工作主要由销售人员完成。出纳人员辅助完成收款工作，制单人员辅助完成生成凭证工作。

销售人员工作主要包括开发新的客户，进行客户资料的维护与更改，加强客户资源管理；完成销售业务的处理，包括销售发票、其他应收单的填制审核；根据客户欠款情况，催收货款，做好各种销售统计等。出纳人员主要负责收款单据的填制、审核、票据处理。制单人员主要负责凭证生成工作。

任务一　日常业务处理

一、应收单据填制

必备知识

应收单据包括销售发票和其他应收单。销售发票是给客户开出的销售货物的发票，用户根据销售发票确认收入，进行记账和收款核销。除销售发票外，其他涉及"应收账款"科目的业务可考虑使用其他应收单。

任务描述

（1）2020年1月6日，销售部赵一山向 ZH 购物广场销售洗发水2 000瓶，单价为60元，销售沐浴露1 500瓶，单价为70元，增值税税率为13%，取得增值税专用发票，票号为68266890。

（2）2020年1月8日，销售部周华强向 WD 百货销售润肤霜1 600瓶，单价为85元，销售洁面乳1 500瓶，单价为50元，增值税税率为13%，取得增值税专用发票，票号为68266875，并以转账支票（票号为 20185568）代垫运费 500 元。

（3）2020 年 1 月 8 日，销售部周华强向 LF 购物中心销售润肤霜 500 瓶，单价为 85 元，增值税税率为 13%，取得增值税专用发票，票号为 68266876。

任务处理 1：销售发票填制

销售发票填制

（1）2020 年 1 月 6 日，以操作员"X01 赵一山"的身份登录企业应用平台。执行【业务工作】—【财务会计】—【应收款管理】—【应收单据处理】—【应收单据录入】命令，打开"单据类别"对话框。单击【确定】按钮，打开"销售发票"界面。

（2）单击【增加】按钮，根据资料录入发票号、销售类型、客户简称、税率、业务员、存货编码、数量、无税单价等信息。（注意：销售类型需要编辑，销售类型编码为"1"，名称为"普通销售"，出库类别为"销售出库"。）

单击【销售类型】栏中的 ... 按钮，打开"销售类型基本参照"窗口，如图 7-1 所示，单击【编辑】按钮，单击【增加】按钮，录入相关信息，如图 7-2 所示。

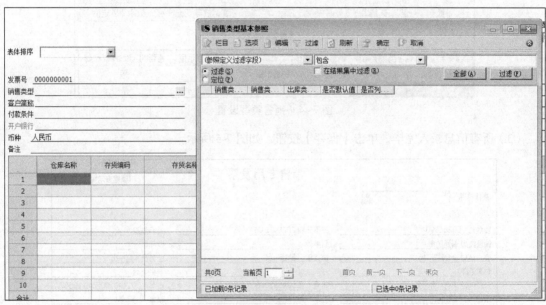

图 7-1　"销售类型基本参照"窗口

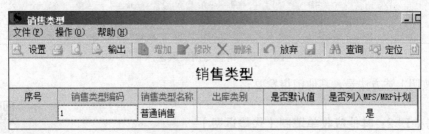

图 7-2　销售类型设置

双击【出库类别】栏，单击 ... 按钮，打开"收发类别档案基本参照"窗口，单击【编辑】按钮，单击【增加】按钮，录入相关信息，如图 7-3 所示。

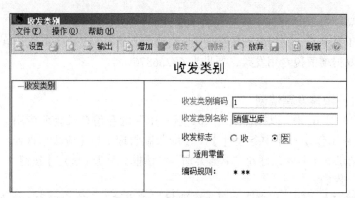

图 7-3　收发类别设置

单击【保存】按钮。单击【退出】按钮，单击【确定】按钮。单击【保存】按钮，完成销售类型编辑，如图 7-4 所示。

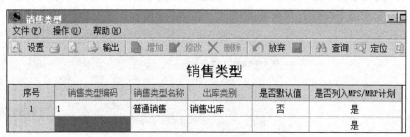

图 7-4　销售类型设置

（3）所有信息录入完毕，单击【保存】按钮，如图 7-5 所示。

销售专用发票

打印模版
销售专用发票打印模

表体排序

发票号	68266890	开票日期	2020-01-06	业务类型	
销售类型	普通销售	订单号		发货单号	
客户简称	ZH购物广场	销售部门	销售一部	业务员	赵一山
付款条件		客户地址		联系电话	
开户银行	工行广州分行	账号	2692533088674500444	税号	91440100561110567A
币种	人民币	汇率	1	税率	13.00

备注

	仓库名称	存货编码	存货名称	规格型号	主计量	数量	报价	含税单价	无税单价	无税金额	税额	价税合计	税率（%）
1		1001	洗发水	XY-01	瓶	2000.00	0.00	67.80	60.00	120000.00	15600.00	135600.00	13.00
2		1002	沐浴露	XY-02	瓶	1500.00	0.00	79.10	70.00	105000.00	13650.00	118650.00	13.00

图 7-5　销售专用发票录入

（4）按照上述方法录入其他销售发票。

任务处理 2：其他应收单填制（代垫运费）

（1）2020 年 1 月 6 日，以操作员"X01 赵一山"的身份登录企业应用平台。执行【业务工作】—【财务会计】—【应收款管理】—【应收单据处理】—【应收单据录入】命令，打开"单据类别"对话框。在【单据类型】下拉列表中选择"其他应收单"，如图 7-6 所示。单击【确定】按钮，打开"应收单"界面。

其他应收单填制

图 7-6 选择单据类别

（2）单击【增加】按钮，根据资料在表头录入客户、金额、业务员等信息。表体的【科目】栏参照选择"100201"，单击【保存】按钮，如图 7-7 所示。

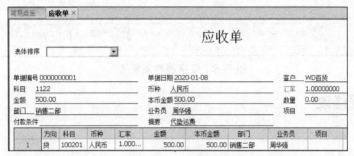

图 7-7 其他应收单

二、负向应收单据填制

 必备知识

在销售过程中，如果发生退货、销售折让等情况，需要填制红字（负向）销售发票。

负向应收单据填制

 任务描述

2020 年 1 月 11 日，发现本月 6 日销售给 ZH 购物广场的洗发水中的 50 瓶有质量问题，经双方协商，给予退货，当天收到对方退回的货物和开具的红字增值税专用发票，票号为 68266878。

 任务处理

（1）2020 年 1 月 11 日，以操作员"X01 赵一山"的身份登录企业应用平台。执行【业务工作】—【财务会计】—【应收款管理】—【应收单据处理】—【应收单据录入】命令，打开"单据类别"对话框。在【方向】下拉列表中选择"负向"，如图 7-8 所示。单击【确定】按钮，打开"销售发票"界面。

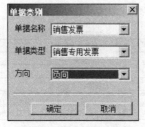

图 7-8 单据类别选择

（2）单击【增加】按钮，根据资料录入红字销售专用发票。注意表体中的数量是负数，如图 7-9 所示。

图 7-9　红字销售发票录入

三、应收单据修改

 必备知识

应收单据修改

若发现应收单据错误，可以进行修改。已经做过后续处理（审核、制单、核销、转账等）的单据不能直接修改，要取消所做的处理后才能进行修改。

 任务描述

2020 年 1 月 15 日，发现本月填制的向 WD 百货销售润肤霜的代垫运费应收单填制错误，代垫金额应为 545 元。

 任务处理

（1）2020 年 1 月 15 日，以操作员"X01 赵一山"的身份登录企业应用平台。执行【业务工作】—【财务会计】—【应收款管理】—【应收单据处理】—【应收单据录入】命令，打开"单据类别"对话框。在【单据类型】下拉列表中选择"应收单"，单击【确定】按钮，打开"应收单"界面。

（2）单击 ➡ 按钮找到该应收单，单击【修改】按钮，将表体中的金额改为"545.00"，单击【保存】按钮，完成修改。结果如图 7-10 所示。

图 7-10　应收单据修改

四、应收单据删除

应收单据删除

 必备知识

已经做过后续处理（审核、制单、核销、转账等）的单据不能直接删除，要取消所做的处理后才能进行删除。

任务描述

2020 年 1 月 15 日，发现本月向 LF 购物中心销售的润肤霜，票号为 68266876 的销售发票填制错误，做删除处理。

任务处理

（1）2020 年 1 月 15 日，以操作员"X01 赵一山"的身份登录企业应用平台。执行【业务工作】—【财务会计】—【应收款管理】—【应收单据处理】—【应收单据录入】命令，打开"单据类别"对话框。单击【确定】按钮，打开"销售发票"界面。

（2）单击【定位】按钮，打开"单据定位条件"对话框，输入单据编号"68266876"，如图 7-11 所示。单击【确定】按钮，找到该发票，单击【删除】按钮，系统询问"单据删除后不能恢复，是否继续？"，单击【是】按钮，删除该发票。

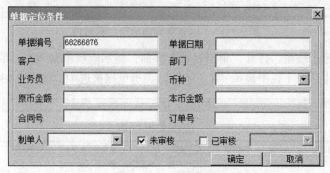

图 7-11　单据定位

五、应收单据审核

应收单据审核

 必备知识

应收单据审核有 3 个含义：确认应收账款、检查单据录入是否正确、对应收单据记账。应收单据的后续处理都是在单据已经审核的基础上进行的。

任务描述

2020 年 1 月 15 日，审核本月应收单据。

任务处理

（1）2020 年 1 月 15 日，以操作员"X01 赵一山"的身份登录企业应用平台。执行【业务工作】—【财务会计】—【应收款管理】—【应收单据处理】—【应收单据审核】命令，打开"应收单查询条件"对话框，如图 7-12 所示。

图 7-12 "应收单查询条件"对话框

（2）单击【确定】按钮，打开"单据处理"界面，显示应收单据列表，单击【全选】按钮，每张单据最左侧的【选择】栏中显示"Y"字符，表示单据被选中，如图 7-13 所示。

选择	审核人	单据日期	单据类型	单据号	客户名称	部门	业务员	制单人	原币金额	本币金额	备注
Y		2020-01-08	其他应收单	0000000001	滨湖区WD百货	销售二部	周华强	赵一山	545.00	545.00	代垫运费
Y		2020-01-08	销售专…	68266875	滨湖区WD百货	销售二部	周华强	赵一山	238,430.00	238,430.00	
Y		2020-01-11	销售专…	68266878	越秀区ZH购…	销售一部	赵一山	赵一山	-3,390.00	-3,390.00	
Y		2020-01-06	销售专…	68266890	越秀区ZH购…	销售一部	赵一山	赵一山	254,250.00	254,250.00	
合计									489,835.00	489,835.00	

图 7-13 应收单据列表

（3）单击【审核】按钮，单击【确定】按钮，每张单据左侧的【审核人】栏中显示"赵一山"，完成审核，如图 7-14 所示。

选择	审核人	单据日期	单据类型	单据号	客户名称	部门	业务员	制单人	原币金额	本币金额
	赵一山	2020-01-08	其他应收单	0000000001	滨湖区WD百货	销售二部	周华强	赵一山	545.00	545.00
	赵一山	2020-01-08	销售专…	68266875	滨湖区WD百货	销售二部	周华强	赵一山	238,430.00	238,430.00
	赵一山	2020-01-11	销售专…	68266878	越秀区ZH购…	销售一部	赵一山	赵一山	-3,390.00	-3,390.00
	赵一山	2020-01-06	销售专…	68266890	越秀区ZH购…	销售一部	赵一山	赵一山	254,250.00	254,250.00
合计									489,835.00	489,835.00

图 7-14 审核后的应收单据列表

六、应收单据制单

 必备知识

应收单据经过审核后需要进行制单处理，根据实际情况可以合并制单。

 任务描述

2020年1月18日，对本月已审核单据进行制单。

 任务处理

（1）2020年1月18日，以操作员"W02 李冬"的身份登录企业应用平台。执行【业务工作】—【财务会计】—【应收款管理】—【制单处理】命令，打开"制单查询"对话框，勾选"发票制单""应收单制单"复选框，如图7-15所示。

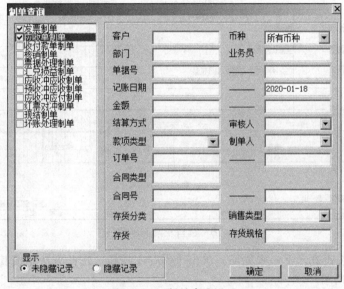

图7-15 制单查询设置

（2）单击【确定】按钮，打开"制单"界面，显示应收制单列表，如图7-16所示。

应收制单

| 凭证类别 | 收款凭证 | 制单日期 | 2020-01-18 | 共4条 |

选择标志	凭证类别	单据类型	单据号	日期	客户编码	客户名称	部门	业务员	金额
	收款凭证	销售专…	68266875	2020-01-08	003	滨湖区WD百货	销售二部	周华强	238,430.00
	收款凭证	销售专…	68266878	2020-01-11	001	越秀区ZH购物…	销售一部	赵一山	-3,390.00
	收款凭证	销售专…	68266890	2020-01-06	001	越秀区ZH购物…	销售一部	赵一山	254,250.00
	收款凭证	其他应收单	0000000001	2020-01-08	003	滨湖区WD百货	销售二部	周华强	545.00

图7-16 应收制单列表

（3）在【凭证类别】下拉列表中选择"转账凭证"（也可以在凭证中修改），单击【全选】按钮，选中要制单的单据，系统自动生成数字序号，如图7-17所示。

07

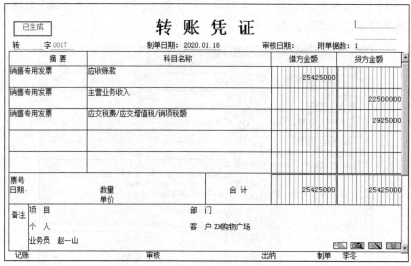

图 7-17　制单选择标志

（4）单击【制单】按钮，打开"填制凭证"界面，单击【保存】按钮，保存当前凭证并传递到总账系统，如图 7-18 所示。

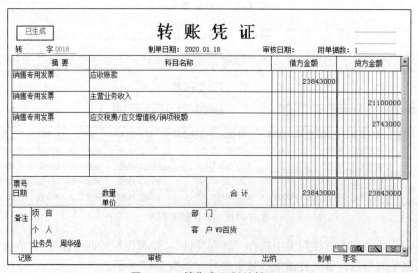

图 7-18　销售发票制单凭证 1

（5）单击 ➡ 按钮进入下一张凭证，单击【保存】按钮。按此方法生成其他凭证，结果如图 7-19 和图 7-20 所示。

图 7-19　销售发票制单凭证 2

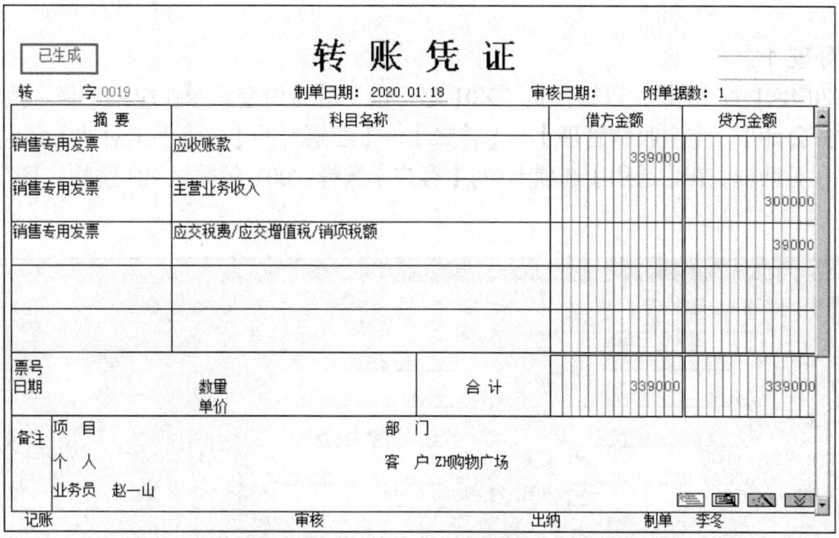

图 7-20 红字销售发票制单凭证

将其他应收单生成的凭证类型改为"付款凭证"，并补充结算方式、票据号、日期等信息，如图 7-21 所示。

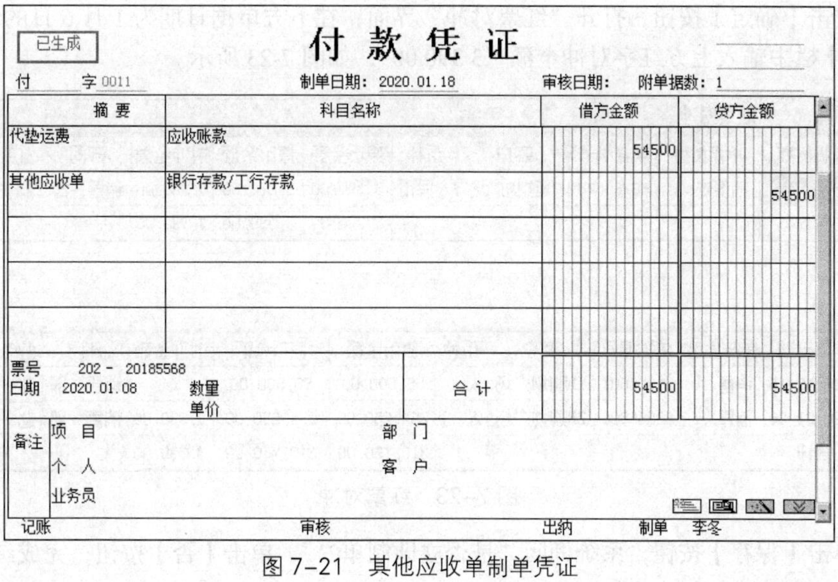

图 7-21 其他应收单制单凭证

七、红票对冲

 必备知识

红票对冲是用某客户的红字发票与其蓝字发票进行冲抵，分为手工对冲与自动对冲两种方式。对冲金额不能大于红票金额。

红票对冲

任务描述

2020 年 1 月 18 日，对本月 ZH 购物的退货业务进行红票对冲。

任务处理1

（1）2020年1月18日，以操作员"X01赵一山"的身份登录企业应用平台。执行【业务工作】—【财务会计】—【应收款管理】—【转账】—【红票对冲】—【手工对冲】命令，打开"红票对冲条件"对话框，在【通用】选项卡中，【客户】选择"001-越秀区ZH购物广场"，如图7-22所示。

图7-22 红票对冲条件设置

（2）单击【确定】按钮，打开"红票对冲"界面，在下方单据日期为1月6日的销售发票的【对冲金额】栏中输入上方红字对冲金额"3 390.00"，如图7-23所示。

单据日期	单据类型	单据编号	客户	币种	原币金额	原币余额	对冲金额	部门	业务员
2020-01-11	销售专…	68266878	ZH购物广场	人民币	3,390.00	3,390.00	3,390.00	销售一部	赵一山
合计					3,390.00	3,390.00	3,390.00		

单据日期	单据类型	单据编号	客户	币种	原币金额	原币余额	对冲金额	部门	业务员
2019-12-16	销售…	21356601	ZH购物广场	人…	56,500.00	56,500.00		销售一部	赵一山
2020-01-06	销售…	68266890	ZH购物广场	人…	254,250.00	254,250.00	3,390.00	销售一部	赵一山
合计					310,750.00	310,750.00	3,390.00		

图7-23 红票对冲

（3）单击【保存】按钮，系统询问"是否立即制单？"，单击【否】按钮，完成红票对冲。

任务处理2

（1）2020年1月18日，以操作员"W02李冬"的身份登录企业应用平台。执行【业务工作】—【财务会计】—【应收款管理】—【制单处理】命令，打开"制单查询"对话框，勾选"红票对冲制单"复选框，如图7-24所示。

（2）单击【确定】按钮，打开"制单"界面，显示转账制单列表，在【凭证类别】下拉列表中选择"转账凭证"，单击【全选】按钮，系统自动在【选择标志】栏中生成数字序号，如图7-25所示。

（3）单击【制单】按钮，打开"填制凭证"界面，单击【保存】按钮，保存当前凭证并传递到总账系统，如图7-26所示。

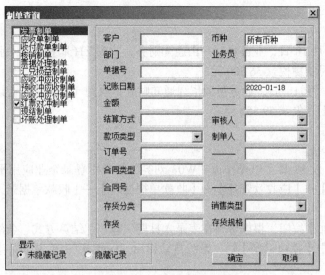

图 7-24　制单查询选择

图 7-25　制单标志选择

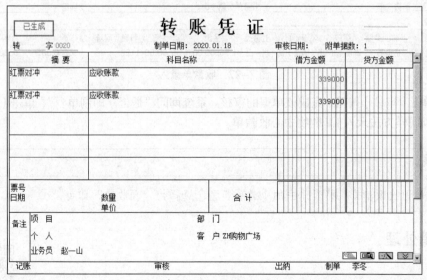

图 7-26　红票对冲制单

八、收款单据录入并审核

必备知识

收款单据处理的基本流程是"收款单填制→收款单审核→核销→制单"。

收款单据录入并审核

任务描述

（1）2020 年 1 月 18 日，业务员赵一山通知财务，收到 ZH 购物广场一张转账支票（票号为 20228855）支付上月货物税款 56 500 元。

（2）2020 年 1 月 18 日，业务员周华强通知财务，收到 LF 购物中心以汇兑方式（票号为 43538866）支付的上月欠款 59 551 元。

任务处理

（1）2020 年 1 月 18 日，以操作员"W03 刘笑"的身份登录企业应用平台。执行【业务工作】—【财务会计】—【应收款管理】—【收款单据处理】—【收款单据录入】命令，打开"收付款单录入"界面。

（2）单击【增加】按钮，根据资料在表录入日期、客户、结算方式、金额、票据号、业务员等信息，在表体双击【款项类型】栏，系统自动弹出"应收款"，单击【保存】按钮，如图 7-27 所示。

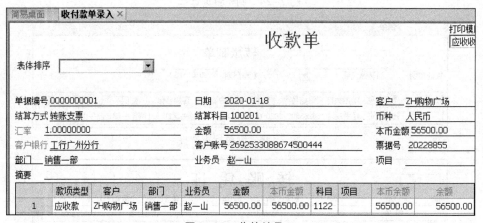

图 7-27　收款单录入

（3）单击【审核】按钮，完成该单据的审核。系统询问"是否立即制单?"，单击【否】按钮。

（4）以同样方法录入 LF 购物中心收款单。

注意

如果是预收款单据，将表体中的【款项类型】选择为"预收款"即可。

九、核销处理

必备知识

核销处理

应收系统核销处理是将收款单与应收单相关联，冲减应收账款。

若收款单数额等于原有应收单据数额，则收款单与应收单完全核销。

若收款单数额大于原有应收单据数额，则收款单一部分核销原有应收单，另一部分形成预收款。

若收款单数额小于原有应收单据数额，则原有应收单得到部分核销。

任务描述

2020 年 1 月 18 日，对 ZH 购物广场、LF 购物中心的业务进行核销处理。

任务处理

（1）2020 年 1 月 18 日，以操作员"X01 赵一山"的身份登录企业应用平台。执行【业务工作】—【财务会计】—【应收款管理】—【核销处理】—【手工核销】命令，打开"核销条件"对话框，在【通用】选项卡中，在【客户】栏中选择"001-越秀区 ZH 购物广场"，如图 7-28 所示。

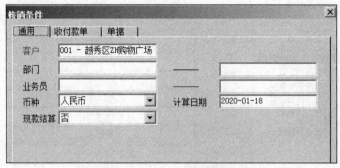

图 7-28　核销条件

（2）单击【确定】按钮，打开"单据核销"界面。在下方单据日期为 12 月 16 日销售发票的【本次结算】栏中输入上方收款单结算金额"56 500.00"，如图 7-29 所示。单击【保存】按钮，完成核销。

单据日期	单据类型	单据编号	客户	款项类型	结算方式	币种	汇率	原币金额	原币余额	本次结…
2020-01-18	收款单	0000000001	ZH购物广场	应收款	转账支票	人…	1…	56,500.00	56,500.00	56,500.00
合计								56,500.00	56,500.00	56,500.00

单据日期	单据类型	单据编号	到期日	客户	币种	原币金额	原币余额	本次结算	订单号	凭证号
2019-12-16	销售专…	21356601	2019-12-16	ZH购物广场	人…	56,500.00	56,500.00	56,500.00		
2020-01-06	销售专…	68266890	2020-01-06	ZH购物广场	人…	254,250.00	250,860.00			转-0017
合计						310,750.00	307,360.00	56,500.00		

图 7-29　单据核销

（3）以同样方法完成 LF 购物中心业务核销。

十、收款单制单处理

必备知识

核销双方的入账科目不需要同时进行核销制单；未勾选"核销生成凭证"复选框，即使核销双方入账科目不相同也不制单。

"收款单"与"核销"一般进行合并制单处理。

收款单制单处理

任务描述

2020 年 1 月 18 日，对本月收款、核销业务进行制单处理。（收款单与核销合并制单。）

任务处理

（1）2020 年 1 月 18 日，以操作员"W02 李冬"的身份登录企业应用平台。执行【业务工作】—【财务会计】—【应收款管理】—【制单处理】命令，打开"制单查询"对话框，勾选"收付款单制单""核销制单"复选框，如图 7-30 所示。

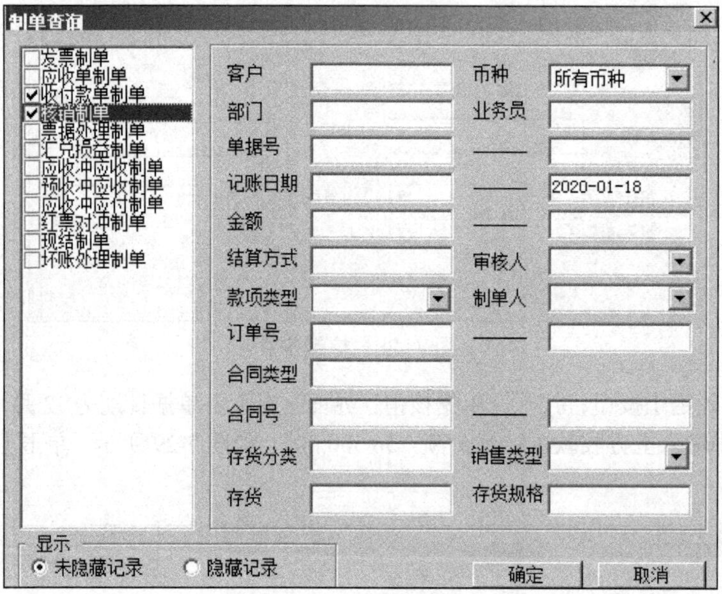

图 7-30　制单查询勾选

（2）单击【确定】按钮，打开"制单"界面，显示应收制单列表，在【凭证类别】下拉列表中选择"收款凭证"，单击【合并】按钮，系统自动在【选择标志】栏中生成数字序号。将 LF 购物中心的选择标志改为"2"，如图 7-31 所示。（"选择标志"栏里数字相同的凭证表示合并制单。）

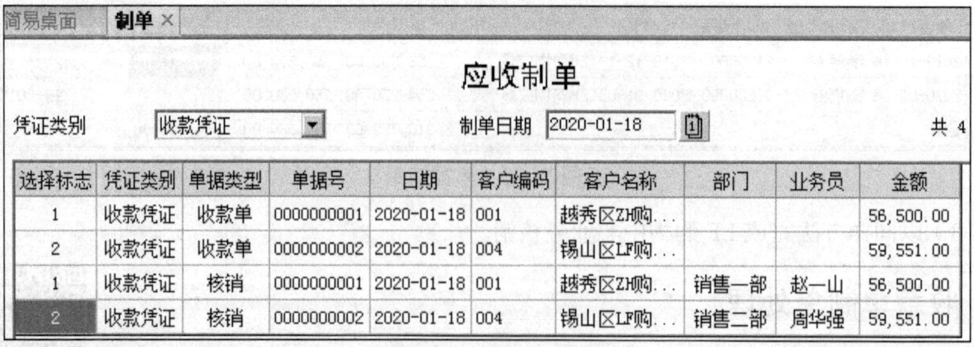

应收制单

凭证类别　　收款凭证　　　　　　　制单日期　2020-01-18　　　　　　　　　　　共 4

选择标志	凭证类别	单据类型	单据号	日期	客户编码	客户名称	部门	业务员	金额
1	收款凭证	收款单	0000000001	2020-01-18	001	越秀区ZH购...			56,500.00
2	收款凭证	收款单	0000000002	2020-01-18	004	锡山区LF购...			59,551.00
1	收款凭证	核销	0000000001	2020-01-18	001	越秀区ZH购...	销售一部	赵一山	56,500.00
2	收款凭证	核销	0000000002	2020-01-18	004	锡山区LF购...	销售二部	周华强	59,551.00

图 7-31　制单选择

（3）单击【制单】按钮，打开"填制凭证"界面，单击【保存】按钮，保存当前凭证，如图 7-32 所示。

（4）单击 ➡ 按钮进入下一张凭证，单击【保存】按钮，如图 7-33 所示。

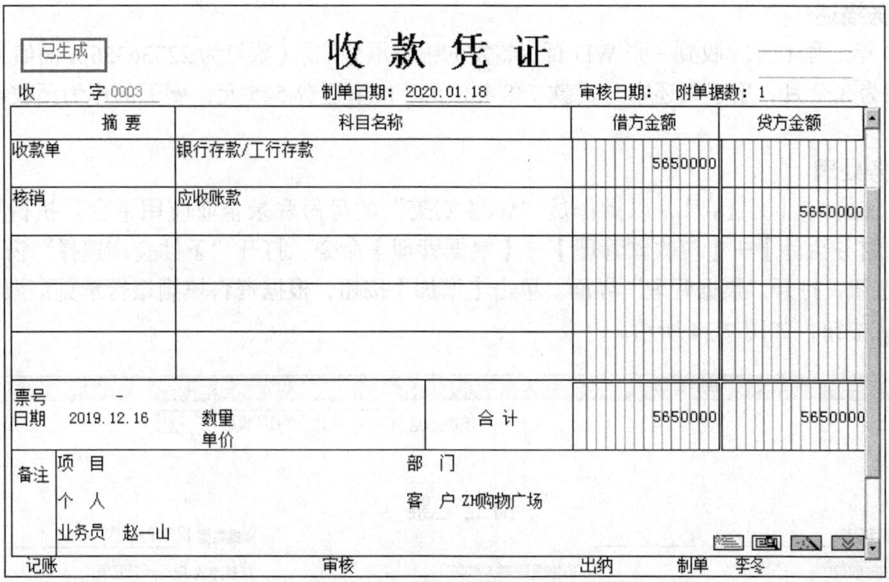

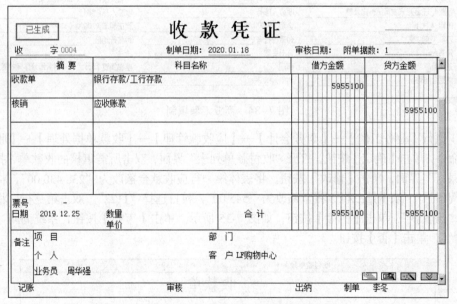

图 7-32　ZH 购物广场收款单制单

收 款 凭 证

已生成

收　字 0003　　　　制单日期：2020.01.18　　　审核日期：　附单据数：1

摘 要	科目名称	借方金额	贷方金额
收款单	银行存款/工行存款	5650000	
核销	应收账款		5650000

票号　　　-
日期　2019.12.16　数量　　　合 计　　5650000　　5650000
　　　　　　　　　单价

备注　项 目　　　　　部 门
　　　个 人　　　　　客 户 ZH购物广场
　　　业务员　赵一山

记账　　　　审核　　　　出纳　　制单　李冬

图 7-33　LF 购物中心收款单制单

收 款 凭 证

已生成

收　字 0004　　　　制单日期：2020.01.18　　　审核日期：　附单据数：1

摘 要	科目名称	借方金额	贷方金额
收款单	银行存款/工行存款	5955100	
核销	应收账款		5955100

票号　　　-
日期　2019.12.25　数量　　　合 计　　5955100　　5955100
　　　　　　　　　单价

备注　项 目　　　　　部 门
　　　个 人　　　　　客 户 LF购物中心
　　　业务员　周华强

记账　　　　审核　　　　出纳　　制单　李冬

十一、收到商业汇票处理

必备知识

收到商业汇票处理

若应收系统参数勾选"应收票据直接生成收款单"复选框，商业汇票保存后系统会自动生成一张收款单，可对该收款单进行后续的审核、核销等操作。

如果商业汇票作为预收款出票，保存该票据后在"收款单据录入"界面中找到由该汇票生成的收款单，将款项类型改为预收款。

任务描述

2020 年 1 月 18 日，收到一张 WD 百货签发的银行承兑汇票（票号为 22336356），面值为 250 000 元，期限为 3 个月，用于归还本月货款 238 430 元、代垫运费 545 元，剩下的作为预收款。

任务处理

（1）2020 年 1 月 18 日，以操作员“W03 刘笑”的身份登录企业应用平台。执行【业务工作】—【财务会计】—【应收款管理】—【票据管理】命令，打开“条件查询选择”窗口，单击【确定】按钮，打开“票据管理”界面。单击【增加】按钮，根据资料填制银行承兑汇票，录入完毕单击按钮，如图 7-34 所示。

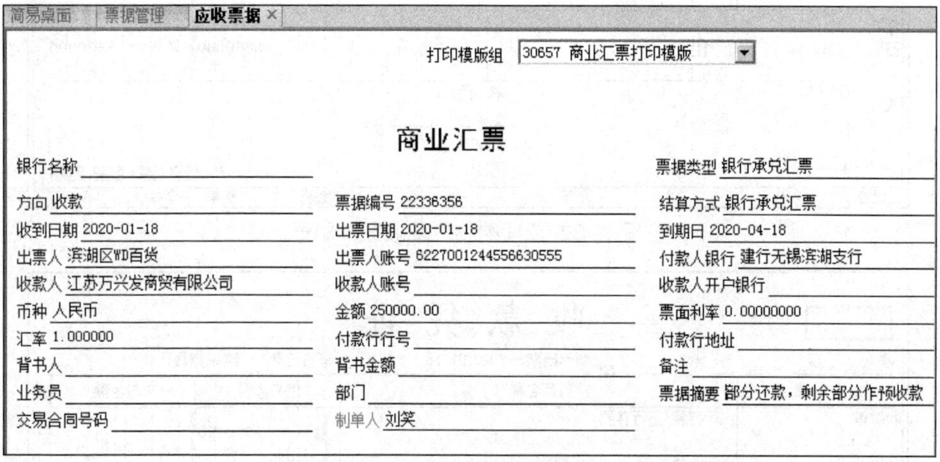
简易桌面 | 票据管理 | 应收票据

打印模版组 30657 商业汇票打印模版

商业汇票

银行名称		票据类型 银行承兑汇票
方向 收款	票据编号 22336356	结算方式 银行承兑汇票
收到日期 2020-01-18	出票日期 2020-01-18	到期日 2020-04-18
出票人 滨湖区WD百货	出票人账号 6227001244556630555	付款人银行 建行无锡滨湖支行
收款人 江苏万兴发商贸有限公司	收款人账号	收款人开户银行
币种 人民币	金额 250000.00	票面利率 0.00000000
汇率 1.000000	付款行行号	付款行地址
背书人	背书金额	备注
业务员	部门	票据摘要 部分还款，剩余部分作预收款
交易合同号码	制单人 刘笑	

图 7–34　商业汇票填制

（2）执行【业务工作】—【财务会计】—【应收款管理】—【收款单据处理】—【收款单据审核】命令，单击【确定】按钮，打开“收付款单列表”界面，双击所需审核的收款单，打开“收付款单录入”界面，单击【修改】按钮。将表体第一行应收款金额改为“238 430.00”，将业务员改为“周华强”。双击第二行，将金额改为“545.00”，科目选择“1122”。双击第三行，将款项类型改为“预收款”，单击【保存】按钮，如图 7-35 所示。单击【审核】按钮，系统询问“是否立即制单？”，单击【否】按钮。

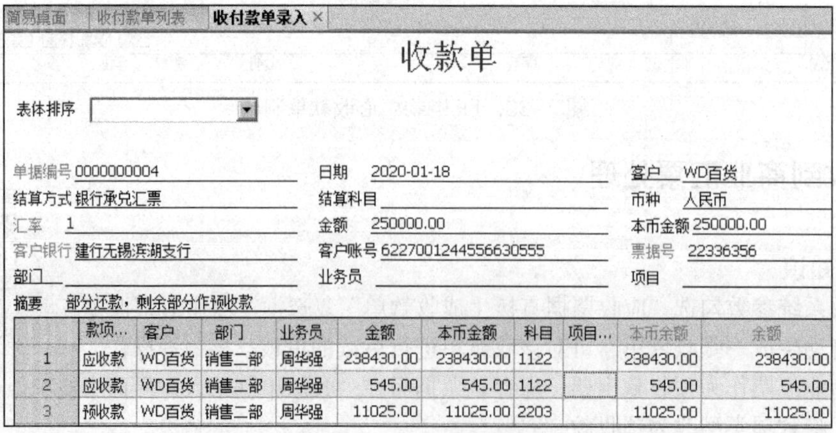
简易桌面 | 收付款单列表 | 收付款单录入

收款单

表体排序

单据编号 0000000004	日期 2020-01-18	客户 WD百货
结算方式 银行承兑汇票	结算科目	币种 人民币
汇率 1	金额 250000.00	本币金额 250000.00
客户银行 建行无锡滨湖支行	客户账号 6227001244556630555	票据号 22336356
部门	业务员	项目
摘要 部分还款，剩余部分作预收款		

	款项...	客户	部门	业务员	金额	本币金额	科目	项目...	本币余额	余额
1	应收款	WD百货	销售二部	周华强	238430.00	238430.00	1122		238430.00	238430.00
2	应收款	WD百货	销售二部	周华强	545.00	545.00	1122		545.00	545.00
3	预收款	WD百货	销售二部	周华强	11025.00	11025.00	2203		11025.00	11025.00

图 7–35　商业汇票填制

（3）以操作员"W02 李冬"的身份登录企业应用平台。执行【业务工作】—【财务会计】—
【应收款管理】—【核销处理】—【手工核销】命令，客户选择"WD 百货"，单击【确定】按钮，
打开"单据核销"界面。双击下方的其他应收单和销售专用发票，系统自动显示【本次结算】栏，
该栏中金额与上方收款单本次结算金额一致，如图 7-36 所示。单击【保存】按钮完成核销。

单据日期	单据类型	单据编号	客户	款项类型	结算方式	币种	汇率	原币金额	原币余额	本次结算金额	记
2020-01-18	收款单	0000000004	WD百货	应收款	银行承...	人...	1...	238,430.00	238,430.00	238,430.00	
2020-01-18	收款单	0000000004	WD百货	应收款	银行承...	人...	1...	545.00	545.00	545.00	
2020-01-18	收款单	0000000004	WD百货	预收款	银行承...	人...	1...	11,025.00	11,025.00		
合计								250,000.00	250,000.00	238,975.00	

单据日期	单据类型	单据编号	到期日	客户	币种	原币金额	原币余额	可享...	本...	本次结算
2020-01-08	其他应收单	0000000001	2020-01-08	WD百货	人...	545.00	545.00	0.00	0.00	545.00
2020-01-08	销售专...	68266875	2020-01-08	WD百货	人...	238,430.00	238,430.00	0.00	0.00	238,430.00
合计						238,975.00	238,975.00	0.00		238,975.00

图 7-36　手工核销

（4）执行【业务工作】—【财务会计】—【应收款管理】—【制单处理】命令，打开"制单查
询"对话框，勾选"收付款单制单""核销制单"复选框，单击【确定】按钮，打开"制单"界面，
单击【合并】按钮，凭证类别选择"转账凭证"，单击【制单】按钮，生成凭证，如图 7-37 所示。

转 账 凭 证

已生成

转　字 0021　　　制单日期：2020.01.18　　　审核日期：　　　附单据数：2

摘　要	科目名称	借方金额	贷方金额
部分还款，剩余部分作预收款	应收票据/银行承兑汇票	25000000	
部分还款，剩余部分作预收款	预收账款		1102500
代垫运费	应收账款		54500
销售专用发票	应收账款		23843000

票号
日期　2020.01.08　数量
　　　　　　　　　单价　　　　　　合计　　　25000000　　25000000

备注　项　目　　　　　　　　　部　门
　　　个　人　　　　　　　　　客　户　WD百货
　　　业务员　周华强

记账　　　　　　审核　　　　　　出纳　　　　　　制单　李冬

图 7-37　银行承兑汇票制单凭证

十二、票据贴现

必备知识

如果应付款管理系统已月末结账，票据贴现无法完成，要取消月末结账才
能进行贴现处理。

票据贴现

任务描述

2020 年 1 月 18 日，将 21356602 号商业承兑汇票到银行办理贴现，贴现率为 6%，贴现款已
存入银行。

任务处理

（1）2020 年 1 月 18 日，以操作员"W03 刘笑"的身份登录企业应用平台。执行【业务工作】—【财务会计】—【应收款管理】—【票据管理】命令，打开"条件查询选择"窗口，单击【确定】按钮，打开"票据管理"对话框。

（2）双击 21356602 号票据最左侧的【选择】栏，选中该票据，单击【贴现】按钮，打开"票据贴现"对话框，根据资料录入贴现率 6%，结算科目选择 100201 工行存款，如图 7-38 所示。单击【确定】按钮，系统询问"是否立即制单？"，单击【否】按钮。

图 7-38　票据贴现

（3）以操作员"W02 李冬"的身份登录企业应用平台。执行【业务工作】—【财务会计】—【应收款管理】—【制单处理】命令，打开"制单查询"对话框，勾选"票据处理制单"复选框，单击【确定】按钮，打开"制单"界面，显示票据处理制单列表，在【凭证类别】下拉列表中选择"收款凭证"，单击【全选】按钮，单击【制单】按钮，打开"填制凭证"界面，第二行分录科目选择"财务费用/利息支出"，单击【保存】按钮，保存当前凭证，如图 7-39 所示。

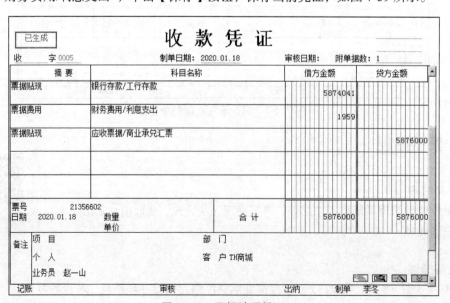

图 7-39　票据贴现凭证

十三、发生坏账

发生坏账

任务描述

2020 年 1 月 25 日，本月 ZH 购物广场的应收款中有 20 000 元发生坏账。

任务处理

（1）2020 年 1 月 25 日，以操作员"W02 李冬"的身份登录企业应用平台。执行【业务工作】—【财务会计】—【应收款管理】—【坏账处理】—【坏账发生】命令，打开"坏账发生"对话框。

（2）在【客户】栏中选择"001-越秀区 ZH 购物广场"，如图 7-40 所示。单击【确定】按钮，打开"发生坏账损失"界面。

图 7-40　坏账发生设置

（3）在【本次发生坏账金额】栏中录入"20 000"，如图 7-41 所示。

坏账发生单据明细

单据类型	单据编号	单据日期	到期日	余额	部门	业务员	本次发生坏账金额
销售专用发票	68266890	2020-01-06	2020-01-06	250,860.00	销售一部	赵一山	20000
合计				250,860.00			20,000.00

图 7-41　坏账发生金额录入

（4）单击【OK 确认】按钮，系统询问"是否立即制单?"，单击【是】按钮，打开"填制凭证"界面，将凭证字改为"转"，单击【保存】按钮，结果如图 7-42 所示。

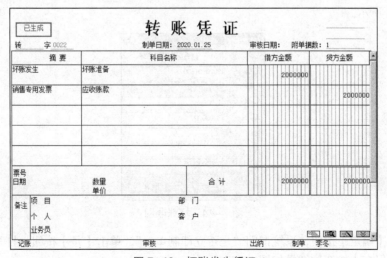

图 7-42　坏账发生凭证

07

十四、坏账收回

必备知识

收回坏账要先填制收款单且不能审核。

任务描述

2020 年 1 月 30 日，销售部赵一山通知财务，收到银行通知，收回已做坏账处理的 ZH 购物广场应收款 20 000 元（转账支票，票号为 25668876）。

任务处理

（1）2020 年 1 月 30 日，以操作员"W03 刘笑"的身份登录企业应用平台。执行【业务工作】—【财务会计】—【应收款管理】—【收款单据处理】—【收款单据录入】命令，打开"收付款单录入"界面。单击【增加】按钮，根据资料填制一张收款单并保存（不要审核），如图 7-43 所示。

图 7-43　收款单填制

（2）以操作员"W02 李冬"身份登录企业应用平台。执行【业务工作】—【财务会计】—【应收款管理】—【坏账处理】—【坏账收回】命令，打开"坏账收回"对话框。在【客户】栏中选择"001-越秀区 ZH 购物广场"，单击【结算单号】栏右侧的 ... 按钮，双击选择刚才填制的收款单，如图 7-44 所示。

图 7-44　坏账收回

（3）单击【确定】按钮，系统询问"是否立即制单？"，单击【是】按钮，打开"填制凭证"界面，单击【保存】按钮，结果如图 7-45 所示。

图 7-45 坏账收回凭证

十五、计提坏账准备

计提坏账准备

任务描述

2020 年 1 月 31 日，计提坏账准备（视同年末）。

任务处理

（1）以操作员"W02 李冬"的身份登录企业应用平台。执行【业务工作】—【财务会计】—【应收款管理】—【坏账处理】—【计提坏账准备】命令，打开"应收账款百分比法"界面，如图 7-46 所示。

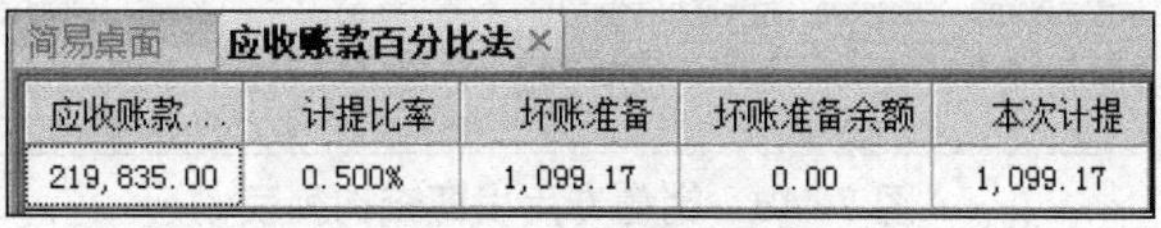

应收账款...	计提比率	坏账准备	坏账准备余额	本次计提
219,835.00	0.500%	1,099.17	0.00	1,099.17

图 7-46 计提坏账准备

（2）单击【OK 确认】按钮，系统询问"是否立即制单？"，单击【是】按钮，打开"填制凭证"界面，修改凭证字为"转"，单击【保存】按钮，结果如图 7-47 所示。

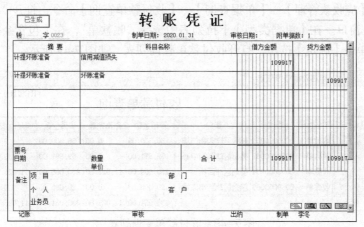

图 7-47 计提坏账准备凭证

07

任务二　单据查询与账表管理

单据查询

一、单据查询

 必备知识

单据查询包括发票查询、应收单查询、收付款单查询、凭证查询、单据报警查询、信用报警查询和应收核销明细表查询。

任务描述

（1）查询本月所有的销售专用发票。

（2）查询本月收款单。

（3）查询本月凭证列表。

任务处理 1

2020 年 1 月 31 日，以操作员"X01 赵一山"的身份登录企业应用平台。执行【业务工作】—【财务会计】—【应收款管理】—【单据查询】—【发票查询】命令，打开"查询条件选择—发票查询"窗口。在【发票类型】栏中选择"销售专用发票"，在【包含余额=0】下拉列表中选择"是"，单击【确定】按钮，打开发票查询列表，如图 7-48 所示。

发票查询

记录总数：3

单据日期	单据类型	单据编号	客户	原币金额	原币余额	本币金额	本币余额
2020-01-08	销售专用发票	68266875	滨湖区WD百货	238,430.00	0.00	238,430.00	0.00
2020-01-11	销售专用发票	68266878	越秀区ZH购物广场	-3,390.00	0.00	-3,390.00	0.00
2020-01-06	销售专用发票	68266890	越秀区ZH购物广场	254,250.00	230,860.00	254,250.00	230,860.00
合计				489,290.00	230,860.00	489,290.00	230,860.00

图 7-48　销售专用发票查询列表

任务处理 2

2020 年 1 月 31 日，以操作员"X01 赵一山"的身份登录企业应用平台。执行【业务工作】—【财务会计】—【应收款管理】—【单据查询】—【收付款单查询】命令，打开"查询条件选择—收付款单查询"窗口。在【单据类型】下拉列表中选择"收款单"，在【包含余额=0】下拉列表中选择"是"，单击【确定】按钮，打开收付款单查询列表，如图 7-49 所示。

打印模版 AR4

收付款单查询

记录总数：4

选择打印	单据类型	单据编号	客户	原币金额	原币余额	本币金额	本币余额
	收款单	0000000001	越秀区ZH购物广场	56,500.00	0.00	56,500.00	0.00
	收款单	0000000002	锡山区LF购物中心	59,551.00	0.00	59,551.00	0.00
	收款单	0000000004	滨湖区WD百货	250,000.00	11,025.00	250,000.00	11,025.00
	收款单	0000000005	越秀区ZH购物广场	20,000.00	0.00	20,000.00	0.00
合计				386,051.00	11,025.00	386,051.00	11,025.00

图 7-49　收付款单查询列表

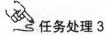 **任务处理 3**

执行【业务工作】—【财务会计】—【应收款管理】—【单据查询】—【凭证查询】命令，打开"凭证查询条件"窗口。在【业务类型】下拉列表中选择"全部"，在【凭证类别】下拉列表中选择"全部"，单击【确定】按钮，打开凭证查询列表，如图 7-50 所示。

凭证查询

凭证总数: 12 张

业务日期	业务类型	业务号	制单人	凭证日期	凭证号	标志
2020-01-08	其他应收单	0000000002	李冬	2020-01-18	付-0011	
2020-01-18	收款单	0000000002	李冬	2020-01-18	收-0003	
2020-01-18	收款单	0000000003	李冬	2020-01-18	收-0004	
2020-01-18	票据贴现	21356602	李冬	2020-01-18	收-0005	
2020-01-30	坏账收回	0000000005	李冬	2020-01-30	收-0006	
2020-01-06	销售专…	68266890	李冬	2020-01-18	转-0017	
2020-01-08	销售专…	68266875	李冬	2020-01-18	转-0018	
2020-01-11	销售专…	68266878	李冬	2020-01-18	转-0019	
2020-01-18	红票对冲	68266890	李冬	2020-01-18	转-0020	
2020-01-18	收款单	0000000004	李冬	2020-01-18	转-0021	
2020-01-25	坏账发生	68266890	李冬	2020-01-25	转-0022	
2020-01-31	计提坏账	HZAR000…	李冬	2020-01-31	转-0023	

图 7-50　凭证查询

二、账表管理

 必备知识

账表管理包括业务账表、统计分析、科目账查询。

业务账表包含业务总账、业务余额表、业务明细账、对账单、与总账对

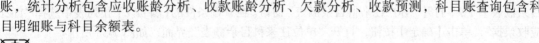

账，统计分析包含应收账龄分析、收款账龄分析、欠款分析、收款预测，科目账查询包含科目明细账与科目余额表。

账表查询

07

 任务描述

（1）查询本月业务总账。

（2）查询本月欠款分析。

（3）查询本月应收票据科目余额表。

 任务处理 1

2020 年 1 月 31 日，以操作员"X01 赵一山"的身份登录企业应用平台。执行【业务工作】—【财务会计】—【应收款管理】—【账表管理】—【业务账表】—【业务总账】命令，打开"查询条件选择—应收总账表"窗口。单击【确定】按钮，打开"应收总账表"界面，如图 7-51 所示。

图 7-51　业务总账查询

任务处理 2

执行【业务工作】—【财务会计】—【应收款管理】—【账表管理】—【统计分析】—【欠款分析】命令，打开"欠款分析"窗口。单击【确定】按钮，打开"欠款分析"界面，如图 7-52 所示。

图 7-52　欠款分析

任务处理 3

执行【业务工作】—【财务会计】—【应收款管理】—【账表管理】—【科目账查询】—【科目余额表】命令，打开"客户往来科目余额表"窗口。在查询条件的【科目】下拉列表中选择"1121 应收票据"，单击【确定】按钮，打开"单位往来科目余额表"界面，如图 7-53 所示。

科目余额表

科目　1121 应收票据　　　　　　　　　　　　　　　　　　　期间：

科目编号	科目名称	客户编号	客户名称	方向	期初余额本币	借方本币	贷方本币	方向	期末余额本币
112101	银行承兑汇票	003	滨湖区WD百货	平		250,000.00		借	250,000.00
小计：				平		250,000.00		借	250,000.00
112102	商业承兑汇票	002	天河区TH商城	借	58,760.00		58,760.00	平	
小计：				借	58,760.00		58,760.00	平	
合计：				借	58,760.00	250,000.00	58,760.00	借	250,000.00

图 7-53　应收票据科目余额表

任务三　应收应付系统月末结账

必备知识

系统进行月末结账后，该月将不能进行任何处理；若本月尚有未审核的收付款单，则不能结账。如果应付系统与采购管理系统集成使用，那么要等采购管理系统结账后才能进行应付系统结账。同理，如果应收系统与销售管理系统集成使用，那么要等销售管理系统结账后才能进行应收系统结账。

任务描述

2020 年 1 月 31 日，对应收应付系统进行月末结账。

任务处理

（1）2020 年 1 月 31 日，以操作员"X01 赵一山"的身份登录企业应用平台。执行【业务工作】—【财务会计】—【应收款管理】—【期末处理】—【月末结账】命令，打开"月末处理"对话框。双击一月的【结账标志】栏，如图 7-54 所示。

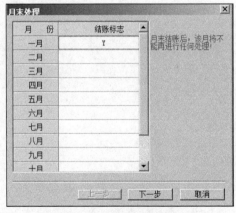

图 7-54　月末处理选择

（2）单击【下一步】按钮，系统显示本月各处理类型的处理情况，如图 7-55 所示。

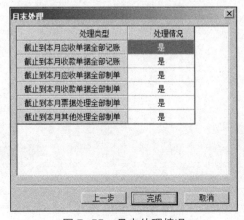

图 7-55　月末处理情况

（3）单击【完成】按钮，系统提示"1月份结账成功"，如图7-56所示。单击【确定】按钮，完成结账。

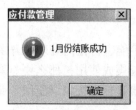

图7-56　结账成功提示

（4）2020年1月31日，以操作员"G01陈伟真"的身份登录企业应用平台。参照上述方法，完成应付系统月末结账。

项目八
总账管理岗位操作（二）

学习目标 ↓

掌握出纳管理操作。
掌握各种账簿查询方法。
掌握期末处理方法。

任务一　出纳管理

出纳管理是指出纳人员应及时了解、掌握某期间或某时间段的现金及银行存款收支情况，并做到日清月结，随时查询、打印有关出纳报表。出纳管理主要包括现金管理、支票管理及银行对账等内容。

一、现金管理

 必备知识

现金管理功能提供对现金日记账、银行存款日记账及资金日报表进行查询和打印功能。
需要指定现金科目才能查询现金日记账，指定银行科目才能查询银行日记账。
可以联查凭证及总账。

 任务描述 1

查询 1 月"现金日记账"。

 任务处理

（1）以"W03 刘笑"的身份登录企业应用平台，执行【总账】—【出纳】—【现金日记账】命令，打开"现金日记账查询条件"对话框。
（2）在【科目】栏中选择"1001 库存现金"，勾选"包含未记账凭证"复选框，如图 8-1 所示。
（3）单击【确定】按钮，打开"现金日记账"界面，如图 8-2 所示。

 任务描述 2

查询 1 月 18 日"银行日记账"，然后联查"收-0003"号的凭证信息。

查询现金日记账

查询银行日记账并
联查凭证

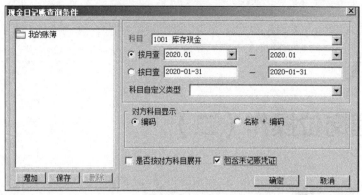

图 8-1　现金日记账查询条件设置

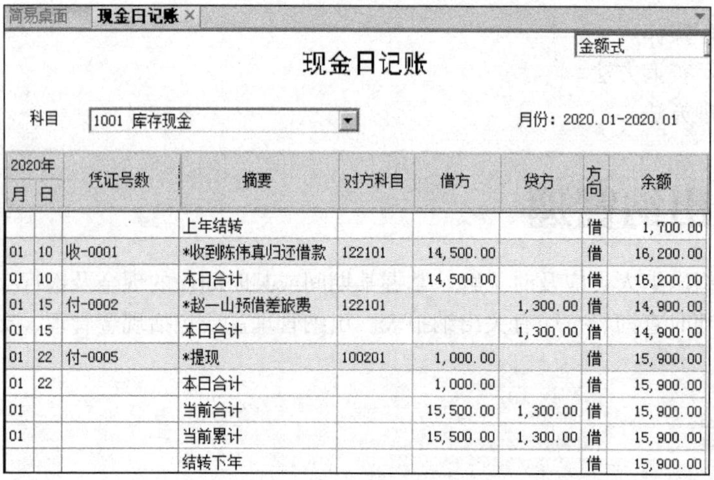

现金日记账

科目 1001 库存现金　　月份：2020.01-2020.01

2020年 月	日	凭证号数	摘要	对方科目	借方	贷方	方向	余额
			上年结转				借	1,700.00
01	10	收-0001	*收到陈伟真归还借款	122101	14,500.00		借	16,200.00
01	10		本日合计		14,500.00		借	16,200.00
01	15	付-0002	*赵一山预借差旅费	122101		1,300.00	借	14,900.00
01	15		本日合计			1,300.00	借	14,900.00
01	22	付-0005	*提现	100201	1,000.00		借	15,900.00
01	22		本日合计		1,000.00		借	15,900.00
01			当前合计		15,500.00	1,300.00	借	15,900.00
01			当前累计		15,500.00	1,300.00	借	15,900.00
			结转下年				借	15,900.00

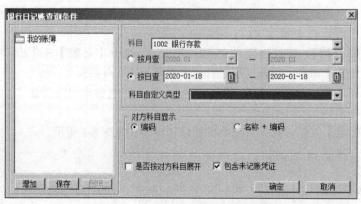

图 8-2　现金日记账

任务处理

（1）以“W03 刘笑”的身份登录企业应用平台，执行【总账】—【出纳】—【银行日记账】命令，打开“银行日记账查询条件”对话框。

（2）在【科目】栏中选择“1002 银行存款”，选中“按日查”单选按钮，起止日期设置为“2020-01-18”，勾选“包含未记账凭证”复选框，如图 8-3 所示。

图 8-3　银行日记账查询条件设置

（3）单击【确定】按钮，打开"银行日记账"界面，如图 8-4 所示。

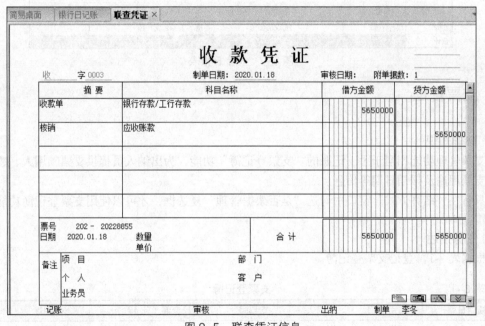

图 8-4　银行日记账

（4）选中"收-0003"号凭证所在记录行，单击【凭证】按钮，可查询"收-0003"号凭证信息，如图 8-5 所示。

图 8-5　联查凭证信息

任务描述 3

查询 1 月 30 日"资金日报表"。

任务处理

（1）以"W03 刘笑"身份登录企业应用平台，执行【总账】—【出纳】—【资金日报表】命令，打开"资金日报表查询条件"窗口，如图 8-6 所示。

（2）勾选"包含未记账凭证"复选框，单击【确定】按钮，如图 8-7 所示。

08

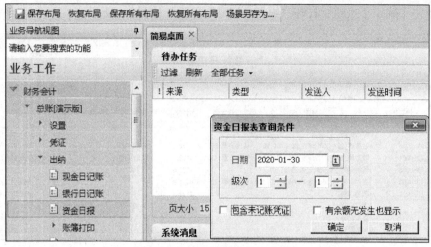

图 8-6　资金日报表查询条件

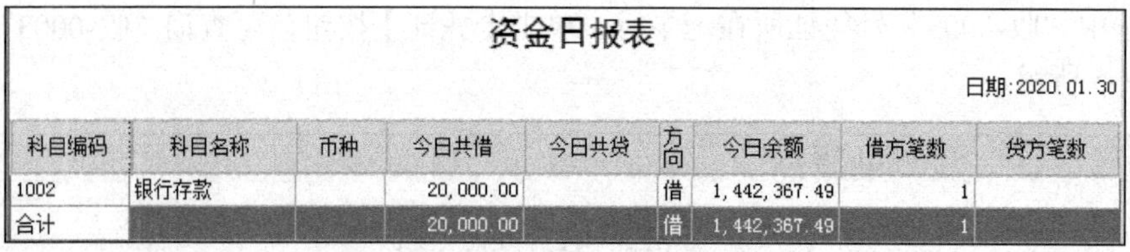

资金日报表

日期：2020.01.30

科目编码	科目名称	币种	今日共借	今日共贷	方向	今日余额	借方笔数	贷方笔数
1002	银行存款		20,000.00		借	1,442,367.49	1	
合计			20,000.00		借	1,442,367.49	1	

图 8-7　资金日报表

二、支票管理

 必备知识

支票管理功能相当于手工记账的"支票登记簿"功能，为出纳人员提供支票领用人、领用日期、支票用途及报销日期等信息。

只有在"结算方式"窗口中勾选"是否票据管理"复选框，才可以使用支票登记簿功能。

 任务描述

根据表 8-1，登记支票登记簿。

表 8-1　　　　　　　　　　　　　　　　支票登记簿

领用日期	领用部门	领用人	支票号	预计金额（元）	用途
2020-01-08	销售二部	周华强	20185568	545.00	代垫运费
2020-01-18	销售二部	周华强	235648	10 000.00	支付广告费
2020-01-20	采购一部	陈伟真	20128870	20 000.00	预付 GS 集团货款
2020-01-20	采购二部	刘芳菲	20128866	40 680.00	支付 NH 集团货款
2020-01-22	财务部	刘笑	235688	1 000.00	提现备用

 任务处理

（1）以"W03 刘笑"的身份登录企业应用平台，执行【总账】—【出纳】—【支票登记簿】命令，打开"银行科目选择"对话框。选择科目为"工行存款（100201）"，如图 8-8 所示。

08

图 8-8　银行科目选择

（2）单击【确定】按钮，打开"支票登记簿"界面。单击【增加】按钮，根据资料录入支票登记簿，单击【保存】按钮。单击【增加】按钮，继续录入其他支票领用信息。结果如图 8-9 所示。

支票登记簿

科目：工行存款(100201)　　　　　支票张数：5(其中　已报0　未报5)

领用日期	领用部门	领用人	支票号	预计金额	用途
2020.01.08	销售二部	周华强	20185568	545.00	代垫运费
2020.01.18	销售二部	周华强	235648	10,000.00	支付广告费
2020.01.20	采购一部	陈伟真	20128870	20,000.00	预付GS集团货款
2020.01.20	采购二部	刘芳菲	20128866	40,680.00	支付NH集团货款
2020.01.22	财务部	刘笑	235688	1,000.00	提现备用

图 8-9　支票登记簿

三、银行对账

 必备知识

将所有凭证完成签字、审核、记账操作。

银行对账包括银行对账期初数据录入、银行对账单录入、银行对账、银行存款余额调节表查询等内容。

 任务描述 1

银行对账期初数据录入：银行存款日记账期初余额为 1 284 718.18 元，银行对账单期初余额为 1 287 718.18 元。期初未达账项（企业已付，银行未付）如表 8-2 所示。

表 8-2　　　　　　　　　　　　　　　期初未达账项

凭证日期	结算方式	票号	贷方金额	票据日期	摘要
2019-12-31	转账支票	20128850	3 000.00	2019-12-31	支付水费

> **注意**
>
> 　　系统默认银行对账单余额方向为借方，即银行对账单中借方发生额为银行存款增加，贷方发生额为银行存款减少。单击"银行对账期初"对话框中的【方向】按钮，可以调整银行对账单余额方向。如果把余额方向调整为贷方，则银行对账单中借方发生额为银行存款减少，而贷方发生额为银行存款增加。

任务处理

（1）以"W03 刘笑"的身份登录企业应用平台，执行【总账】—【出纳】—【银行对账】—【银行对账期初录入】命令，打开"银行科目选择"窗口。

（2）单击【保存】按钮，打开"银行对账期初"对话框。根据资料在单位日记账的【调整前余额】栏中录入"1 284 718.18"，在银行对账单的【调整前余额】栏中录入"1 287 718.18"，如图 8-10 所示。

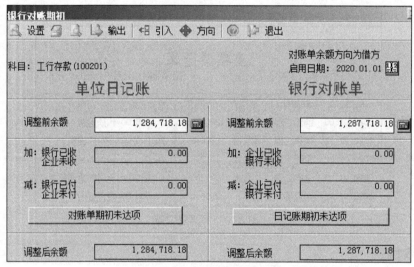

图 8-10　银行对账期初调整前数据

（3）单击【日记账期初未达项】按钮，打开"企业方期初"窗口，单击【增加】按钮，根据表 8-2 录入期初未达账项，如图 8-11 所示。

图 8-11　录入期初未达账项

（4）关闭"企业方期初"窗口，返回"银行对账期初"对话框，如图 8-12 所示。

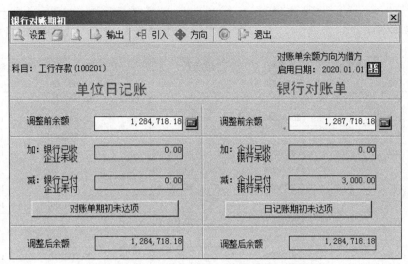

图 8-12 银行对账期初调整后数据

 任务描述 2

根据表 8-3，录入银行对账单。

表 8-3 　　　　　　　　　　1 月份银行对账单 　　　　　　　　　　金额单位：元

日期	结算方式	票号	借方金额	贷方金额	余额
2020-01-01	转账支票	20128850		3 000.00	1 284 718.18
2020-01-03	其他			98 747.10	1 185 971.08
2020-01-08	转账支票	20185568		545.00	1 185 426.08
2020-01-11	其他			5 650.00	1 179 776.08
2020-01-18	转账支票	20228855	56 500.00		1 236 276.08
2020-01-18	汇兑	43538866	59 551.00		1 295 827.08
2020-01-18		21356602	58 740.41		1 354 567.49
2020-01-19	现金支票	235648		10 000.00	1 344 567.49
2020-01-19	现金支票	235648	10 000.00		1 354 567.49
2020-01-20	转账支票	20128866		40 680.00	1 313 887.49
2020-01-20	转账支票	20128870		20 000.00	1 293 887.49
2020-01-21	汇兑	32158866		144 640.00	1 149 247.49
2020-01-22	现金支票	235688		1 000.00	1 148 247.49
2020-01-25		63286657		17 289.00	1 130 958.49
2020-01-30	转账支票	25668876	20 000.00		1 150 958.49

 任务处理

（1）以"W03 刘笑"的身份登录企业应用平台，执行【总账】—【出纳】—【银行对账】—【银行对账单】命令，科目选择"100201 工行存款"，单击【确定】按钮，打开"银行对账单"界面。

（2）单击【增加】按钮，根据资料录入银行对账单，如图 8-13 所示。（录入银行对账单金额后，按"Enter"键，其余额由系统自动计算，进入下一条记录。）

日期	结算方式	票号	借方金额	贷方金额	余额
					银行对账单
科目：工行存款(100201)					对账单账面余额:1,150,958.49
2020.01.01	202	20128850		3,000.00	1,284,718.18
2020.01.03	4			98,747.10	1,185,971.08
2020.01.08	202	20185568		545.00	1,185,426.08
2020.01.11	4			5,650.00	1,179,776.08
2020.01.18	202	20228855	56,500.00		1,236,276.08
2020.01.18	3	43538866	59,551.00		1,295,827.08
2020.01.18		21356602	58,740.41		1,354,567.49
2020.01.19	201	235648		10,000.00	1,344,567.49
2020.01.19	201	235648	10,000.00		1,354,567.49
2020.01.20	202	20128866		40,680.00	1,313,887.49
2020.01.20	202	20128870		20,000.00	1,293,887.49
2020.01.21	3	32158866		144,640.00	1,149,247.49
2020.01.22	201	235688		1,000.00	1,148,247.49
2020.01.25		63286657		17,289.00	1,130,958.49
2020.01.30	202	25668876	20,000.00		1,150,958.49

图 8-13　银行对账单

 任务描述 3

进行银行对账。

> **注意**
>
> 如果在银行对账期初中默认银行对账单余额方向为借方，则对账时对账条件为"方向相同、金额相同"的日记账与对账单进行勾对；如果在银行对账期初中将银行对账单余额方向修改为贷方，则对账时对账条件为"方向相反、金额相同"的日记账与对账单进行勾对。
>
> 对账前，将之前生成的凭证都记账。

银行对账包括自动对账和手工对账两种形式：自动对账是系统根据对账依据自动进行核对、勾销，自动对账两清标志为"○"；手工对账是对自动对账的补充，手工对账的两清标志为"Y"。

在自动对账后，如果发现一些应勾对而未勾对上的账项，可以分别双击【两清】栏，直接进行手工调整。

单击【取消】按钮可以自动取消所有的两清标志；如果手工取消，则可以双击要取消对账标志业务的【两清】栏，取消两清标志。

任务处理

（1）以"W03 刘笑"的身份登录企业应用平台，执行【总账】—【出纳】—【银行对账】—【银行对账】命令，打开"银行科目选择"对话框。单击【确定】按钮，打开"银行对账"界面，单击工具栏中的【对账】按钮，打开"自动对账"对话框，如图 8-14 所示，截止日期调整为 2020年 1 月 31 日。

08

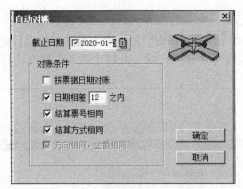

图 8-14 "自动对账"对话框

（2）单击【确定】按钮，系统显示对账结果，如图 8-15 所示。

科目：100201（工行存款）

								单位日记账									银行对账单	
票据日期	结算方式	票号	方向	金额	两清	凭证号数	摘要	对账序号	日期	结算方式	票号	方向	金额	两清	对账序号
2020.01.18	202	20228855	借	56,500.00	○	收-0003	收款单	2021121700005	2020.01.01	202	20128850	贷	3,000.00	○	2021121700002
2020.01.18	3	43538866	借	59,551.00	○	收-0004	收款单	2021121700011	2020.01.03	4		贷	98,747.10		2021121700001
2020.01.18		21356602	借	58,740.41	○	收-0005	票据贴现	2021121700006	2020.01.08	202	20185568	贷	545.00		
2020.01.30	202	25668876	借	20,000.00	○	收-0006	坏账收回	2021121700009	2020.01.11	4		贷	5,650.00		
2020.01.03	4		贷	98,747.10	○	付-0001	缴纳增值	2021121700001	2020.01.18	202	20228855	借	56,500.00	○	2021121700005
2020.01.18	201	235648	贷	10,000.00	○	付-0003	支付广告	2021121700007	2020.01.18	3	43538866	借	59,551.00	○	2021121700011
2020.01.18	201	235648	贷	-10,000.00		付-0004	口冲销		2020.01.18		21356602	借	58,740.41	○	2021121700006
2020.01.22	201	235688	贷	1,000.00	○	付-0005	提现	2021121700008	2020.01.19	201	235648	贷	10,000.00	○	2021121700007
			贷	5,650.00		付-0006	直接购入		2020.01.19	201	235648	借	10,000.00		
2020.01.20	202	20128866	贷	40,680.00	○	付-0007	付款单	2021121700003	2020.01.20	202	20128866	贷	40,680.00	○	2021121700003
2020.01.20	3	32158866	贷	144,640.00	○	付-0008	付款单	2021121700010	2020.01.20	202	20128870	贷	20,000.00	○	2021121700004
2020.01.20	202	20128870	贷	20,000.00	○	付-0009	付款单	2021121700004	2020.01.21	3	32158866	贷	144,640.00	○	2021121700010
2020.01.25		63286657	贷	17,289.00	○	付-0010	票据结算	2021121700012	2020.01.22	201	235688	贷	1,000.00	○	2021121700008
			贷	545.00		付-0011	代垫运费		2020.01.25		63286657	贷	17,289.00	○	2021121700012
2019.12.31	202	20128850	贷	3,000.00	○	-0000	支付水费	2021121700002	2020.01.30	202	25668876	借	20,000.00	○	2021121700009

图 8-15 自动对账结果

（3）其中没勾对上的记录，采用手工对账。

方法一：在"单位日记账"与"银行对账单"中双击没有"○"两清标志的记录，此时【两清】栏自动打上"√"，如图 8-16 所示。

		单位日记账								银行对账单					
票号	方向	金额	两清	凭证号数	摘要	对账序号	日期	结算方式	票号	方向	金额	两清	对账序号
20228855	借	56,500.00	○	收-0003	收款单	2021121700005	2020.01.01	202	20128850	贷	3,000.00	○	2021121700002
43538866	借	59,551.00	○	收-0004	收款单	2021121700011	2020.01.03	4		贷	98,747.10		2021121700001
21356602	借	58,740.41	○	收-0005	票据贴现	2021121700006	2020.01.08	202	20185568	贷	545.00		
25668876	借	20,000.00	○	收-0006	坏账收回	2021121700009	2020.01.11	4		贷	5,650.00		
	贷	98,747.10	○	付-0001	缴纳增值	2021121700001	2020.01.18	202	20228855	借	56,500.00	○	2021121700005
235648	贷	10,000.00	○	付-0003	支付广告	2021121700007	2020.01.18	3	43538866	借	59,551.00	○	2021121700011
235648	贷	-10,000.00	√	付-0004	口冲销	2021121700013	2020.01.18		21356602	借	58,740.41	○	2021121700006
235688	贷	1,000.00	○	付-0005	提现	2021121700008	2020.01.19	201	235648	贷	10,000.00	○	2021121700007
	贷	5,650.00		付-0006	直接购入		2020.01.19	201	235648	借	10,000.00	√	2021121700013
20128866	贷	40,680.00	○	付-0007	付款单	2021121700003	2020.01.20	202	20128866	贷	40,680.00	○	2021121700003
32158866	贷	144,640.00	○	付-0008	付款单	2021121700010	2020.01.20	202	20128870	贷	20,000.00	○	2021121700004
20128870	贷	20,000.00	○	付-0009	付款单	2021121700004	2020.01.21	3	32158866	贷	144,640.00	○	2021121700010
63286657	贷	17,289.00	○	付-0010	票据结算	2021121700012	2020.01.22	201	235688	贷	1,000.00	○	2021121700008
	贷	545.00		付-0011	代垫运费		2020.01.25		63286657	贷	17,289.00	○	2021121700012
20128850	贷	3,000.00	○	-0000	支付水费	2021121700002	2020.01.30	202	25668876	借	20,000.00	○	2021121700009

图 8-16 手工对账方法一

08

方法二：在"单位日记账"中双击没有"○"两清标志的记录，此时【两清】栏自动打上"√"，单击工具栏中的【对照】按钮，在银行对账单中显示与单位日记账中当前记录相似的记录，如图 8-17 所示。双击银行对账单中该行记录，此时【两清】栏自动打上"√"。

科目：100201（工行存款）

			单位日记账								银行对账单			
票据日期	结算方式	票号	方向	金额	两清	凭证号数	摘 要	对账序号		日期	结算方式	票号	方向	金额	两清	对账序号
2020.01.18	202	43538866	借	59,551.00	√	收-0004	收款单	2020022000013		2020.01.18	3	43538866	借	59,551.00		
			贷	545.00		付-0011	代垫运费									
2020.01.18	201	235648	贷	-10,000.00		付-0004	C冲销									
2020.01.03	4		贷	98,747.10	○	付-0001	缴纳增值税、	2020022000001								
2019.12.31	202	20128850	贷	3,000.00	○	-0000	支付水费	2020022000002								
2020.01.20	202	20128866	贷	40,680.00	○	付-0007	付款单	2020022000003								
2020.01.20	202	20128870	贷	20,000.00	○	付-0009	付款单	2020022000004								
2020.01.18	202	20228855	借	56,500.00	○	收-0003	收款单	2020022000005								
2020.01.18		21356602	借	58,740.41	○	收-0005	票据贴现	2020022000006								
2020.01.18	201	235648	贷	10,000.00	○	付-0003	支付广告费	2020022000007								
2020.01.22	201	235888	贷	1,000.00	○	付-0005	提现	2020022000008								
2020.01.30	202	25668876	借	20,000.00	结	收-0006	坏账收回	2020022000009								
2020.01.20	3	32158866	贷	144,640.00	○	付-0008	付款单	2020022000010								
2020.01.25		63286657	贷	17,289.00	○	付-0010	票据结算	2020022000011								
			贷	5,650.00		付-0006	直接购入资									

图 8-17　手工对账方法二

（4）单击【保存】按钮，完成手工对账。两清标志变更为"Y"，如图 8-18 所示。

科目：100201（工行存款）

			单位日记账								银行对账单			
票据日期	结算方式	票号	方向	金额	两清	凭证号数	摘 要	对账序号		日期	结算方式	票号	方向	金额	两清	对账序号
2020.01.03	4		贷	98,747.10	○	付-0001	缴纳增值税、	2020022000001		2020.01.01	202	20128850	贷	3,000.00	○	2020022000002
2019.12.31	202	20128850	贷	3,000.00	○	-0000	支付水费	2020022000002		2020.01.03	4		贷	98,747.10	○	2020022000001
2020.01.20	202	20128866	贷	40,680.00	○	付-0007	付款单	2020022000003		2020.01.08		20185568	贷	545.00	Y	2020022000014
2020.01.20	202	20128870	贷	20,000.00	○	付-0009	付款单	2020022000004		2020.01.11	4		贷	5,650.00	Y	2020022000014
2020.01.18	202	20228855	借	56,500.00	○	收-0003	收款单	2020022000005		2020.01.18	202	20228855	借	56,500.00	○	2020022000005
2020.01.18		21356602	借	58,740.41	○	收-0005	票据贴现	2020022000006		2020.01.18	3	43538866	借	59,551.00	○	2020022000013
2020.01.18	201	235648	贷	10,000.00	○	付-0003	支付广告费	2020022000007		2020.01.18		21356602	借	58,740.41	○	2020022000006
2020.01.22	201	235688	贷	1,000.00	○	付-0005	提现	2020022000008		2020.01.19	201	235648	贷	10,000.00	Y	2020022000007
2020.01.30	202	25668876	借	20,000.00	○	收-0006	坏账收回（结	2020022000009		2020.01.19	201	235648	借	10,000.00	Y	2020022000014
2020.01.20	3	32158866	贷	144,640.00	○	付-0008	付款单	2020022000010		2020.01.20	202	20128866	贷	40,680.00	○	2020022000003
2020.01.25		63286657	贷	17,289.00	○	付-0010	票据结算	2020022000011		2020.01.20	202	20128870	贷	20,000.00	○	2020022000004
2020.01.18	202	43538866	借	59,551.00	Y	收-0004	收款单	2020022000013		2020.01.21	3	32158866	贷	144,640.00	○	2020022000010
			贷	5,650.00	Y	付-0006	直接购入资	2020022000014		2020.01.22	201	235688	贷	1,000.00	○	2020022000008
			贷	545.00	Y	付-0011	代垫运费	2020022000014		2020.01.25		63286657	贷	17,289.00	○	2020022000011
2020.01.18	201	235648	贷	-10,000.00	Y	付-0004	C冲销	2020022000014		2020.01.30	202	25668876	借	20,000.00	○	2020022000009

图 8-18　对账结果

任务描述 4

查询 1 月份银行存款余额调节表。

任务处理

（1）以"W03 刘笑"的身份登录企业应用平台，执行【总账】—【出纳】—【银行对账】—【余额调节表查询】命令，打开"银行存款余额调节表"界面，单击工具栏中的【查看】按钮，打开"银行存款余额调节表"对话框，如图 8-19 所示。

（2）单击【详细】按钮，打开详细的银行存款余额调节表，如图 8-20 所示。

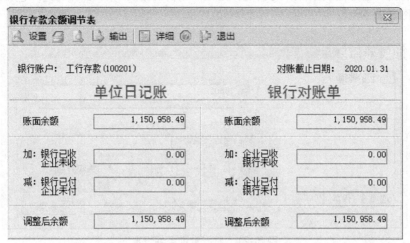

图 8-19　"银行存款余额调节表"对话框

余额调节表（详细）

科目：工行存款(100201)															对账截止日期:2020.01.31
企业账面存款余额:1,150,958.49							银行账面存款余额:1,150,958.49								
加：银行已收企业未收			减：银行已付企业未付			加：企业已收银行未收					减：企业已付银行未付				
日期	票号	金额	日期	票号	金额	凭证日期	凭证号	票据日期	票号	摘要	金额	凭证日期	凭证号	票据日期	票号	摘要	金额
合计		0.00	合计		0.00			合计			0.00				合计		0.00
调整后企业账面		存款余额:		1,150,958.49								调整后银行账面		存款余额:			1,150,958.49

图 8-20　详细的银行存款余额调节表

银行存款余额调节表如果不平衡，应分别查看银行对账期初、银行对账单及银行对账是否正确。在银行对账之后可以查询对账勾对情况，如果确认银行对账结果是正确的，可以使用"核销银行账"功能核销已达账。

任务二　账簿查询

账簿查询包括查询总账、余额表、多栏式明细账、个人明细账等内容。

一、查询总账

必备知识

在总账查询功能中，既可以查到三栏式总账的年初余额、各月发生额合计和月末余额，又可以联查到二到五级明细科目的年初余额、各月发生额合计和月末余额，还可以联查到明细账中每项明细资料对应的记账凭证。

任务描述

查询"销售费用"总账。

任务处理

（1）以"W02 李冬"的身份登录企业应用平台，执行【总账】—【账表】—【科目账】—【总账】命令，打开"总账查询条件"对话框。输入查询科目编码"6601"，勾选"包含未记账凭证"复选框，如图8-21所示。

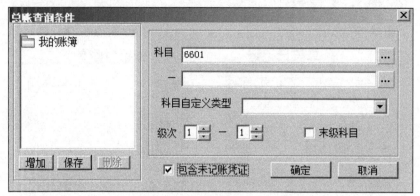

图8-21　总账查询条件设置

（2）单击【确定】按钮，打开"总账"界面，如图8-22所示。

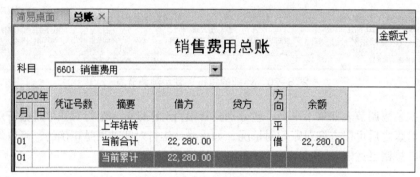

图8-22　销售费用总账

二、查询余额表

 必备知识

余额表用于查询、统计各级科目的本月发生额、累计发生额和余额，可输出某个月或某几个月的所有总账科目或明细科目的期初余额、本期发生额、累计发生额、期末余额。账簿余额表的作用是方便对账，也可以为需要了解财会方面信息的管理者提供公司的财务状况。

 任务描述

查询资产类账户余额表。

 任务处理

（1）以"W02 李冬"的身份登录企业应用平台，执行【总账】—【账表】—【科目账】—【余额表】命令，打开"发生额及余额查询条件"对话框。科目类型选择"资产"，勾选"包含未记账凭证"复选框，如图8-23所示。

（2）单击【确定】按钮，打开"发生额及余额表"界面，如图8-24所示。

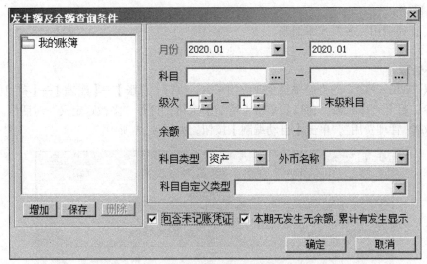

图 8-23 "发生额及余额查询条件"对话框

金额式

发生额及余额表

月份：2020.01-2020.01

科目编码	科目名称	期初余额		本期发生		期末余额	
		借方	贷方	借方	贷方	借方	贷方
1001	库存现金	1,700.00		15,500.00	1,300.00	15,900.00	
1002	银行存款	1,284,718.00		263,591.41	328,551.00	1,219,758.41	
1012	其他货币资金	239,326.00				239,326.00	
1121	应收票据	58,760.00		250,000.00	58,760.00	250,000.00	
1122	应收账款	116,051.00		509,835.00	395,026.00	230,860.00	
11 客户往来	应付账款			20,000.00		20,000.00	
1221	其他应收款	15,950.00		5,675.36	14,500.00	7,125.36	
1231	坏账准备			20,000.00	21,099.17		1,099.17
1402	在途物资	59,432.00		233,400.00	233,400.00	59,432.00	
1405	库存商品	288,500.00		233,400.00		521,900.00	
1471	存货跌价准备		7,425.00				7,425.00
1601	固定资产	2,285,500.00		5,000.00	8,000.00	2,282,500.00	
1602	累计折旧		694,820.00	256.00	19,344.00		713,908.00
1603	固定资产减值准备				500.00		500.00
1604	在建工程	44,177.00				44,177.00	
1605	工程物资	2,876.00				2,876.00	
1606	固定资产清理			4,262.00	4,262.00		
1901	待处理财产损益			3,872.00	3,872.00		
资产小计		4,396,990.00	702,245.00	1,564,791.77	1,088,614.17	4,893,854.77	722,932.17
合计		4,396,990.00	702,245.00	1,564,791.77	1,088,614.17	4,893,854.77	722,932.17

图 8-24 资产类账户余额表

08

三、查询多栏式明细账

 必备知识

明细账查询功能用于查询各账户的明细发生情况，可按自定义查询条件查询、输出明细账，即分别选取某些条件（如类别、日期、凭证号、科目、摘要、发生额）进行组合后，按组合条件进行查询，在查询过程中可以包含未记账的凭证。

任务描述

查询"管理费用"多栏式明细账。

任务处理

（1）以"W02 李冬"的身份登录企业应用平台，执行【总账】—【账表】—【科目账】—【多栏账】命令，打开"多栏账"窗口。单击【增加】按钮，打开"多栏账定义"对话框。选择核算科目为"6602 管理费用"，单击【自动编制】按钮，如图 8-25 所示。

图 8-25　多栏账定义设置

（2）单击【确定】按钮，返回"多栏账"窗口，完成管理费用多栏账的定义。在"多栏账"窗口中，单击【查询】按钮，打开"多栏账查询"界面。单击【确定】按钮，查询管理费用多栏账信息，如图 8-26 所示。

简易桌面	多栏账查询×													

多栏账

多栏　管理费用多栏账　　　　　　　　　　　　　　　月份：2020.01-2020.01

2020年		凭证号数	摘要	借方	贷方	方向	余额	借方						
月	日							职工薪酬	利	公	差旅	折旧费	理 招 险	工会经费
01	31	转-0001	计提工资	61,859.10		借	61,859.10	61,859.10						
01	31	转-0002	计提工会经费	1,237.18		借	63,096.28							1,237.18
01	31	转-0005	计提企业负担的	16,564.50		借	79,660.78	16,564.50						
01	31	转-0007	计提第[1]期间折	15,280.00		借	94,940.78					15,280.00		
01			当前合计	94,940.78		借	94,940.78	78,423.60				15,280.00		1,237.18
01			当前累计	94,940.78		借	94,940.78	78,423.60				15,280.00		1,237.18

图 8-26　查询管理费用多栏账

四、查询个人明细账

必备知识

辅助账是对总账和序时账中没有记录的内容所做的辅助记录账，核算单位一般有很多种辅助账簿，包括个人往来辅助账、部门辅助账、客户往来辅助账、供应商往来辅助账。

任务描述

查询"赵一山"个人明细账。

 任务处理

（1）以"W02 李冬"的身份登录企业应用平台，执行【总账】—【账表】—【个人往来账】—【个人往来明细账】—【个人明细账查询】命令，打开"查询条件选择"对话框。在【个人】栏中选择"007-赵一山"，在【是否包含未记账凭证】下拉列表中选择"是"，如图 8-27 所示。

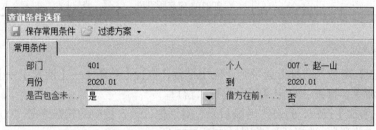

图 8-27　个人明细账查询条件选择

（2）单击【确定】按钮，打开"个人明细账"界面，如图 8-28 所示。

个人往来明细账

部门：　401　　销售一部　　　　　　　　月份：2020.01　-　2020.01
个人：　007　　赵一山

年	月	日	凭证号	科目		摘要	借方	贷方	方向	余额
				编码	名称		本币	本币		本币
2020	1	15	付-0002	122101	应收职工借款	赵一山预借差旅…	1,300.00		借	1,300.00
				122101	应收职工借款	小计	1,300.00		借	1,300.00
						合计：	1,300.00		借	1,300.00

图 8-28　个人明细账

任务三　期末处理

总账系统期末处理是指在将本月发生的日常经济业务全部登记入账后，进行转账、对账、结账的期末处理。

一、转账定义

 必备知识

转账定义是将凭证的摘要、会计科目、借贷方向、金额计算公式预先储存在计算机中，生成该转账凭证时进行调用，生成自动转账分录。转账定义包括自定义转账、对应结转、销售成本结转、售价（计划价）销售成本结转、汇兑损益结转、期间损益结转、自定义比例转账、费用摊销和预提 8 种功能。

 任务描述 1

根据表 8-4，进行自定义转账设置。

自定义转账

表 8-4　　　　　　　　　　　　　自定义转账设置

转账序号	转账说明	科目	方向	金额公式
0001	结转本月未交增值税	22210103 转出未交增值税	借	QM（222101，月）
		222102 未交增值税	贷	JG（）
0002	计提应交城建税、教育费附加	6403 税金及附加	借	JG（）
		222105 应交城建税	贷	QM（222101，月）*0.07
		222106 应交教育费附加	贷	QM（222101，月）*0.03
0003	计提本月所得税	6801 所得税费用	借	（QM（4103，月，贷）－ QM（4103，月，借））*0.25
		222103 应交所得税	贷	JG（）

任务处理

（1）以"W02 李冬"的身份登录企业应用平台，执行【总账】—【期末】—【转账定义】—【自定义转账】命令，打开"自定义转账设置"窗口。

（2）单击【增加】按钮，打开"转账目录"对话框，录入相应的转账序号"0001"、转账说明"结转本月未交增值税"，选择凭证类别，如图 8-29 所示。

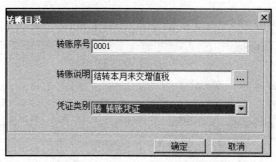

图 8-29　"转账目录"对话框设置

（3）单击【确定】按钮，返回"自定义转账设置"窗口，单击【增行】按钮，双击选择科目编码"22210103"（即转出未交增值税），方向选择"借"，双击金额公式，打开"公式向导"对话框，选择期末余额"QM（）"，如图 8-30 所示。

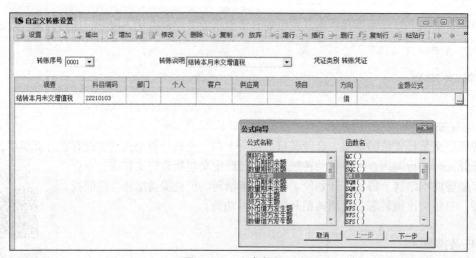

图 8-30　公式向导 1

（4）单击【下一步】按钮，【科目】选择"222101"（即应交增值税），如图8-31所示。

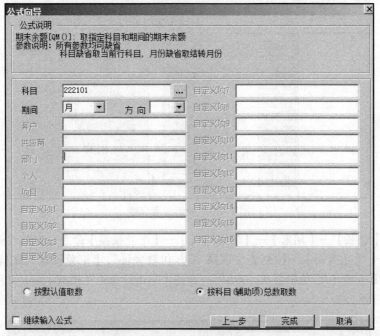

图8-31 公式向导2

（5）单击【完成】按钮，完成借方科目设置。

（6）单击【增行】按钮，双击选择科目编码"222102"（即未交增值税），方向选择"贷"，双击金额公式，打开"公式向导"对话框，选择期末余额"JG（ ）"，取对方科目计算结果，单击【下一步】按钮，单击【完成】按钮。保存后如图8-32所示。

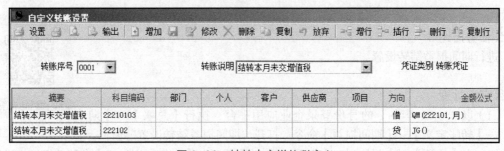

图8-32 结转未交增值税定义

（7）重复以上步骤，完成其他自定义转账方案。

 任务描述2

2020年1月31日调整汇率为6.87，进行汇兑损益结转设置。

 任务处理

（1）以"W02 李冬"的身份登录企业应用平台，执行【基础档案】—【财务】—【外币设置】命令，打开"外币设置"对话框。根据资料，在1月31日的【调整汇率】栏中录入"6.87000"，如图8-33所示。完成后，退出该对话框。

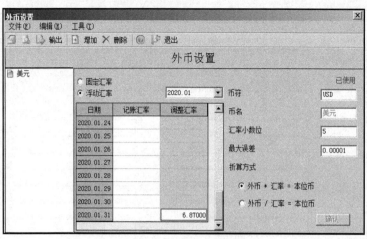

图 8-33　外币汇率调整

（2）执行【总账】—【期末】—【转账定义】—【汇兑损益】命令，打开"汇兑损益结转设置"窗口。在【凭证类别】下拉列表中选择"付 付款凭证"，【汇兑损益入账科目】参照选择"660302"（即财务费用/汇兑损益），双击第一行的【是否计算汇兑损益】栏，如图 8-34 所示，单击【确定】按钮。

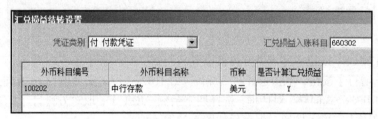

图 8-34　汇兑损益结转设置

 任务描述 3

进行期间损益结转设置。

 任务处理

（1）以"W02 李冬"的身份登录企业应用平台，执行【总账】—【期末】—【转账定义】—【期间损益】命令，打开"期间损益结转设置"窗口。

期间损益结转设置

（2）在【凭证类别】下拉列表中选择"转 转账凭证"，【本年利润科目】参照选择"4103"，如图 8-35 所示，单击【确定】按钮。

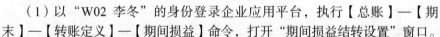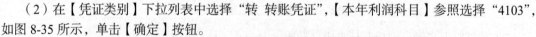

损益科目编号	损益科目名称	损益科目账类	本年利润科目编码	本年利润科目名称	本
6001	主营业务收入	部门核算	4103	本年利润	
6011	利息收入		4103	本年利润	
6021	手续费及佣金收入		4103	本年利润	
6031	保费收入		4103	本年利润	
6041	租赁收入		4103	本年利润	
6051	其他业务收入		4103	本年利润	

图 8-35　期间损益结转设置

二、转账生成凭证

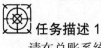

必备知识

转账生成是在完成转账定义后执行的，每月月末只需执行转账生成即可快速生成转账凭证，生成的凭证需审核、记账才能记到账簿中。

在生成期间损益转账凭证时，要确保其他所有涉及损益类科目的凭证都已记账。

任务描述 1

请在总账系统中填制结转已销产品成本的凭证（销售一部成本为 153 000 元，销售二部成本为 141 056 元。洗发水数量为 1 950 瓶，单价为 40 元；沐浴露数量为 1 500 瓶，单价为 50 元；润肤霜共 1 600 瓶，其中 1 250 瓶单价是 60 元，350 瓶单价是 60.16 元；洁面乳为 1 500 瓶，单价为 30 元）。

任务处理

（1）执行【业务工作】—【财务会计】—【总账】—【凭证】—【填制凭证】命令，单击【增加】按钮，填制以上凭证。结果如图 8-36 所示。

转 账 凭 证

		转 字 0024 - 0001/0002	制单日期：2020.01.31	审核日期：	附单据数：	
摘　要		科目名称		借方金额	贷方金额	
结转已销产品成本		主营业务成本		15300000		
结转已销产品成本		主营业务成本		14105600		
结转已销产品成本		库存商品			7800000	
结转已销产品成本		库存商品			7500000	
结转已销产品成本		库存商品			7500000	
票号 日期	数量 单价		合　计	29405600	29405600	
备注	项　目 个　人 业务员		部　门　销售一部 客　户			
记账		审核	出纳	制单　李冬		

图 8-36　结转已销产品成本凭证

（2）将上述凭证审核、记账。

任务描述 2

生成自定义转账中结转本月未交增值税、计提应交城建税教育费附加凭证。

任务处理

（1）以"W02 李冬"的身份登录企业应用平台，执行【总账】—【期末】—【转账生成】命令，打开"转账生成"对话框。双击"0001""0002"号自定义转账凭证的【是否结转】栏，如图 8-37 所示。

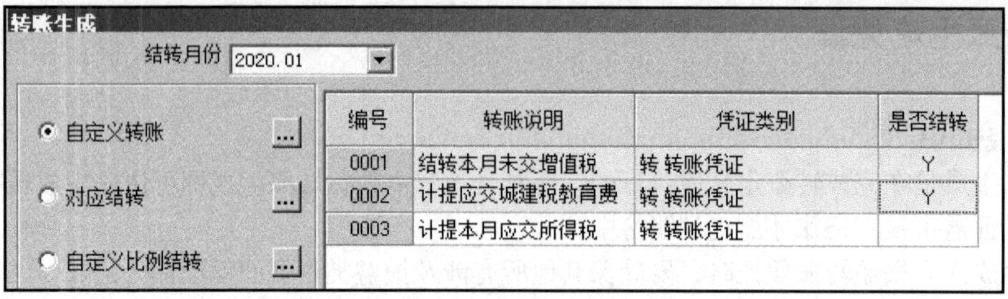

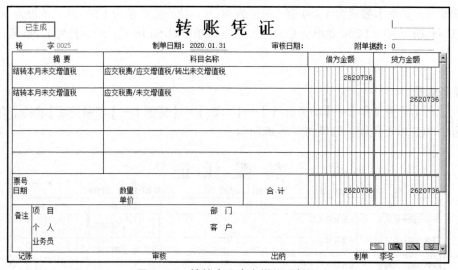

图 8-37　转账生成方案选择

（2）单击【确定】按钮，打开凭证窗口，单击【保存】按钮，如图 8-38 所示。

图 8-38　结转本月未交增值税凭证

（3）单击 ➡ 按钮，进入下一张凭证，单击【保存】按钮，如图 8-39 所示。

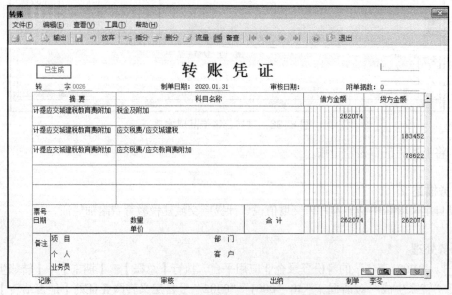

图 8-39　计提应交城建税教育费附加凭证

08

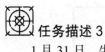

任务描述3

1月31日，生成结转汇兑损益凭证。

任务处理

（1）以"W02 李冬"的身份登录企业应用平台，执行【总账】—【期末】—【转账生成】命令，打开"转账生成"对话框。选中左侧的"汇兑损益结转"单选按钮，外币币种选择"美元 USD"，单击【全选】按钮，如图8-40所示。

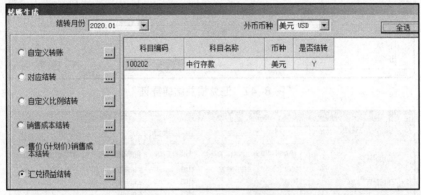

图8-40　转账生成方案选择

（2）单击【确定】按钮，系统询问"2020年01月或之前有未记账凭证，是否继续结转？"，单击【是】按钮，打开"汇兑损益试算表"对话框，如图8-41所示。（出现系统提示的原因是前面生成的结转本月未交增值税凭证和计提应交城建税教育费附加凭证未记账，但这两张凭证不影响汇兑损益结转。）

图8-41　汇兑损益试算表

（3）单击【确定】按钮，打开凭证窗口，单击【保存】按钮，如图8-42所示。

（4）将上述凭证审核、记账（付款凭证需出纳签字）。

任务描述4

1月31日，生成结转期间损益凭证。

任务处理

（1）以"W02 李冬"的身份登录企业应用平台，执行【总账】—【期末】—【转账生成】命令，打开"转账生成"对话框。选中左侧的"期间损益结转"单选按钮，在上方的【类型】下拉列表中选择"收入"，单击【全选】按钮，如图8-43所示。

生成结转期间损益凭证

08

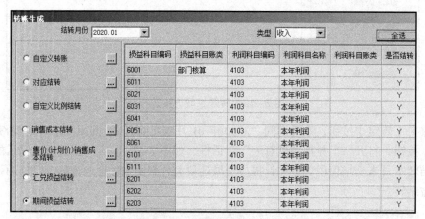

图 8-42　汇兑损益结转凭证

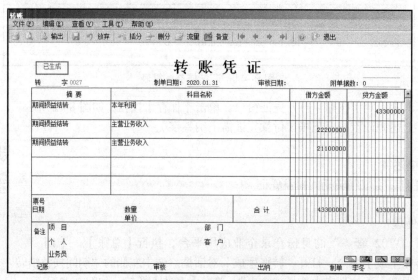

图 8-43　转账生成方案选择

（2）单击【确定】按钮，打开凭证窗口，单击【保存】按钮，如图 8-44 所示。

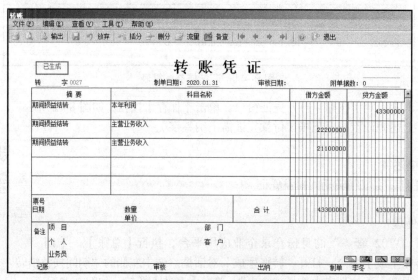

图 8-44　结转收入类账户凭证

（3）关闭凭证窗口，返回"转账生成"对话框。在上方的【类型】下拉列表中选择"支出"，单击【全选】按钮，单击【确定】按钮，系统询问"2020 年 01 月或之前有未记账凭证，是否继续结转？"，单击【是】按钮，打开凭证窗口，单击【保存】按钮，如图 8-45 所示。（出现系统提示的原因是前面生成的结转收入类账户凭证未记账，但这不影响支出类账户结转。）

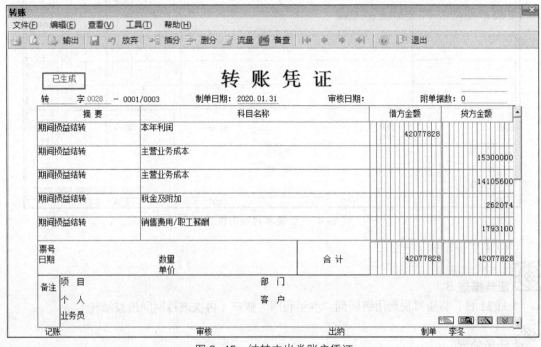

图 8-45 结转支出类账户凭证

（4）将上述凭证审核、记账。

 任务描述 5

1 月 31 日，生成计提本月所得税费用凭证。

 任务处理

（1）以"W02 李冬"的身份登录企业应用平台，执行【总账】—【期末】—【转账生成】命令，打开"转账生成"对话框。双击"0003"号自定义转账凭证的【是否结转】栏，如图 8-46 所示。

图 8-46 转账生成方案选择

（2）单击【确定】按钮，打开凭证窗口，单击【保存】按钮，如图 8-47 所示。

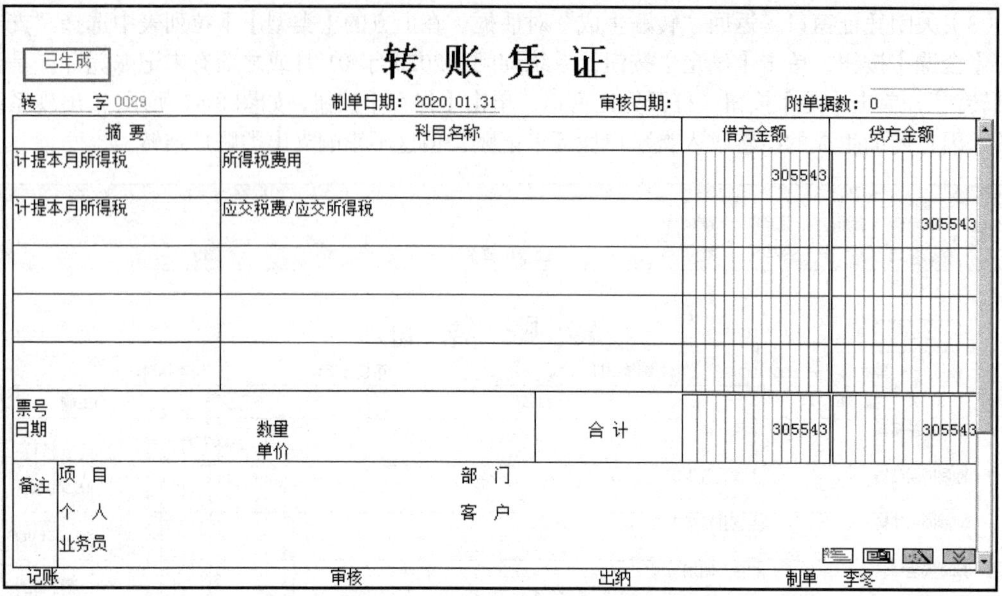

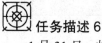

已生成

转账凭证

转 字 0029 制单日期：2020.01.31 审核日期： 附单据数：0

摘要	科目名称	借方金额	贷方金额
计提本月所得税	所得税费用	305543	
计提本月所得税	应交税费/应交所得税		305543
票号 日期	数量 单价 合计	305543	305543

备注 项目 部门

个人 客户

业务员

记账 审核 出纳 制单 李冬

图 8-47 计提本月所得税凭证

（3）将凭证审核、记账。

任务描述 6

1 月 31 日，将所得税费用结转到“本年利润”账户（再次进行期间损益结转）。

任务处理

（1）以“W02 李冬”的身份登录企业应用平台，执行【总账】—【期末】—【转账生成】命令，打开“转账生成”对话框。选中左侧的“期间损益结转”单选按钮，在上方的【类型】下拉列表中可以默认选择“全部”（或者选择“支出”），单击【全选】按钮，如图 8-48 所示。

转账生成

结转月份 2020.01 类型 全部 全选

○ 自定义转账

○ 对应结转

○ 自定义比例结转

○ 销售成本结转

○ 售价（计划价）销售成本结转

○ 汇兑损益结转

◉ 期间损益结转

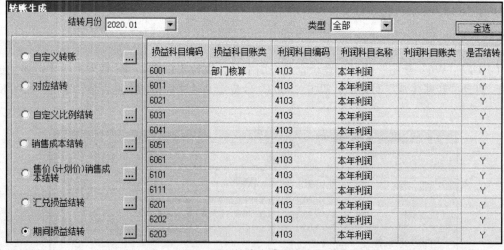

损益科目编码	损益科目账类	利润科目编码	利润科目名称	利润科目账类	是否结转
6001	部门核算	4103	本年利润		Y
6011		4103	本年利润		Y
6021		4103	本年利润		Y
6031		4103	本年利润		Y
6041		4103	本年利润		Y
6051		4103	本年利润		Y
6061		4103	本年利润		Y
6101		4103	本年利润		Y
6111		4103	本年利润		Y
6201		4103	本年利润		Y
6202		4103	本年利润		Y
6203		4103	本年利润		Y

图 8-48 转账生成方案选择

（2）单击【确定】按钮，打开凭证窗口，单击【保存】按钮，如图 8-49 所示。

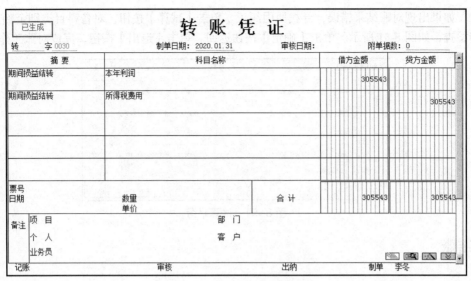

图 8-49 结转所得税费用凭证

（3）将凭证审核、记账。（到此，出现税后利润，大家可以按照上述方法进行利润分配的方案定义并生成凭证。）

三、对账

必备知识

系统自动记账后各账簿都应该是正确的，但可能因非法操作、出现病毒或其他原因，会对数据造成破坏，因此，为了使结账前账账相符，应使用对账功能进行对账。对账主要包括总账与明细账、总账与辅助账、辅助账与明细账的核对。

任务描述

2020 年 1 月 31 日，进行月末对账。

任务处理

（1）2020 年 1 月 31 日，以"W01 张婷"的身份登录企业应用平台，执行【业务工作】—【财务会计】—【总账】—【期末】—【对账】命令，打开"对账"对话框，单击【选择】按钮，再单击【对账】按钮，系统开始自动对账，结果如图 8-50 所示。

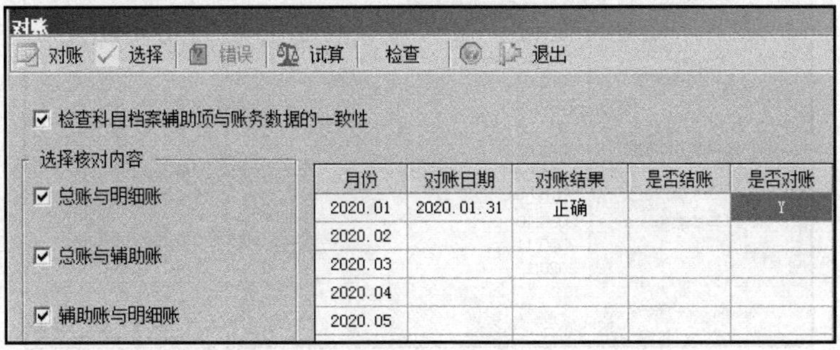

08

图 8-50 对账结果

（2）如果出现对账结果错误，寻找原因纠正。单击【试算】按钮，对各科目类别余额进行试算平衡检查，如图 8-51 所示。单击【确定】按钮返回，单击【退出】按钮，完成对账工作。

图 8-51　试算平衡

四、结账

 必备知识

结账是指本月凭证均已全部输入完毕，并全部记账。月末计算各账户发生额、期末余额并结转至下月作为下月期初余额。结账后该月不能再制单，但可以查询凭证、账表等。

出现以下情况不允许月末结账：有未记账凭证的月份不能结账；上月未结账，则本月不能结账；对账时，如果账账不符，则不能结账；如果同时启用了其他子系统（如薪资管理系统、固定资产管理系统、采购管理系统、销售管理系统、库存管理系统、存货管理系统等），其他子系统未结账，则总账系统不能结账。

取消结账方法：由账套主管执行【期末】—【结账】命令，打开"结账-开始结账"对话框，选择要取消结账的月份，按"Ctrl+Shift+F6"组合键即可。

 任务描述

2020 年 1 月 31 日，进行月末结账。

 任务处理

（1）2020 年 1 月 31 日，以"W01 张婷"的身份登录企业应用平台，执行【业务工作】—【财务会计】—【总账】—【期末】—【结账】命令，打开"结账—开始结账"界面，如图 8-52 所示。

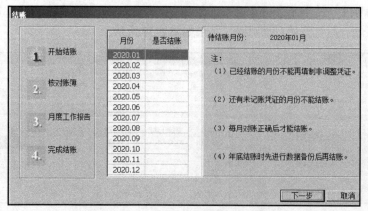

图 8-52　"结账—开始结账"界面

（2）单击【下一步】按钮，打开"结账—核对账簿"界面，如图 8-53 所示。

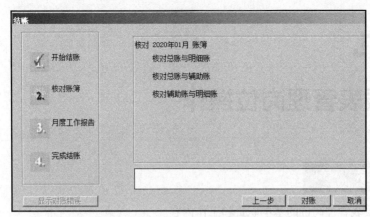

图 8-53　"结账—核对账簿"界面

（3）单击【对账】按钮，系统进行对账。对账完毕后，单击【下一步】按钮，打开"结账—月度工作报告"界面，如图 8-54 所示。

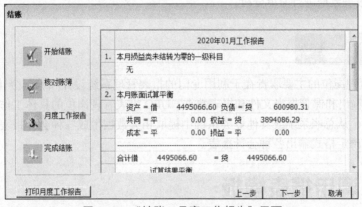

图 8-54　"结账—月度工作报告"界面

（4）单击【下一步】按钮，打开"结账—完成结账"界面，如图 8-55 所示。

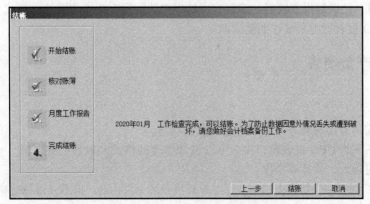

图 8-55　"结账—完成结账"界面

（5）单击【结账】按钮，完成 1 月结账。

08

项目九

UFO 报表管理岗位操作

学习目标 ↓

了解 UFO 报表管理岗位的基本职责和工作内容。

了解 UFO 报表管理系统的主要功能。

能根据企业需要自行设计 UFO 报表。

能够根据企业业务需要调用 UFO 报表预置的报表模板。

能对 UFO 报表数据进行简单分析。

岗位简介 ↓

UFO 报表管理岗位的主要职责在于利用专门的报表管理系统设计和编制会计报表，并进行相应的数据分析，输出和保管报表文件和报表数据。UFO 报表管理岗位的具体工作包括设计报表的格式和定义公式，从总账系统或其他业务系统中提取相关数据生成各种会计报表，对报表进行审核、汇总，并按预定格式输出各种会计报表。

任务一　调用报表模板

在用友 U8 财务软件中，系统提供了不同行业的各种标准会计报表模板，用户只需调用所需要的会计报表模板。若该报表模板与实际需要的报表格式或公式不完全一致，可以在此基础上进行修改，而不需自己编制报表模板。编制完成的报表执行另存为操作时输出格式为".rep"，该文件只有导入 UFO 报表管理系统才能被读取。

一、生成资产负债表

必备知识

UFO 报表窗口有两种状态：格式状态和数据状态。

在格式状态下的 UFO 报表窗口中，可以设计报表的格式和取数公式，但不能进行数据的录入、计算等操作。

生成资产负债表

在数据状态下的 UFO 报表窗口中，可以查看报表的全部内容，但不允许修改格式和取数公式。

执行【编辑】菜单下的【格式/数据状态】命令，可以在格式状态和数据状态间进行切换。

在数据状态下的 UFO 报表窗口中，如果单元格显示"########"，表明列宽不够，调整列宽后就可正常显示。

资产负债表取数完毕，要检查是否平衡，若不平衡，查找原因（如损益类科目是否结转完毕、未分配利润公式是否修改等）进行调整。

任务描述

1月31日，利用报表模板生成万兴发资产负债表，数据重新计算后另存到D盘文件夹里。

任务处理

（一）新建空白报表

（1）2020年1月31日，以"W01 张婷"的身份登录企业应用平台，执行【业务工作】—【财务会计】—【UFO报表】命令，打开"UFO报表"窗口，打开图9-1所示的对话框。

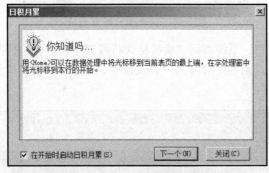

图9-1　"日积月累"对话框

（2）单击【关闭】按钮，返回"UFO报表"窗口，如图9-2所示。

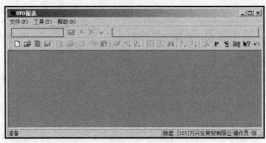

图9-2　"UFO报表"窗口

（3）单击 按钮，新建一张空白报表，如图9-3所示。

图9-3　新建空白报表

（二）调用模板生成资产负债表

（1）执行【格式】菜单下的【报表模板】命令，打开"报表模板"对话框，在【您所在的行业：】下拉列表中选择"2007年新会计制度科目"，在【财务报表】下拉列表中选择"资产负债表"，如图9-4所示。这里选择的行业要与建立账套时选择的行业一致。

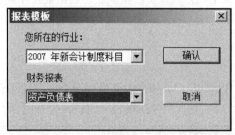

图9-4　报表模板行业选择

（2）单击【确认】按钮，系统询问"模板格式将覆盖本表格式！是否继续？"，单击【确定】按钮，结果如图9-5所示。（红色字体年月日是关键字，表中的"公式单元"是已经设置好的计算公式。）

资　产	行次	期末余额	年初余额	负债和所有者权（或股东权益）	行次	期末余额	年初余额
流动资产：				流动负债：			
货币资金	1	公式单元	公式单元	短期借款	32	公式单元	公式单元
交易性金融资产	2	公式单元	公式单元	交易性金融负债	33	公式单元	公式单元
应收票据	3	公式单元	公式单元	应付票据	34	公式单元	公式单元
应收账款	4	公式单元	公式单元	应付账款	35	公式单元	公式单元
预付款项	5	公式单元	公式单元	预收款项	36	公式单元	公式单元
应收利息	6	公式单元	公式单元	应付职工薪酬	37	公式单元	公式单元
应收股利	7	公式单元	公式单元	应交税费	38	公式单元	公式单元
其他应收款	8	公式单元	公式单元	应付利息	39	公式单元	公式单元
存货	9	公式单元	公式单元	应付股利	40	公式单元	公式单元

图9-5　格式状态资产负债表（部分）

（三）调整报表项目

根据新会计准则调整报表项目（参照尚未执行新金融准则和新收入准则的企业资产负债表格式）。

1. 格式修改

双击A9单元格，将"应收票据"改为"应收票据及应收账款"；双击E9单元格，将"应付票据"改为"应付票据及应付账款"；清除A12单元格"应收利息"、A13单元格"应收股利"、A26单元格"工程物资"；清除E14单元格"应付利息"、E15单元格"应付股利"、E23单元格"专项应付款"。

2. 公式修改

（1）选中 C9 单元格，修改"应收票据及应收账款"的期末余额公式。

（2）单击工具栏 f_x 按钮，打开"定义公式"对话框，在已有公式最右侧输入"+"号，如图 9-6 所示。

图 9-6 "定义公式"对话框设置

（3）单击【函数向导】按钮，打开"函数向导"对话框，在【函数分类】列表中选择"用友账务函数"，在【函数名】列表中选择"期末（QM）"，如图 9-7 所示。

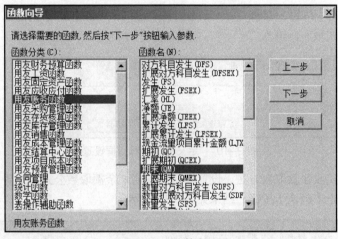

图 9-7 函数向导

（4）单击【下一步】按钮，打开"用友账务函数"对话框，如图 9-8 所示。单击【参照】按钮，打开"账务函数"对话框，科目参照选择"1122"，勾选"包含未记账凭证"复选框，如图 9-9 所示。

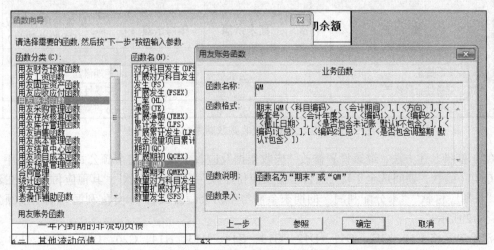

图 9-8 "用友账务函数"对话框

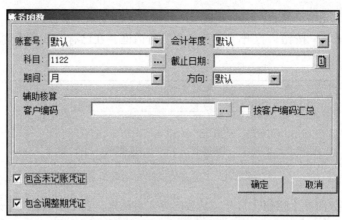

图 9-9 "账务函数"对话框

（5）单击【确定】按钮，返回"用友账务函数"窗口，单击【确定】按钮，返回"定义公式"对话框，继续在公式最右侧输入"-"号，如图 9-10 所示。

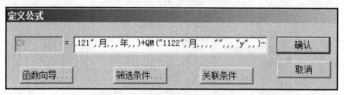

图 9-10 "定义公式"对话框设置

（6）按照上述应收账款取数方法，设置坏账准备期末余额取数公式，设置完成后返回"定义公式"对话框，单击【确认】按钮，结果如图 9-11 所示。

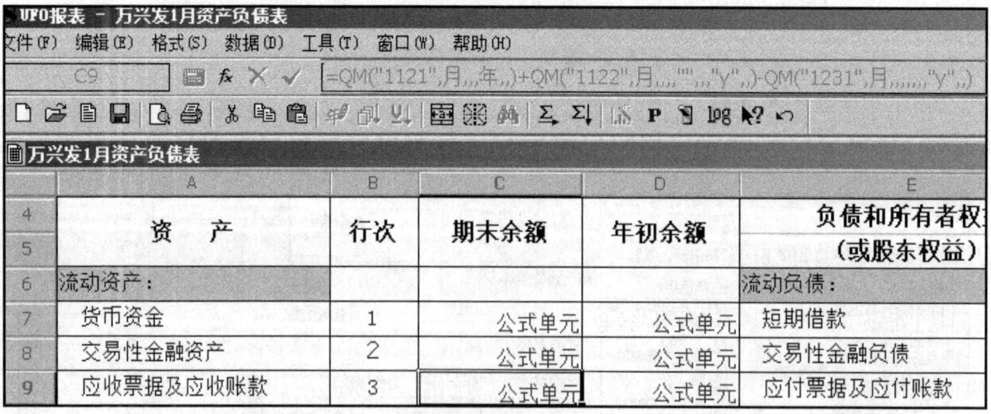

	资　产	行次	期末余额	年初余额	负债和所有者权 （或股东权益）		
6	流动资产：				流动负债：		
7	货币资金	1	公式单元	公式单元	短期借款		
8	交易性金融资产	2	公式单元	公式单元	交易性金融负债		
9	应收票据及应收账款	3	公式单元	公式单元	应付票据及应付账款		

图 9-11 应收票据及应收账款期末余额公式设置

09

（7）参照上述方法，继续设置修改"应收票据及应收账款"年初余额公式[年初余额用"期初（QC）"函数，期间选全年]、"应付票据及应付账款""其他应收款""其他应付款""在建工程""长期应付款""未分配利润"的期末余额与年初余额公式。"未分配利润"期末余额公式如图 9-12 所示。

清除单元格 C11、C12、D11、D12、G13、G14、H13、H14、C26、D26、G23、H23 里的公式。

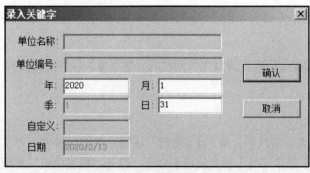

图 9-12　"未分配利润"的期末余额公式

（四）读取报表数据

（1）单击窗口左下角的【格式】按钮，系统询问"是否确定全表重算？"，单击【否】按钮，将表页转换到数据状态。执行【数据】—【关键字】—【录入】命令，打开"录入关键字"对话框。输入相关的关键字，如图 9-13 所示。

图 9-13　关键字录入

（2）单击【确认】按钮，系统询问"是否重算第 1 页？"，单击【是】按钮，生成资产负债表数据，如图 9-14 所示。

资产负债表

会企01表

编制单位：		2020 年	1 月	31 日			单位:元
资　产	行次	期末余额	年初余额	负债和所有者权益 （或股东权益）	行次	期末余额	年初余额
流动资产：				流动负债：			
货币资金	1	2,093,184.49	1,525,744.18	短期借款	32	250,000.00	250,000.00
交易性金融资产	2			交易性金融负债	33		
应收票据及应收账款	3	479,760.83	174,811.00	应付票据及应付账款	34	119,086.00	57,969.00
	4				35		
预付款项	5	20,000.00		预收款项	36	11,025.00	
	6			应付职工薪酬	37	170,852.72	83,456.00
	7			应交税费	38	39,869.09	106,400.10
其他应收款	8	7,125.36	15,950.00		39		
存货	9	279,850.92	340,506.92		40		

图 9-14　重算后的资产负债表（部分）

（3）在已编制完毕的报表窗口中，执行【文件】—【另存为】命令，选择保存文件路径为"D:\123 账套备份数据"，修改文件名为"万兴发 1 月资产负债表.rep"。单击【另存为】按钮，如图 9-15 所示。

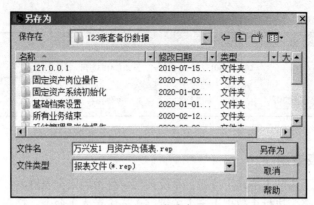

图 9-15　保存报表

二、生成利润表

任务描述

生成利润表

1 月 31 日，利用报表模板生成万兴发利润表，数据重新计算后另存到 D
盘文件夹里。

任务处理

（1）在"UFO 报表"窗口中，单击 按钮，新建一张空白报表。

（2）执行【格式】菜单下的【报表模板】命令，打开"报表模板"对话框。在【您所在的行业：】下拉列表中选择"2007 年新会计制度科目"，在【财务报表】下拉列表中选择"利润表"，单击【确认】按钮，系统询问"模板格式将覆盖本表格式！是否继续？"，单击【确定】按钮。

（3）根据新会计准则调整报表项目。

将"营业税金及附加"单元格改为"税金及附加"。

在"财务费用"单元格下插入两行，内容分别为"其中：利息费用""利息收入"。

在"资产减值损失"单元格下插入一行，内容为"信用减值损失"。

在"营业利润"单元格上方插入两行，内容分别为"资产处置收益"和"其他收益"。

删除"营业外支出"单元格下面的"非流动资产处置损失"行。

（4）定义公式（见表9-1）。

表 9-1　　　　　　　　　　利润表部分项目取数公式

项目名称	公式
利息费用	FS（"660301",月,"借",,,,,"y"）
利息收入	FS（"660304",月,"借",,,,,"y"）
信用减值损失	FS（"6702",月,"借",,,,,"y"）
资产处置收益	FS（"6112",月,"贷",,,,,"y"）
其他收益	FS（"6113",月,"贷",,,,,"y"）
营业利润	C5-C6-C7-C8-C9-C10-C13-C14+C15+C16

选中 C11 单元格，单击工具栏中的 f_x 按钮，单击【函数向导】按钮，在【函数分类】列表中选择"用友账务函数"，在【函数名】列表中选择"发生（FS）"，如图 9-16 所示。

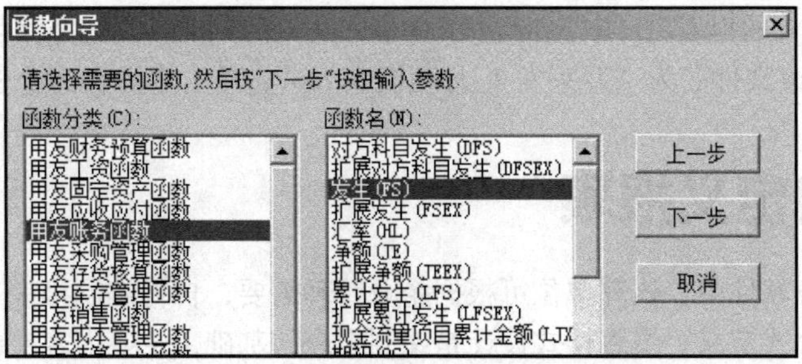

图 9-16 "函数向导"对话框设置

单击【下一步】按钮，打开"用友账务函数"窗口，单击【参照】按钮，打开"账务函数"对话框，科目参照选择"660301"，勾选"包含未记账凭证"复选框，单击【确定】按钮，返回"用友账务函数"窗口，单击【确定】按钮，返回"定义公式"对话框，如图9-17所示，单击【确认】按钮。

图 9-17 利息费用公式定义

参照上述方法，定义 C12 单元格"利息收入"、C14 单元格"信用减值损失"、C18 单元格"资产处置收益"、C19 单元格"其他收益"的公式、C20 单元格"营业利润"的公式。

（5）将报表切换到数据状态。录入关键字，并进行整表重算，结果如图9-18所示。

利润表

编制单位：　　　　　　　　　　　　　　　2020 年　　　　1 月

项　　目	行数	本期金额
一、营业收入	1	433,000.00
减：营业成本	2	294,056.00
税金及附加	3	2,620.74
销售费用	4	22,280.00
管理费用	5	94,940.78
财务费用	6	1,019.59
其中：利息费用		19.59
利息收入	数据	
资产减值损失	7	500.00
信用减值损失		1,099.17
公允价值变动收益（损失以"-"号填列）	8	
投资收益（损失以"-"号填列）	9	
其中：对联营企业和合营企业的投资收益	10	
资产处置收益		
其他收益		
二、营业利润（亏损以"-"号填列）	11	16483.72
加：营业外收入	12	
减：营业外支出	13	4,262.00
	14	
三、利润总额（亏损总额以"-"号填列）	15	12221.72
减：所得税费用	16	3,055.43
四、净利润（净亏损以"-"号填列）	17	9166.29
五、每股收益：	18	
（一）基本每股收益	19	

图 9-18 取数后的利润表

09

（6）在已编制完毕的报表窗口中，执行【文件】—【另存为】命令，选择保存文件路径为"D:\123账套备份数据"，修改文件名为"万兴发1月利润表.rep"，单击【另存为】按钮返回。

任务二 自定义报表

在用友 U8 财务软件中，核算单位可根据企业管理需要，自行编制报表。自定义报表包括报表格式设计和报表公式定义。报表格式设计是编制报表的基础，主要内容有设置报表大小，画表格线，设置标题、报表日期、表头、表尾、表体等固定栏目的内容和设置单元格属性等。报表公式定义是制作报表最重要的内容，即通过编辑公式确定报表的数据来源，快速、准确地生成报表中每个单元格的数据。

 必备知识

UFO 报表将单位名称和日期作为报表关键字进行设置。

一个关键字在同一张报表中只能定义一次。关键字只能在格式状态下设置，在数据状态下录入。调整关键字的位置必须输入关键字的相对偏移量，向左移则输入负数值，向右移则输入正数值。

UFO 报表行数包括表头、表体和表尾。

 任务描述

根据表 9-2，设计货币资金表。

表 9-2　　　　　　　　　　　货币资金表

单位名称：　　　　　　　　　　　　　　　　　　　　　　　　　　　　年　月　日

项目	期初余额	借方发生额	贷方发生额	期末余额
库存现金				
银行存款				
其他货币资金				
合计				

要求：第一行行高为 15 毫米，第一列列宽为 35 毫米；表头字体为黑体，字号为 18；表体中所有文字居中显示。

 任务处理

（一）表格格式设置

（1）2020 年 1 月 31 日，以"W01 张婷"的身份登录企业应用平台，执行【业务工作】—【财务会计】—【UFO 报表】命令，打开"UFO 报表"窗口。单击工具栏中的 按钮，新建一张空白报表。

（2）表格尺寸设置。执行【格式】—【表尺寸】命令，系统打开"表尺寸"对话框。输入所需要的行数和列数，如图 9-19 所示。设置完成后单击【确认】按钮，生成所需要的表。

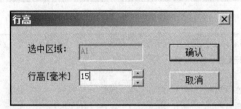

图 9-19　表尺寸设置

（3）行高列宽设置。选中第一行，执行【格式】—【行高】命令，打开"行高"对话框，在【行高[毫米]】栏中录入"15"，如图 9-20 所示，单击【确认】按钮。

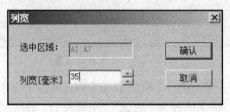

图 9-20　行高设置

选中 A 列列标，执行【格式】—【列宽】命令，打开"列宽"对话框，在【列宽[毫米]】栏中录入"35"，如图 9-21 所示，单击【确认】按钮。

图 9-21　列宽设置

（4）单元格合并。选中 A1：E1 单元格区域，执行【格式】—【组合单元】命令。系统打开"组合单元"对话框，如图 9-22 所示。

图 9-22　"组合单元"对话框

单击【整体组合】按钮，完成单元格合并。参照上述方法完成 A2：E2 单元格整体合并。

（5）文字录入。根据资料，录入除第二行以外的文字内容，结果如图 9-23 所示。

（6）单元格属性设置。对齐方式设置：选中表中所有文字，执行【格式】—【单元属性】命令，打开"单元格属性"对话框，单击【对齐】页签，对齐方式均选中"居中"单选按钮，如图 9-24 所示，单击【确定】按钮。

09

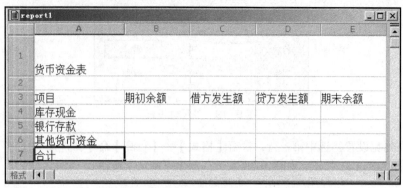

图 9-23　文字录入

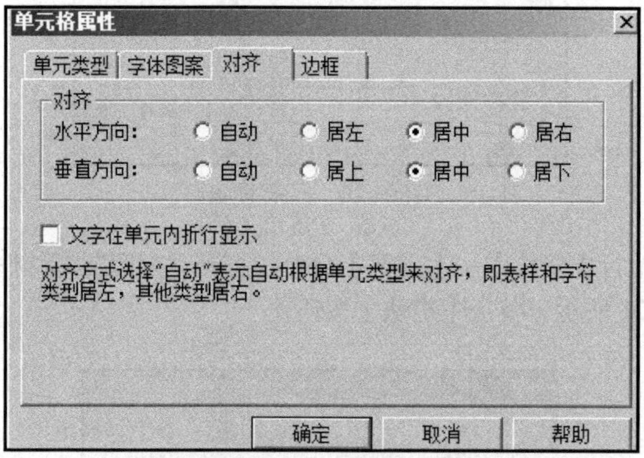

图 9-24　对齐方式设置

　　字符格式设置：选中第一行，执行【格式】—【单元属性】命令，打开"单元格属性"对话框，单击【字体图案】页签，将字体改为"黑体"、字号改为"18"，如图 9-25 所示，单击【确定】按钮。

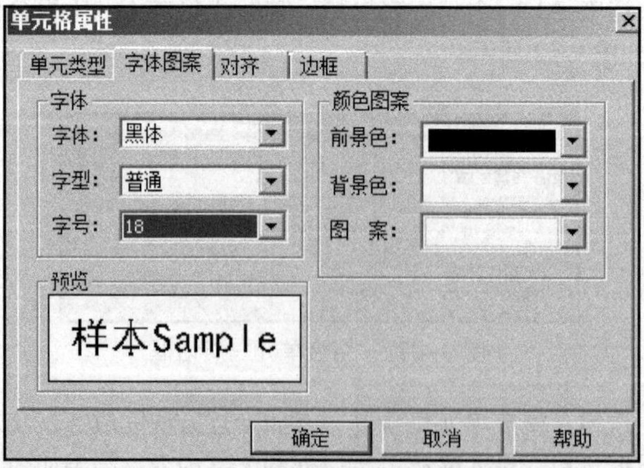

图 9-25　字体字号设置

　　（7）表格区域画线。选中 A3：E7 单元格区域，执行【格式】—【区域画线】命令。系统打开"区域画线"对话框，设置【画线类型】和【样式】，如图 9-26 所示，单击【确认】按钮。

（8）设置关键字。选中 A2 单元格，执行【数据】—【关键字】—【设置】命令，打开"设置关键字"对话框。选中【单位名称】单选按钮，单击【确定】按钮，如图 9-27 所示。同理，将"年""月""日"定义为关键字。

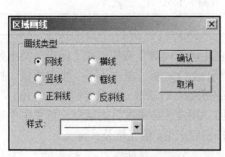

图 9-26 区域画线设置

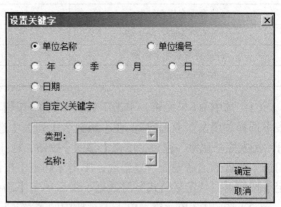

图 9-27 关键字设置

执行【数据】—【关键字】—【偏移】命令，打开"定义关键字偏移"对话框。在需要调整位置的关键字后面输入偏移量，如图 9-28 所示。（负数表示向左偏移，正数表示向右偏移。）

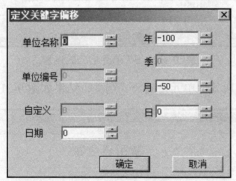

图 9-28 关键字偏移设置

（9）单击【确定】按钮，完成表格格式的设置，如图 9-29 所示。

图 9-29 格式设计完毕的货币资金表

（二）表格公式定义

表格公式定义如表 9-3 所示。

表9-3 货币资金表部分单元格取数公式

单元格	取数公式
B4 库存现金期初余额	QC（"1001",月,,,,,"y",,）
C4 库存现金借方发生额	FS（"1001",月,"借",,,,"y"）
D4 库存现金贷方发生额	FS（"1001",月,"贷",,,,"y"）
E4 库存现金期末余额	QM（"1001",月,,,,,"y",,）
B7 期初余额合计	B4+B5+B6

（1）选中B4单元格，单击工具栏中的 f_x 按钮，单击【函数向导】按钮，在【函数分类】列表中选择"用友账务函数"，在【函数名】列表中选择"期初（QC）"，单击【下一步】按钮，打开"用友账务函数"窗口，单击【参照】按钮，打开"账务函数"对话框，科目参照选择"1001"，勾选"包含未记账凭证"复选框，单击【确定】按钮返回"用友账务函数"对话框，再单击【确定】按钮返回"定义公式"对话框，最后单击【确认】按钮完成B4单元格公式定义。

（2）选中B7单元格，单击工具栏中的 f_x 按钮，在"定义公式"对话框"="号后输入"B4+B5+B6"，单击【确认】按钮，如图9-30所示。

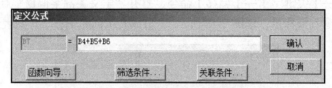

图9-30 B7单元格公式设置

（3）参照上述方法，完成其他单元格的公式定义，结果如图9-31所示。

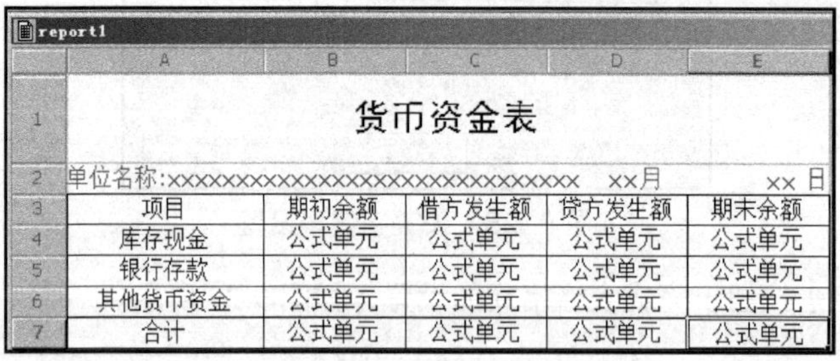

report1				
	A	B	C	D	E
1	货币资金表				
2	单位名称:×××××××××××××××××××× ××月 ××日				
3	项目	期初余额	借方发生额	贷方发生额	期末余额
4	库存现金	公式单元	公式单元	公式单元	公式单元
5	银行存款	公式单元	公式单元	公式单元	公式单元
6	其他货币资金	公式单元	公式单元	公式单元	公式单元
7	合计	公式单元	公式单元	公式单元	公式单元

图9-31 公式设置完毕的货币资金表

（三）表格取数

（1）单击窗口左下角的【格式】按钮，系统询问"是否确定全表重算？"，单击【否】按钮，将表页转换到数据状态。执行【数据】—【关键字】—【录入】命令，打开"录入关键字"对话框，输入关键字，如图9-32所示。

图9-32 录入关键字

（2）单击【确认】按钮，系统询问"是否重算第 1 页？"，单击【是】按钮，生成货币资金表，如图 9-33 所示。

货币资金表

项目	期初余额	借方发生额	贷方发生额	期末余额
库存现金	1700.00	15500.00	1300.00	15900.00
银行存款	1284718.18	882791.41	329551.10	1837958.49
其他货币资金	239326.00			239326.00
合计	1525744.18	898291.41	330851.10	2093184.49

单位名称：万兴发商贸有限公司　　2020 年　　1 月　　31 日

图 9-33　数据状态下的货币资金表

（四）保存报表

在已编制完毕的报表窗口中，执行【文件】—【另存为】命令，选择保存文件路径为"D:\123 账套备份数据"，修改文件名为"万兴发 1 月货币资金表.rep"，单击【另存为】按钮返回。

任务三　财务指标分析

在用友 U8 财务软件中，生成资产负债表、利润表后，可以通过定义表间取数公式来进行财务指标分析。

必备知识

要进行财务指标分析，首先要知道各财务指标的计算公式，再确定计算公式中每个项目的取数路径。

在定义表间取数公式时可以利用"关联条件"设置取数路径。

任务描述

请完成表 9-4 所示的财务指标分析。

表 9-4　　　　　　　　　　　　财务指标分析

单位名称：　　　　　　　　　　　　　　　　　　　　　　　　　年　　月　　日

指标名称	指标结果
流动比率	
销售净利率	
净资产收益率	

财务指标分析表

要求：第一行行高为 15 毫米，第一列列宽为 50 毫米；第二列列宽为 60 毫米；表头字体为黑体，字号为 18；第一行字体为宋体加粗，表体中所有文字居中显示；指标结果保留 4 位小数。相关指标计算公式如下。

流动比率=流动资产÷流动负债

销售净利率=净利润÷销售收入

净资产收益率=净利润÷平均净资产

平均净资产=（所有者权益年初数+所有者权益年末数）÷2

09

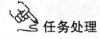

任务处理

（一）表格格式设置

（1）2020 年 1 月 31 日，以"W01 张婷"的身份登录企业应用平台，执行【业务工作】—【财务会计】—【UFO 报表】命令，打开"UFO 报表"窗口。单击工具栏中的 按钮，新建一张空白报表。

（2）参照货币资金表设置表格格式，结果如图 9-34 所示。

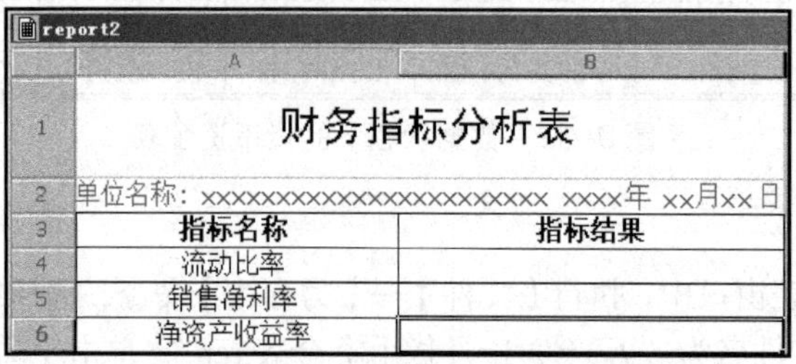

	财务指标分析表	
单位名称：xxxxxxxxxxxxxxxxxxxxxxx xxxx年 xx月xx 日		
指标名称	指标结果	
流动比率		
销售净利率		
净资产收益率		

图 9-34　格式设置完毕的财务指标分析表

（二）表间取数公式设置

（1）在"UFO 报表"窗口中单击 按钮，打开已保存的资产负债表，记住"流动资产""流动负债""所有者权益年初数""所有者权益年末数"所在的单元格（流动资产 C18、流动负债 G19、所有者权益年初数 H36、所有者权益年末数 G36）。

（2）单击 按钮，打开已保存的利润表，记住"净利润""营业收入"所在的单元格（营业收入 C5、净利润 C25，销售收入用营业收入替代）。

那么流动比率=C18/G19，数据路径是资产负债表。

销售净利率=C25/C5，数据路径是利润表。

净资产收益率=C25 利润表/（（G36+H36）/2）资产负债表。

（3）选中 B4 单元格，单击工具栏中的 fx 按钮，再单击【关联条件】按钮，打开"关联条件"对话框。【当前关键值】与【关联关键值】要选择一致，单击【关联表名】右侧的 按钮，选择已保存好的资产负债表，如图 9-35 所示，单击【确认】按钮。

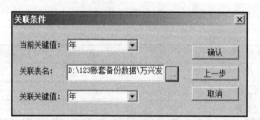

图 9-35　关联条件设置

选中"定义公式"对话框的输入框中的"Relation 年 with"文本，如图 9-36 所示。

图 9-36　定义公式 1

按 "Delete" 键将其删除。将光标移到定义公式最右边，选中 "年"，如图 9-37 所示，将其删除。

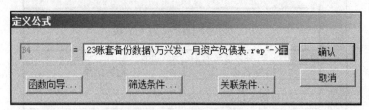

图 9-37 定义公式 2

输入"C18/G19"，并将 C18 前面的路径""D:\123 账套备份数据\万兴发 1 月资产负债表.rep"->" 复制到 G19 前面，如图 9-38 所示，单击【确认】按钮。

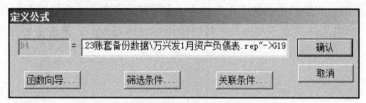

图 9-38 定义公式 3

流动比率公式：

"D:\123 账套备份数据\万兴发 1 月资产负债表.rep"->C18/"D:\123 账套备份数据\万兴发 1 月资产负债表.rep"->G19

参照上述方法，设置其他指标公式。设置完成后结果如图 9-39 所示。

销售净利率公式：

"D:\123 账套备份数据\万兴发 1 月利润表.rep"->C25/"D:\123 账套备份数据\万兴发 1 月利润表.rep"->C5

净资产收益率公式：

"D:\123 账套备份数据\万兴发 1 月利润表.rep"->C25/（（"D:\123 账套备份数据\万兴发 1 月资产负债表.rep"->G36+"D:\123 账套备份数据\万兴发 1 月资产负债表.rep"->H36）/2）

| report2 | |
A	B
财务指标分析表	
单位名称：××××××××××××××××××××××× ××××年 ××月 ××日	
指标名称	**指标结果**
流动比率	公式单元
销售净利率	公式单元
净资产收益率	公式单元

图 9-39 公式设置完毕的财务指标分析表

09

（三）读取数据

将表页转换到数据状态。执行【数据】—【关键字】—【录入】命令，打开 "录入关键字" 对话框，输入关键字，单击【确认】按钮。系统询问 "是否重算第 1 页？"，单击【是】按钮，生成数据，如图 9-40 所示。

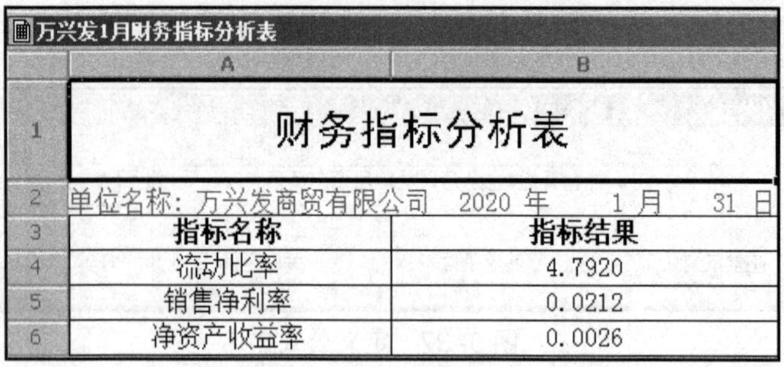

万兴发1月财务指标分析表

	A	B
1	财务指标分析表	
2	单位名称：万兴发商贸有限公司 2020 年 1 月 31 日	
3	指标名称	指标结果
4	流动比率	4.7920
5	销售净利率	0.0212
6	净资产收益率	0.0026

图 9-40　数据状态下的财务指标分析表

（四）保存报表

在已编制完毕的报表窗口中，执行【文件】—【另存为】命令，选择保存文件路径为“D:\123 账套备份数据”，修改文件名为“万兴发 1 月财务指标分析表.rep”，单击【另存为】按钮返回。

项目十

供应链管理

学习目标 ↓

了解供应链各子系统之间的相互关系。

了解采购业务的基本处理流程。

了解销售业务的基本处理流程。

能够正确进行购销存系统初始化。

能够正确进行普通采购业务处理。

能够正确进行普通销售业务处理。

任务一 购销存系统基础档案设置

 必备知识

如果要使用采购管理系统、销售管理系统、库存管理和存货管理系统对企业的采购与销售业务进行处理，那么在进行日常业务处理前，我们需要对购销存管理系统进行基础档案设置，主要包括基础信息和基本科目的设置，具体包括仓库档案、收发类别、采购类型、销售类型、存货科目、对方科目等的设置。这些内容的设置使我们进行业务处理时更便捷。

一、设置仓库档案

任务描述

根据表 10-1，设置仓库档案。

设置仓库档案

表 10-1　　　　　　　　　　　　　　仓库档案

仓库编号	仓库名称	部门名称	负责人	计价方法
1	商品一库	仓管部	梁亚东	移动平均法
2	商品二库	仓管部	梁亚东	移动平均法

 任务处理

（1）以账套主管"A01 王江"的身份登录企业应用平台，执行【基础设置】—【基础档案】—【业务】—【仓库档案】命令，打开"仓库档案"界面，如图 10-1 所示。

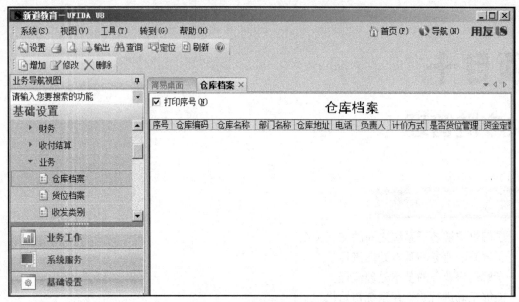

图 10-1 "仓库档案"界面

（2）单击【增加】按钮，打开"增加仓库档案"界面。在【仓库编码】栏中输入"1"，在【仓库名称】栏中输入"商品一库"，【部门编码】参照选择"6-仓管部"，在【负责人】栏中输入"梁亚东"，在【计价方式】下拉列表中选择"移动平均法"，如图 10-2 所示。

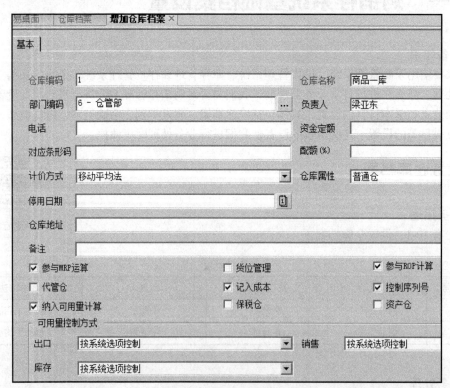

图 10-2 仓库档案设置

（3）单击【保存】按钮。按照上述方式，增加"商品二库"档案信息。

二、设置收发类别

任务描述

根据表 10-2，设置收发类别。

设置收发类别

表 10-2   收发类别

收发类别编码	收发类别名称	收发标志
1	入库类别	
101	采购入库	收
102	其他入库	
2	出库类别	
201	销售出库	发
202	其他出库	

任务处理

（1）以账套主管"A01 王江"的身份登录企业应用平台，执行【基础设置】—【基础档案】—【业务】—【收发类别】命令，打开"收发类别"窗口。

（2）单击【增加】按钮，根据资料，依次输入收发类别编码、收发类别名称，并按入库、出库类别分别选中"收""发"单选按钮，单击【保存】按钮。完成后如图 10-3 所示。

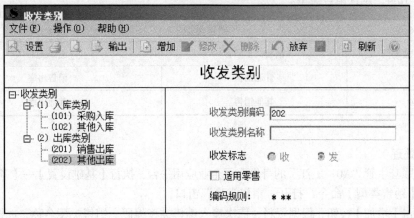

图 10-3 收发类别设置

三、设置采购类型

任务描述

根据表 10-3，设置采购类型。

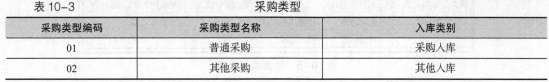

设置采购类型

表 10-3   采购类型

采购类型编码	采购类型名称	入库类别
01	普通采购	采购入库
02	其他采购	其他入库

10

任务处理

（1）以账套主管"A01 王江"的身份登录企业应用平台，执行【基础设置】—【基础档案】—【业务】—【采购类型】命令，打开"采购类型"窗口。

（2）单击【增加】按钮，根据资料，依次输入采购类型编码、采购类型名称，选择入库类别，单击【保存】按钮。所有类型输入完成后如图10-4所示。

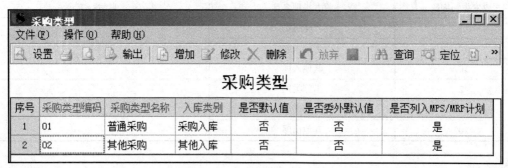

图 10-4　采购类型设置

四、设置销售类型

任务描述

根据表10-4，设置销售类型。

设置销售类型

表 10-4　　　　　　　　　　　　　销售类型

销售类型编码	销售类型名称	出库类别
01	普通销售	销售出库
02	其他销售	其他出库

任务处理

（1）以账套主管"A01 王江"的身份登录企业应用平台，执行【基础设置】—【基础档案】—【业务】—【销售类型】命令，打开"销售类型"窗口。

（2）单击【增加】按钮，根据资料，依次输入销售类型编码、销售类型名称，选择出库类别，单击【保存】按钮。所有类型输入完成后如图10-5所示。

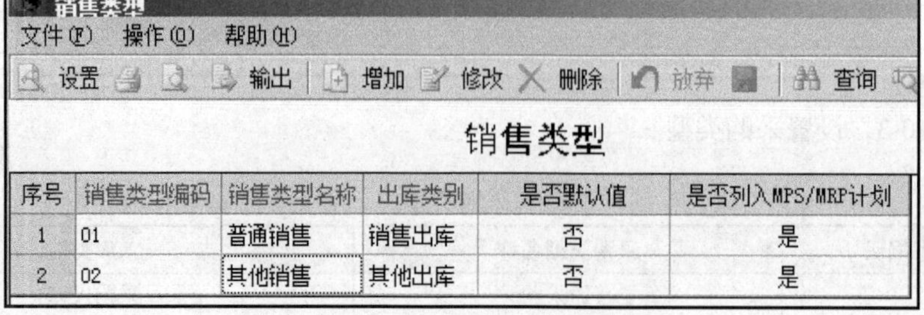

图 10-5　销售类型设置

五、设置存货科目

任务描述

根据表 10-5，设置存货科目。

表 10-5　　　　　　　　　　　　　　存货科目

仓库编码	仓库名称	存货分类编码及名称	存货科目
1	商品一库	0101 洗发类	1405 库存商品
1	商品一库	0102 沐浴类	1405 库存商品
2	商品二库	0201 霜类	1405 库存商品
2	商品二库	0202 乳液类	1405 库存商品

任务处理

（1）以账套主管"A01 王江"的身份登录企业应用平台，执行【业务工作】—【供应链】—【存货核算】—【初始设置】—【科目设置】—【存货科目】命令，打开"存货科目"窗口。

（2）单击【增加】按钮，根据资料，依次输入仓库编码、仓库名称、存货分类编码、存货科目编码，单击【保存】按钮。所有信息输入完成后如图 10-6 所示。

图 10-6　存货科目设置

六、设置对方科目

任务描述

根据表 10-6，设置对方科目。

表 10-6　　　　　　　　　　　　　　对方科目

收发类别编码	收发类别名称	对方科目编码及名称
101	采购入库	1402 在途物资
201	销售出库	6401 主营业务成本

任务处理

（1）以账套主管"A01 王江"的身份登录企业应用平台，执行【业务工作】—【供应链】—

10

【存货核算】—【初始设置】—【科目设置】—【对方科目】命令，打开"对方科目"窗口。

（2）单击【增加】按钮，根据资料，依次输入收发类别编码、收发类别名称、对方科目编码，单击【保存】按钮。所有信息输入完成后如图10-7所示。

收发类别...	收发类别名称	存...	子...	字...	存...	部...	部...	页...	i...	5...	i...	对方科目编码	对方科目名称
101	采购入库											1402	在途物资
201	销售出库											6401	主营业务成本

图10-7 对方科目设置

任务二 购销存系统初始化

首次使用购销存系统时，应该将上个月月末还没有处理完的有关采购、销售、库存的数据录入购销存系统，便于在以后的业务操作中进行处理。

一、采购管理系统初始化

必备知识

期初采购入库单和期初采购发票的日期要早于系统的启用日期。

当期初采购入库单和期初采购发票录入完成后，就可以单击【期初记账】。

如果没有期初采购入库单和期初采购发票，直接单击【期初记账】。没有进行期初记账，则无法录入当期的采购入库单和采购发票，系统也不能进行期末结账。

期初记账后，如果发现期初数据有错误，可以通过执行【采购管理】—【设置】—【采购期初记账】—【取消记账】命令取消期初记账后进行修改。

任务描述

对采购管理系统进行期初记账。

任务处理

（1）以账套主管"A01 王江"的身份登录企业应用平台，执行【业务工作】—【供应链】—【采购管理】—【设置】—【采购期初记账】命令，打开"期初记账"对话框，如图10-8所示。

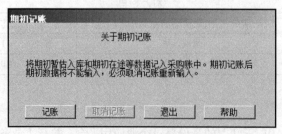

图10-8 "期初记账"对话框

（2）单击【记账】按钮，系统进行记账，提示"期初记账完毕!"，如图10-9所示，单击【确定】按钮。

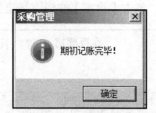

图10-9 期初记账完毕提示

二、库存管理系统初始化

 必备知识

库存管理系统的期初数据录入完成保存后，一定要进行审核，这样数据才能传递到采购管理系统和销售管理系统中。

 任务描述

根据表10-7，录入库存期初数。

表10-7 库存期初数

仓库	存货编码	存货名称	数量（瓶）	单价（元）
商品一库	1001	洗发水	2 100	40
商品一库	1002	沐浴露	1 600	50
商品二库	2001	润肤霜	1 250	60
商品二库	2002	洁面乳	1 650	30

 任务处理

（1）以账套主管"A01 王江"的身份登录企业应用平台，执行【业务工作】—【供应链】—【库存管理】—【初始设置】—【期初结存】命令，打开"库存期初数据录入"界面。

（2）选择"商品一库"选项，单击工具栏上的【修改】按钮，输入存货编码为"1001"、数量为"2100.00"、单价为"40.00"，接着在下一行输入存货编码为"1002"、数量为"1600.00"、单价为"50.00"，单击【保存】按钮，单击【批审】按钮，结果如图10-10所示。

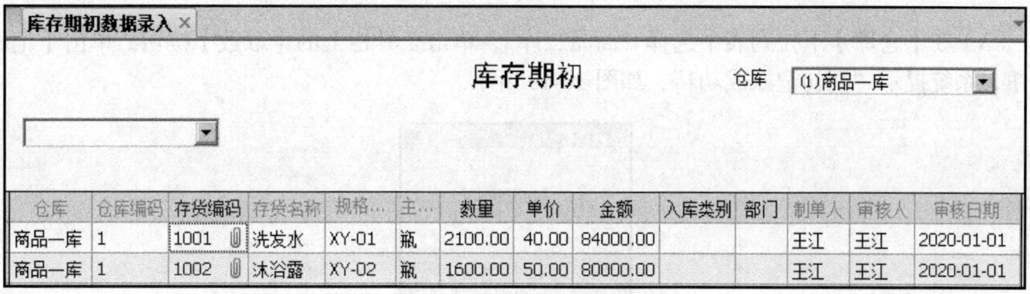

仓库	仓库编码	存货编码	存货名称	规格	主…	数量	单价	金额	入库类别	部门	制单人	审核人	审核日期
商品一库	1	1001	洗发水	XY-01	瓶	2100.00	40.00	84000.00			王江	王江	2020-01-01
商品一库	1	1002	沐浴露	XY-02	瓶	1600.00	50.00	80000.00			王江	王江	2020-01-01

图10-10 商品一库期初数

10

（3）选择"商品二库"选项，单击工具栏上的【修改】按钮，输入存货编码为"2001"、数量为"1250.00"、单价为"60.00"，接着在下一行输入存货编码为"2002"、数量为"1650.00"、单价为"30.00"，单击【保存】按钮，单击【批审】按钮，结果如图10-11所示。

图10-11　商品二库期初数

三、存货核算系统初始化

必备知识

如果库存管理系统的期初数据已录入完成，存货核算系统的数据可以通过"取数"功能从库存管理系统获取。

任务描述

请完成存货核算系统的取数和记账工作。

任务处理

（1）以账套主管"A01 王江"的身份登录企业应用平台，执行【业务工作】—【供应链】—【存货核算】—【初始设置】—【期初数据】—【期初余额】命令，打开"期初余额"窗口。

（2）单击【仓库】下拉按钮，在下拉列表中选择"商品一库"，单击工具栏上的【取数】按钮，如图10-12所示。

图10-12　商品一库取数

（3）在【仓库】下拉列表中选择"商品二库"，单击工具栏上的【取数】按钮，单击【记账】按钮，系统提示"期初记账成功!"，如图10-13所示。

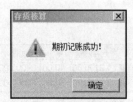

图10-13　存货核算期初记账成功提示

任务三　普通采购业务处理

必备知识

在启用供应链采购管理、库存管理和存货核算系统的情况下，采购业务由采购管理员、库存管理员和制单人员共同完成。

采购订单是企业与供应商之间签订的供货协议，主要内容是采购货物的品种、数量、金额等，用来加强采购管理，但并不代表采购业务的真实发生。在订单执行，确认采购入库后，才能确认采购业务的发生。

采购到货是采购订货和采购入库的中间环节，由采购管理员根据供货方通知或送货单填写，确认对方所送货物、数量、价格等信息，以入库通知单的形式传递到仓库作为库存管理员收货的依据。

采购入库单是根据采购到货签收的实收数量填制的单据。可以直接录入，也可以由到货单生成。

任务描述

2020 年 1 月 7 日，采购部刘芳菲向广东 GS 集团采购润肤霜 1 000 瓶，单价为 60 元，采购洁面乳 1 500 瓶，单价为 30 元，增值税税率为 13%，取得增值税专用发票，票号为 53266875。同时发生运输费 300 元，增值税税率为 9%，取得增值税专用发票，票号为 26508875。

任务处理

（一）填制并审核采购订单

（1）2020 年 1 月 7 日，以"G01 陈伟真"的身份登录企业应用平台，执行【业务工作】—【供应链】—【采购管理】—【采购订货】—【采购订单】命令，系统打开"采购订单"界面。

填制并审核采购订单

（2）单击【增加】按钮，输入业务类型、采购类型、订单日期、供应商、部门、业务员、税率、存货编码、数量、原币单价、计划到货日期等信息，如图 10-14 所示。

采购订单

显示模版　8173 采购订单显示模版

表体排序　　　　　　　　　　　　　　　　　　　合并显示 □

业务类型　普通采购　　　　订单日期 2020-01-07　　　　订单编号 0000000002
采购类型　普通采购　　　　供应商　GS集团　　　　　　部门　采购二部
业务员　刘芳菲　　　　　　税率　13.00　　　　　　　　付款条件
币种　人民币　　　　　　　汇率　1　　　　　　　　　　备注

	存货编码	存货名称	规…	主…	数量	原币含税…	原币单价	原币金额	原币税额	原币价税…	税率	计划到货日期
1	2001	润肤霜	HF-01	瓶	1000.00	67.80	60.00	60000.00	7800.00	67800.00	13.00	2020-01-07
2	2002	洁面乳	HF-02	瓶	1500.00	33.90	30.00	45000.00	5850.00	50850.00	13.00	2020-01-07

图 10-14　采购订单填制

（3）单击【保存】按钮。

（4）单击【审核】按钮进行审核。

（二）填制并审核到货单

（1）2020 年 1 月 7 日，以"G01 陈伟真"的身份登录企业应用平台，执

填制并审核到货单

10

行【业务工作】—【供应链】—【采购管理】—【采购到货】—【到货单】命令，系统打开"到货单"界面。

（2）单击【增加】按钮，执行【生单】—【采购订单】命令，单击【确定】按钮，进入采购订单选择状态。双击【选择】栏下面的方框，出现"Y"字符，表示已经选择，如图10-15所示。

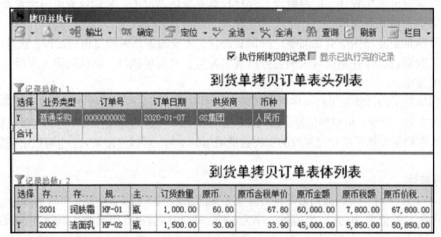

图10-15 复制订单

（3）单击工具栏上的【确定】按钮，采购订单的数据就复制到到货单中，可以修改相关信息，到货单如图10-16所示。

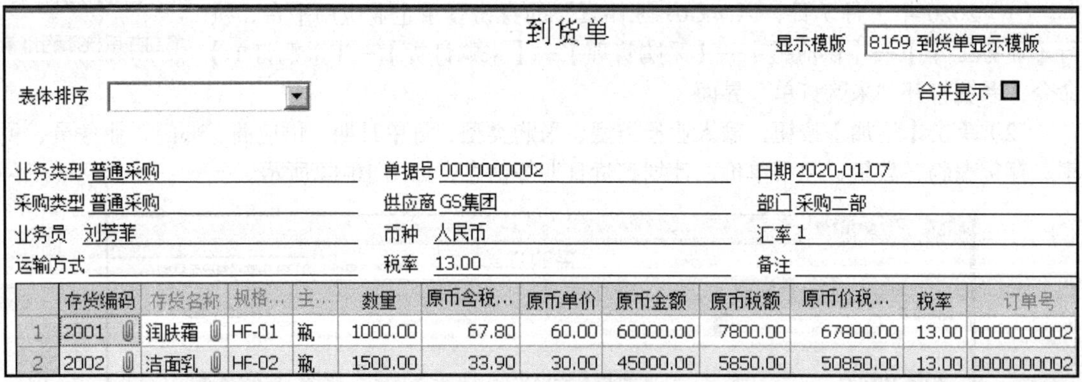

图10-16 到货单

（4）单击【保存】按钮。

（5）单击【审核】按钮进行审核。

（三）填制并审核入库单

（1）2020年1月7日，以"C01梁亚东"的身份登录企业应用平台，执行【业务工作】—【供应链】—【库存管理】—【入库业务】—【采购入库单】命令，系统打开"采购入库单"界面。

（2）执行【生单】—【采购到货单（蓝字）】命令，单击【确定】按钮，进入采购到货单选择状态。双击【选择】栏下面的方框，出现"Y"字符，表示已经选择，如图10-17所示。

填制并审核入库单

图 10-17 复制到货单

（3）单击工具栏上的【确定】按钮，采购到货单的数据就复制到采购入库单中，根据资料修改相关信息，仓库选择"商品二库"，如图 10-18 所示。

图 10-18 采购入库单

（4）单击【保存】按钮。

（5）单击【审核】按钮进行审核。

（四）填制采购发票

（1）2020 年 1 月 7 日，以"G01 陈伟真"的身份登录企业应用平台，执行【业务工作】—【供应链】—【采购管理】—【采购发票】—【专用采购发票】命令，系统打开"专用发票"界面。

填制采购发票

（2）单击【增加】按钮，执行【生单】—【入库单】命令，单击【确定】按钮，双击【选择】栏下面的方框，出现"Y"字符，表示已经选择，如图 10-19 所示。

（3）单击工具栏上的【确定】按钮，采购入库单的数据就复制到采购发票中，根据资料修改相关信息，输入发票号，如图 10-20 所示。

（4）单击【保存】按钮。

（5）填制运费发票。运费发票需手工填制，不能参照生成。结果如图 10-21 所示。

10

图 10-19　复制入库单

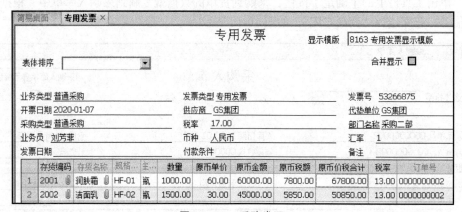

图 10-20　采购发票

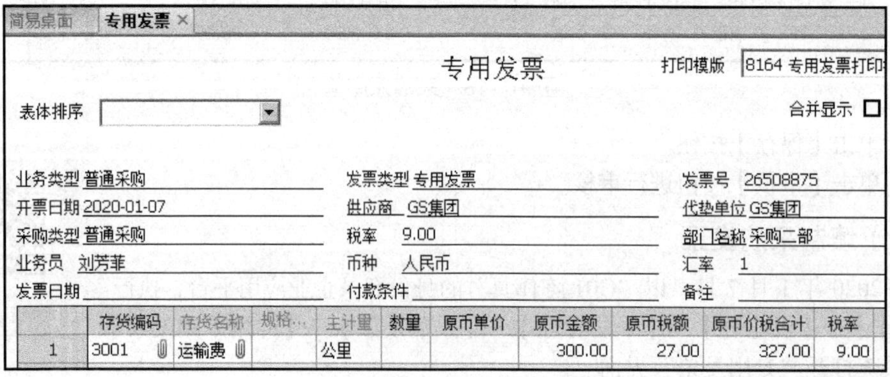

	存货编码	存货名称	规格...	主计量	数量	原币单价	原币金额	原币税额	原币价税合计	税率
1	3001	运输费		公里		300.00		27.00	327.00	9.00

图 10-21　运费专用发票

（五）采购结算

（1）2020 年 1 月 7 日，以"G01 陈伟真"的身份登录企业应用平台，执行【业务工作】—【供应链】—【采购管理】—【采购结算】—【手工结算】命令，系统打开"手工结算"界面。

采购结算

（2）单击【选单】按钮，打开"结算选单"窗口。然后单击工具栏上的【查询】按钮，再单击【确定】按钮。

（3）在结算选发票列表和结算选入库单列表中分别进行选择，在"选择"栏下出现"Y"字符，如图 10-22 所示。

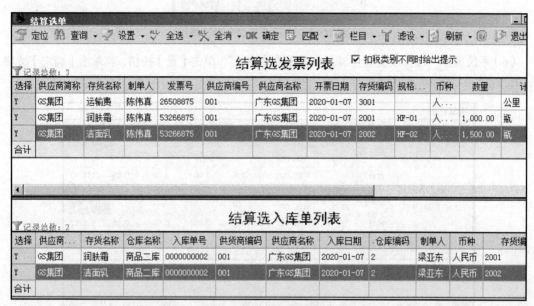

图 10-22　采购结算选单

（4）单击【确定】按钮，返回"手工结算"界面，费用分摊方式选中"按金额"单选按钮，如图 10-23 所示。

手工结算

结算汇总

单据类型	存...	存...	单据号	结算...	发票数量	合理损...	非合...	非合...	分摊费用	分摊折扣	暂估单...
采购发票	2001	润肤霜	53266875		1000.00						
采购入库单			000000...	1000.00							60
		合计		1000.00	1000.00	0.00	0.00	0.00	0.00	0.00	
采购发票	2002	洁面乳	53266875		1500.00						
采购入库单			000000...	1500.00							30
		合计		1500.00	1500.00	0.00	0.00	0.00	0.00	0.00	

选择费用分摊方式：⦿ 按金额　○ 按数量　☐ 相同供应商

费用名称	发票号	开票日期	对应仓库	对应存货	供货单位	代垫单位	规格型号	计...	数量	单价	金额
运输费	26508875	2020-01-07			GS集团	GS集团		公里			300.00
合计	---	---	---	---	---	---	---	---	0.00	---	300.00

图 10-23　手工结算费用分摊方式选择

（5）单击【分摊】按钮，系统打开"采购管理"对话框，如图 10-24 所示。

10

采购管理
选择按金额分摊，是否开始计算？
是(Y)
否(N)

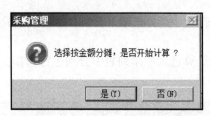

图 10-24 “采购管理”对话框

（6）系统提示“选择按金额分摊，是否开始计算？”，单击【是】按钮，再单击【确定】按钮。费用分摊结果如图 10-25 所示。

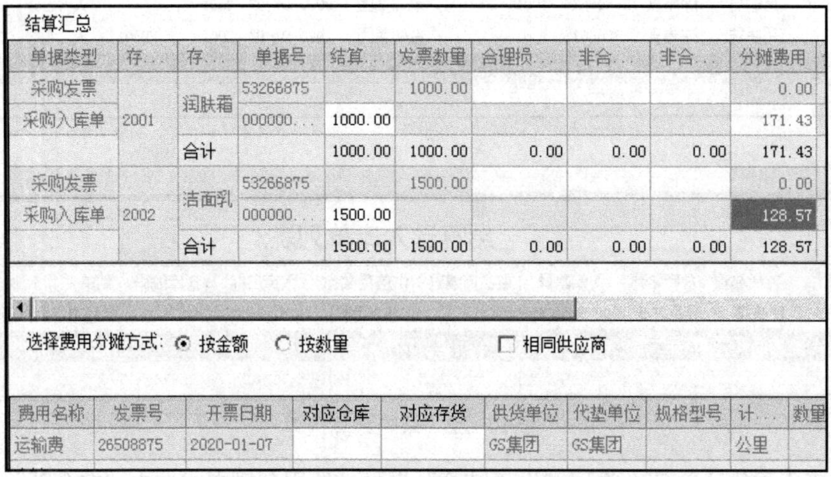

结算汇总
单据类型 存… 存… 单据号 结算… 发票数量 合理损… 非合… 非合… 分摊费用
采购发票 53266875 1000.00 0.00
采购入库单 2001 润肤霜 000000… 1000.00 171.43
合计 1000.00 1000.00 0.00 0.00 0.00 171.43
采购发票 53266875 1500.00 0.00
采购入库单 2002 洁面乳 000000… 1500.00 128.57
合计 1500.00 1500.00 0.00 0.00 0.00 128.57
选择费用分摊方式：按金额 按数量 相同供应商
费用名称 发票号 开票日期 对应仓库 对应存货 供货单位 代垫单位 规格型号 计… 数量
运输费 26508875 2020-01-07 GS集团 GS集团 公里

图 10-25 手工结算费用分摊结果

（7）单击【结算】按钮，系统提示“完成结算”，单击【确定】按钮。

审核应付单据并制单

（六）审核应付单据并制单

（1）2020 年 1 月 7 日，以“W02 李冬”的身份登录企业应用平台，执行【业务工作】—【财务会计】—【应付款管理】—【应付单据处理】—【应付单据审核】命令，打开“应付单查询条件”窗口。单击【确定】按钮，打开应付单据列表。

（2）单击【全选】按钮，再单击【审核】按钮，系统弹出“审核成功”的提示信息，单击【确定】按钮。

（3）2020 年 1 月 7 日，以“W02 李冬”的身份登录企业应用平台。执行【业务工作】—【财务会计】—【应付款管理】—【制单处理】命令，打开“制单查询”对话框，勾选“发票制单”复选框，单击【确定】按钮，打开“制单”界面，显示采购发票制单列表，如图 10-26 所示。

简易桌面
制单
采购发票制单
凭证类别 收款凭证
制单日期 2020-01-07
选择标志 凭证类别 单据类型 单据号 日期 供应商编码 供应商名称 部门 业务员 金额
收款凭证 采购专用发票 26508875 2020-01-07 001 广东GS集团 采购二部 刘芳菲 327.00
收款凭证 采购专用发票 53266875 2020-01-07 001 广东GS集团 采购二部 刘芳菲 118,650.00

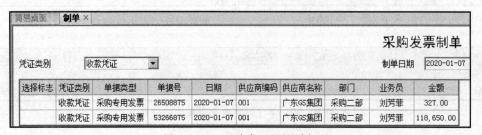

图 10-26 采购发票制单列表

10

（4）在【凭证类别】下拉列表中选择"转账凭证"，单击【合并】按钮，再单击【制单】按钮，打开"填制凭证"界面，单击【保存】按钮，保存当前凭证并传递到总账系统，结果如图 10-27 所示。

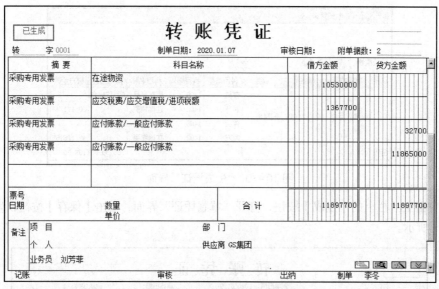

图 10-27　采购专用发票凭证

（七）存货核算系统记账并生成入库凭证

（1）2020 年 1 月 7 日，以"W02 李冬"的身份登录企业应用平台，执行【业务工作】—【供应链】—【存货核算】—【业务核算】—【正常单据记账】命令，系统打开"查询条件选择"窗口，单击【确定】按钮，打开正常单据记账列表，如图 10-28 所示。

选择	日期	单据号	存...	存...	规...	存...	单据类型	仓库名称	收发类别	数量	单价	金额
	2020-01-07	0000000002	2001	润肤霜	HF-01		采购入库单	商品二库	采购入库	1,000.00	60.17	60,171.43
	2020-01-07	0000000002	2002	洁面乳	HF-02		采购入库单	商品二库	采购入库	1,500.00	30.09	45,128.57
小计										2,500.00		105,300.00

正常单据记账列表

存货核算系统记账
并生成入库凭证

图 10-28　正常单据记账列表

（2）单击【全选】按钮，再单击【记账】按钮，完成记账工作。

（3）执行【业务工作】—【供应链】—【存货核算】—【财务核算】—【生成凭证】命令，系统打开"生成凭证"界面。单击工具栏上的【选择】按钮，再单击【确定】按钮，打开未生成凭证单据一览表，如图 10-29 所示。

图 10-29　未生成凭证单据一览表

（4）在【选择】栏选择要处理的记录，单击【确定】按钮，选择【凭证类别】为"转 转账凭证"，如图 10-30 所示，根据需要补充科目信息，第一行库存商品的项目大类为"库存商品"，项目名称为"润肤霜"，第三行的项目名称为"洁面乳"。

凭证类别	转 转账凭证							
选择	单据类型	单据号	摘要	科目类型	科目编码	科目名称	借方金额	贷方金额
1	采购入库单	0000000002	采购入…	存货	1405	库存商品	60,171.43	
				对方	1402	在途物资		60,171.43
				存货	1405	库存商品	45,128.57	
				对方	1402	在途物资		45,128.57
合计							105,30…	105,30…

图 10-30 "生成凭证"界面

（5）单击工具栏上的【生成】按钮，打开"填制凭证"界面，单击【保存】按钮，生成凭证，如图 10-31 所示。

转 账 凭 证			
已生成			
转 字 0002	制单日期：2020.01.07	审核日期：	附单据数：1
摘 要	科目名称	借方金额	贷方金额
采购入库单	库存商品	6017143	
采购入库单	库存商品	4512857	
采购入库单	在途物资		10530000
票号 日期	数量 1000.00000瓶 单价 60.17143	合 计 10530000	10530000
备注 项 目 润肤霜 个 人 业务员	部 门 客 户		
记账	审核	出纳	制单 李冬

图 10-31 入库凭证

任务四 普通销售业务处理

必备知识

在启用供应链销售管理、库存管理和存货核算系统的情况下，销售业务由销售管理员、库存管理员和制单人员共同完成。

销售订货是确认客户对货物需求的过程。客户对货物的需求是通过填制销售订单来反映的，企业根据审核后的销售订单组织货源、完成发货，并且对订单进行管理、控制和追踪。

任务描述

2020 年 1 月 8 日，销售部周华强向 WD 百货销售润肤霜 1 600 瓶，单价为 85 元；销售洁面乳 1 500

瓶，单价为50元，增值税税率为13%，取得增值税专用发票，票号为68266875。

填制并审核销售订单

任务处理

（一）填制并审核销售订单

（1）2020年1月8日，以"X01赵一山"的身份登录企业应用平台，执行【业务工作】—【供应链】—【销售管理】—【销售订货】—【销售订单】命令，系统打开"销售订单"界面。

（2）单击【增加】按钮，输入业务类型、销售类型、订单日期、客户简称、销售部门、业务员、税率、存货编码、数量、无税单价、预发货日期等信息，如图10-32所示。

图10-32 销售订单填制

（3）单击【保存】按钮。

（4）单击【审核】按钮进行审核。

填制并审核发货单

（二）填制并审核发货单

（1）2020年1月7日，以"X01赵一山"的身份登录企业应用平台，执行【业务工作】—【供应链】—【销售管理】—【销售发货】—【发货单】命令，系统打开"发货单"界面。

（2）单击【增加】按钮，系统弹出"查询条件选择—参照订单"窗口，单击【确定】按钮，进入销售订单选择状态。双击【选择】栏下面的方框，出现"Y"字符，表示已经选择，如图10-33所示。

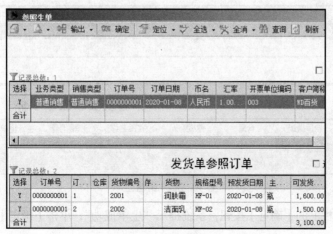

图10-33 参照生单

（3）单击工具栏上的【确定】按钮，销售订单的数据就复制到发货单中，可以修改相关信息，表体中【仓库名称】为"商品二库"。发货单如图 10-34 所示。

图 10-34　发货单

（4）单击【保存】按钮。

（5）单击【审核】按钮进行审核。

（三）填制并审核出库单

（1）2020 年 1 月 8 日，以"C01 梁亚东"的身份登录企业应用平台，执行【业务工作】—【供应链】—【库存管理】—【出库业务】—【销售出库单】命令，系统打开"销售出库单"界面。

填制并审核出库单

（2）执行【生单】—【销售生单（批量）】命令，单击【确定】按钮，进入销售生单选择状态。双击【选择】栏下面的方框，出现"Y"字符，表示已经选择，如图 10-35 所示。

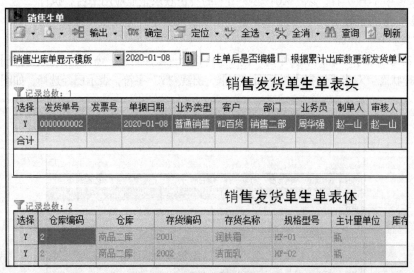

图 10-35　销售生单

（3）单击工具栏上的【确定】按钮，系统提示"生单成功"，单击【确定】按钮，销售出库单如图 10-36 所示。

图 10-36　销售出库单

（4）单击【审核】按钮进行审核。系统提示"该单据审核成功"，单击【确定】按钮。

（四）填制销售发票

（1）2020 年 1 月 8 日，以"X01 赵一山"的身份登录企业应用平台，执行【业务工作】—【供应链】—【销售管理】—【销售开票】—【销售专用发票】命令，系统打开"销售专用发票"界面。

填制销售发票

（2）单击【增加】按钮，系统弹出"查询条件选择—参照订单"窗口，单击【取消】按钮，执行【生单】—【参照发货单】命令，单击【确定】按钮，双击【选择】栏下面的方框，出现"Y"字符，表示已经选择，如图 10-37 所示。

记录总数：1

选择	税率...	业务类型	销售类型	发货单号	发货日期	币名	汇率	开票单位	客户简称
Y	13.00	普通销售	普通销售	0000000002	2020-01-08	人民币	1.000...	003	WD百货
合计									

发票参照发货单

记录总数：2

选择	订单号	订单行号	仓库	货物编号	存货代码	货物名称	规格型号	未开票数量	税率（%）
Y	0000000001	1	商品二库	2001		润肤霜	HF-01	1,600.00	13.00
Y	0000000001	2	商品二库	2002		洁面乳	HF-02	1,500.00	13.00
合计								3,100.00	

图 10-37　发票参照生单

（3）单击工具栏上的【确定】按钮，根据资料修改相关信息，输入发票号，如图 10-38 所示。

（4）单击【保存】按钮。

（5）单击【复核】按钮进行复核。

10

图 10-38　销售专用发票

（五）审核应收单据并制单

（1）2020 年 1 月 8 日，以 "W02 李冬" 的身份登录企业应用平台，执行【业务工作】—【财务会计】—【应收款管理】—【应收单据处理】—【应收单据审核】命令，打开 "应收单查询条件" 窗口。单击【确定】按钮，打开应收单据列表。

（2）双击要审核的单据，打开该单据（销售专用发票），单击【审核】按钮，系统询问 "是否立即制单？"，如图 10-39 所示。

（3）单击【是】按钮。修改凭证字为 "转"，单击【保存】按钮，保存当前凭证并传递到总账系统，如图 10-40 所示。

审核应收单据并制单

图 10-39　是否立即制单提示

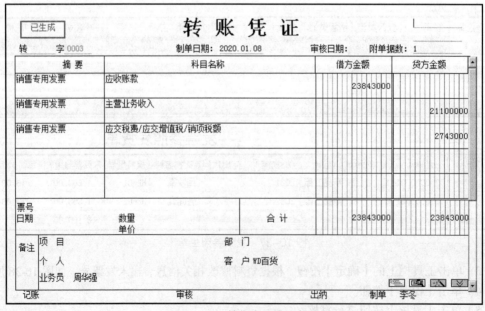

图 10-40　销售专用发票凭证

（六）存货核算系统生成出库凭证

存货核算系统生成
出库凭证

（1）2020 年 1 月 8 日，以"W02 李冬"的身份登录企业应用平台，执行
【业务工作】—【供应链】—【存货核算】—【业务核算】—【正常单据记账】
命令，系统打开"查询条件选择"窗口，单击【确定】按钮，打开正常单据
记账列表，如图 10-41 所示。

正常单据记账列表

记录总数：2

选择	日期	单据号	存货编码	存货名称	规格型号	存货…	单据类型	仓库名称	收发类别	数量
	2020-01-08	68266875	2001	润肤霜	HF-01		专用发票	商品二库	销售出库	1,600.00
	2020-01-08	68266875	2002	洁面乳	HF-02		专用发票	商品二库	销售出库	1,500.00
小计										3,100.00

图 10-41　正常单据记账列表

（2）单击【全选】按钮，再单击【记账】按钮，完成记账工作。

（3）执行【业务工作】—【供应链】—【存货核算】—【财务核算】—【生成凭证】命令，
系统打开"生成凭证"界面。单击工具栏上的【选择】按钮，再单击【确定】按钮，打开未生成
凭证单据一览表，如图 10-42 所示。

选择单据

输出　单据　全选　全消　确定　取消

□ 已结算采购入库单自动选择全部结算单上单据(包括入库
单、发票、付款单)，非本月采购入库单按蓝字报销单制单　**未生成凭证单据一览表**

选择	记账日期	单据日期	单据类型	单据号	仓库	收发类别	记账人	部门
	2020-01-08	2020-01-08	专用发票	68266875	商品二库	销售出库	李冬	销售二部

图 10-42　未生成凭证单据一览表

（4）在【选择】栏选择要处理的记录，单击【确定】按钮，选择【凭证类别】为"转 转账凭
证"，如图 10-43 所示，根据需要补充科目信息，第二行库存商品的项目大类为"库存商品"，项
目名称为"润肤霜"，第四行的项目名称为"洁面乳"。

生成凭证

凭证类别　转 转账凭证

选择	单据类型	单据号	摘要	科目类型	科目编码	科目名称	借方金额	贷方金额
1	专用发票	68266875	专用发票	对方	6401	主营业务成本	96,128.00	
				存货	1405	库存商品		96,128.00
				对方	6401	主营业务成本	45,060.00	
				存货	1405	库存商品		45,060.00
合计							141,18…	141,18…

图 10-43　"生成凭证"界面

（5）单击工具栏上的【生成】按钮，打开"填制凭证"界面，单击【保存】按钮，生成凭证，如图 10-44 所示。

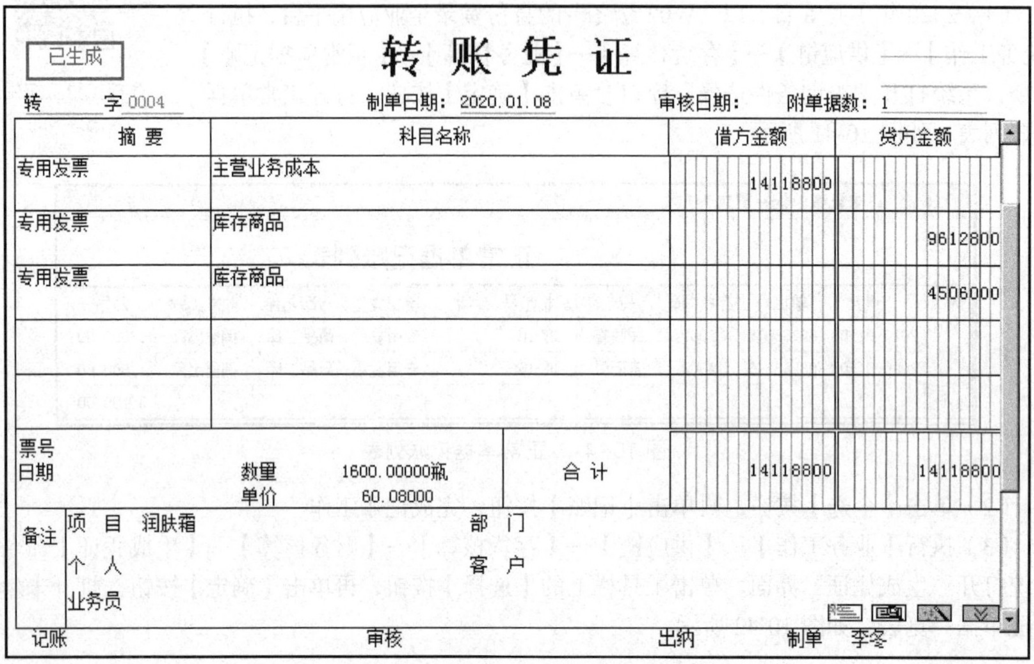

转 账 凭 证				
已生成				
转 字 0004	制单日期：2020.01.08	审核日期：	附单据数：1	

摘 要	科目名称	借方金额	贷方金额
专用发票	主营业务成本	14118800	
专用发票	库存商品		9612800
专用发票	库存商品		4506000
票号 日期	数量 1600.00000瓶 单价 60.08000	合 计 14118800	14118800
备注	项 目 润肤霜 部 门 个 人 客 户 业务员		
记账	审核	出纳 制单 李冬	

图 10-44 出库凭证